한국 교회 트렌드 2026

정확한 수치와 통계로 보는 교회 혁신의 시대 2026년 한국 교회 전망과 전략

지용근 김선일 조성실 김종일 조성돈 김영수 정재영 김수영 김은정 허준 문창선
목회데이터연구소 · 희망친구 기아대책

심플처치
청빙, 비욘드 콘테스트
AI, 목회 코파일럿
호모 스피리추얼리스　**강소교회**
유리천장, 여성 교역자　서로 돌봄 공동체
무속에 빠진 그리스도인
헌금; 패러다임 쉬프트
이주민 선교

규장

발간사

급변하는 세상 속에서 한국 교회 역시 시대의 흐름을 읽으며 끊임없이 변화하고 있습니다. 2023년, 한국 교회 최초의 트렌드 분석서인 《한국 교회 트렌드 2023》을 시작으로 기아대책은 지난 3년간 변화하는 사회와 교회 환경을 살펴보고, 미래 목회의 방향을 함께 고민해 왔습니다. 그리고 어느덧 이 시리즈의 네 번째 책의 출간을 목도하게 되었습니다.

〈희망친구 기아대책〉은 '나음보다 구별된 다름'이란 사역의 방향을 가지고 한국 교회와 지역사회 그리고 전 세계를 섬기기 위해 사역하고 있으며, 21세기 다양한 국제적 이슈와 사회 변화에 대해 한국 교회와 국제 기구와 연대하여 함께 대응해 나가고 있습니다. 그러므로 이 책의 발간은 한국 교회와 사회를 섬기고 함께 그 대안을 만들어가는 데 매우 큰 의미를 가진다고 볼 수 있습니다. 이 시리즈는 이제 매해 연말, 한국 교회가 반드시 읽어야 할 필독서로 자리매김하였고, 다양한 주제와 깊이 있는 분석으로 미래에 대한 통찰을 제공하고 있습니다.

올해에도 많은 논의와 숙고 끝에 새로운 10가지 주제를 선정했습니다. 특히 날로 발전하는 인공지능(AI, Artificial Intelligence) 시대에 AI가 목회에 어떤 영향을 미치고 있으며, 앞으로 목회자에게 요구되는 역량은 무엇인지에 대한 탐구는 그 어느 때보다 중요한 논의가 될 것입니다. 또한 젊은 세대 사이에서 확산되는 타로와 사주 등 생활 속 깊이 파고든 무속 문화를 조명함으로써 교회가 그들의 마음과 고민에 더 큰 관심을 기울이고 다가가야 함을 보여줍니다. 더불어 이제 우리 곁에서 이웃이 된 이주민에 대한

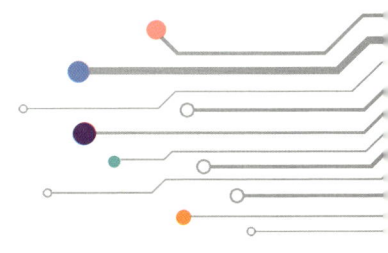

주제 역시 중요한 화두입니다. 한국 교회가 어떻게 그들과 관계를 맺고 그리스도의 사랑으로 그들에게 다가가야 할지 함께 고민하고자 합니다.

〈희망친구 기아대책〉은 책의 발간과 더불어 매년 전국 거점 교회 세미나를 통해 이 책의 주제들을 나누어왔습니다. 세미나마다 함께해주시고, 열띤 토론으로 공론의 장을 열어주신 많은 목회자분들께 진심으로 감사드립니다. 올해 역시 전국 각지에서 본서를 중심으로 한 세미나가 열릴 예정입니다. 함께 참여하시어 소통하고, 목회와 교회의 미래에 대한 지혜와 아이디어를 나누는 귀한 시간이 되기를 바랍니다.

이 책의 발간을 위해 자문을 아끼지 않으신 기아대책 이사장 지형은 목사님, 그리고 기도와 후원으로 늘 든든한 버팀목이 되어주신 김문훈 목사님께 깊이 감사드립니다. 또한 방대한 데이터를 분석해 의미 있는 통찰을 제공해주신 목회데이터연구소 지용근 대표님과 집필진 여러분께도 감사의 마음을 전합니다. 아울러 원고를 감수하고 귀중한 의견을 더해주신 기아대책 목회자미래비전네트워크 회원 여러분께도 진심으로 감사드립니다.

이 책이 한국 교회의 현재를 성찰하고 미래를 준비하는 데 뜻깊은 발걸음이 되기를 소망합니다.

최창남 희망친구 기아대책 회장

격려사

　세상은 어느 때보다 빠르게 변하고 있습니다. 기술의 발전, 문화의 변화, 그리고 사회 구조의 재편은 우리의 삶 전반에 영향을 미치고 있으며, 교회 역시 이러한 변화 속에서 결코 예외일 수 없습니다.

　특히 AI 시대의 도래와 다문화 사회의 확산은 목회 현장에 새로운 도전과 기회를 동시에 가져다주고 있습니다. 목회자와 성도 모두 이러한 변화를 어떻게 이해하고 대응해야 할지는 이제 더 이상 선택이 아닌 시대적 과제입니다.

　그런 의미에서 한국 교회 트렌드 시리즈는 한국 교회가 지금 어디에 서 있으며, 앞으로 어디로 나아가야 하는지를 보여주는 귀중한 나침반과도 같습니다. 2023년 첫 발간 이후, 매년 변화하는 세상 속에서 교회가 반드시 직면해야 할 주제들을 제시해왔고, 이제 네 번째 책인 《한국 교회 트렌드 2026》을 통해 또 한 번 우리의 시야를 넓혀주고 있습니다.

　이번 책에서는 특히 AI와 목회, 소형 교회, 합리적 청빙에 대한 이야기 등 오늘날 한국 교회가 외면할 수 없는 주제를 깊이 다루고 있습니다. 단순히 현상을 소개하는 데 그치지 않고, 목회자들이 현장에서 어떻게 적용하고 사역의 방향을 세워야 할지에 대한 깊은 통찰을 제공하고 있어 매우 유익합니다.

　저는 이 책이 단지 연말에 읽는 책이 아니라 매주 설교를 준비하고 성도들을 섬기는 목회 현장의 지침서로 사용되기를 바랍니다. 변화하는 세상 속에서 교회가 흔들리지 않고 복음의 본질을 붙들며, 동시에 세상 속에서

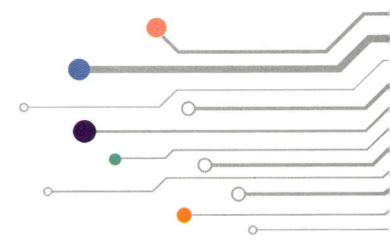

빛과 소금의 역할을 감당하기 위해서는 깊이 있는 분석과 균형 잡힌 시각이 반드시 필요하기 때문입니다.

　마지막으로 이 책의 출간을 위해 기도와 헌신으로 섬겨주신 모든 분들께 깊은 감사를 드립니다. 특히 방대한 데이터를 연구하고 정리해주신 목회데이터연구소 지용근 대표님, 깊이 있는 자문을 아끼지 않으신 기아대책 이사장 지형은 목사님, 그리고 한국 교회의 든든한 동역자로 함께 걸어가시는 기아대책 최창남 회장님께 진심으로 감사드립니다. 아울러 기아대책 목회자미래비전네트워크 회원분들께도 깊이 감사드립니다.

　《한국 교회 트렌드 2026》이 한국 교회의 내일을 준비하는 데 든든한 동반자가 되기를 간절히 기도합니다.

김문훈 포도원교회 담임목사

서문 | 기아대책

한국 교회의 현재와 미래 대안을 제시하는 사역

2019년 전 세계에 닥쳐온 코로나는 한국 사회 뿐 아니라 한국 교회와 크리스천의 삶과 사역에도 적잖은 충격과 변화를 가져다주었습니다. 예배에 대한 인식의 변화, 개인과 공동체의 영성, 지역사회와 대사회에 대한 교회의 역할, 코로나 이후 선교적 교회의 재인식과 실천 등 한국 교회는 이 다양한 변화에 끊임없이 대응해야 했고, 또 수많은 교회 안팎의 이슈와 도전 앞에 그 해결 방안을 놓고 기도와 노력을 계속해오고 있습니다.

특별히 코로나 전후 급격한 사회와 목회 현장의 변화의 소용돌이에서 〈희망친구 기아대책〉에서 한국 교계와 교회를 총괄하여 섬기는 저와 한국 교회 안팎의 이슈에 대한 데이터를 추출하여 분석하고 제공하는 목회데이터연구소 지용근 대표가 함께 《한국 교회 트렌드 2023》을 출간하게 된 것은 단순한 책의 출판을 넘어 한국 교회를 실질적으로 섬길 수 있는 귀한 계기가 되어 기쁘고 감사했습니다.

당시 《한국 교회 트렌드 2023》은 출간과 동시에 한국 교회와 교계에서 호평을 받았습니다. 출간 이후 전국 거점 교회에서 진행된 '기아대책 한국 교회 트렌드 세미나'에서 만난 수많은 목회자와 크리스천

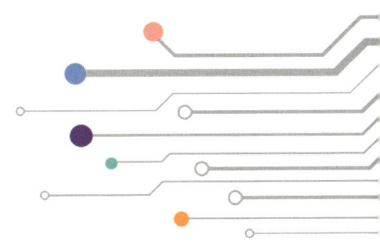

리더분들의 반응을 보고 이 책이 얼마나 긍정적인 영향을 끼치는지를 체험할 수 있었습니다.

그런데 《한국 교회 트렌드 2023》의 출간에 대한 많은 칭찬과 격려와 함께 "그런데 기아대책이 왜?"라는 공통된 질문이 있었습니다. 그것은 기아대책이 신학대학이나 교단 총회의 연구 기관이 아닌데 어떻게 왜 이 책을 공동 출간했느냐는 질문이었습니다. 그것은 기아대책이 한국 교회와 함께(with the church), 한국 교회를 통해(through the church), 한국 교회와 미래세대를 위해(for the church) 한국 교회와 크리스천의 진정한 사역 파트너가 되고자 하는 교회 중심적이고, 선교 중심적인 단체이기 때문입니다.

기아대책은 단순히 물질적 필요인 떡만 전하는 기독교 단체가 아니라 떡과 함께 예수 그리스도의 복음을 전하는 미션NGO이기 때문입니다. 기아대책은 단순히 기독교 정신을 기반으로 일하는 단체가 아니라 전 세계 50여 개국에 400여 명의 선교사를 파송하여 생명을 살리고 하나님의 사람을 세워가는 통전적 선교를 이루어가는 사역을 지향합니다. 기아대책은 일시적이고 일회적인 사역이 아니라 교회와 함께 지역과 이웃 그리고 세계 선교를 위해 함께하는 지속 가능한 선교적 교회, 선교적 공동체를 이루어가는 사역을 합니다.

그러므로 코로나라는 엄혹한 상황을 당했던 한국 교회 그리고 코로나 이후 변화가 더욱 가속화되어가는 시대 상황에서 미력이나마 한국 교회를 섬기고 현재와 미래적 대안을 제시하고자 《한국 교회 트렌드 2023》을 선보인 것입니다.

지난 3년간 한국 교회 트렌드 시리즈는 한국 교회 안팎에서 꼭 필요한 중요 이슈를 선정, 설문을 통해 체계적인 분석과 데이터를 추출하고 그것을 기반으로 현상에 대한 정확한 인식과 그 전망을 한국 교회 목회자들과 크리스천 리더들에게 제공해왔습니다.

금번 《한국 교회 트렌드 2026》에서는 크리스천의 영성을 비롯하여 AI 주제를 목회와 사역의 관점에서 다루고 있습니다. 선교적 교회 차원에서 돌봄과 사회적 섬김의 대상, 특별히 목회자, 성도, 교회 공동체를 넘어 이주민의 영역까지 많은 논의와 깊은 고민을 통해 다루게 되었습니다. 한국 사회에 보이지 않게 깊은 영향을 미치고 있는 무속, 코로나 이후 불안정성을 지속해가는 경제 상황과 새로운 헌금 문화, 교회를 바라보는 관점과 인식의 변화 그리고 다변화된 목회 현장의 이슈를 청빙, 심플처치, 강소교회 및 여성 교역자라는 10가지 주제를 소개하고 있습니다.

수차례 늦은 시간까지 깊은 고민과 열띤 토론의 수고를 아끼지 않으신 목회데이터연구소의 지용근 대표님과 기획위원, 그리고 데이터에 기반한 원고를 집필해주신 저자분들께 깊은 감사를 드립니다. 또한 목회적 시각에서 이 책을 감수해주신 기아대책 목회자미래비전네트워크 대표 섬김이 김문훈 목사님과 모든 회원 목회자분들께 감사드립니다.

  목회 현장에서 저자들과 직접 만나 질의 응답을 이어나갈 기아대책 한국 교회 트렌드 세미나를 위해서도 많은 관심과 참여를 부탁드리며, 《한국 교회 트렌드 2026》이 한국 교회가 건강한 성장과 성숙을 이루어가는 데 귀한 참고서가 되기를 소망합니다.

박재범 기아대책 미션파트너십 부문장

서문 | 목회데이터연구소

수평 사회, 혁신 교회

한국 교회 트렌드 2025 리뷰

〈한국 교회 트렌드〉는 교회의 현실을 날카롭게 직시하면서도 미래에 대한 가능성을 제시하는 책이다. 이 책은 단순히 교회의 현황을 기록하는 통계집이 아닌 한국 사회라는 거대한 흐름 속에서 교회가 어떤 위치에 서 있는지, 또 어디로 나아가야 하는지를 묻는 시대적 보고서이다.

이 책의 차별적 특징이라면 전국의 목회자와 성도, 일반 국민들을 대상으로 한 설문조사, 심층 인터뷰, 일반 사회통계 분석과 함께 목회데이터연구소의 방대한 한국 교회 관련 데이터들을 종합하여 전문가들의 집단 지성으로 만들어졌다는 점이다. 따라서 단순한 통계 보고가 아니라 교회의 현재를 진단하고 미래를 내다보는 일종의 나침반 역할을 한다고 볼 수 있다.

'한국 교회 트렌드 2025'의 10가지 주제 중 몇 가지만 리뷰해본다면, 우선 눈에 띄는 것이 '유반젤리즘'이었다. 유튜브(YouTube)와 에반젤리즘(Evangelism)의 합성어로 유튜브로 전도하고 신앙생활도 한다는 의미이다. 코로나 이후 온라인 개념이 한국 교회에 들어오면서

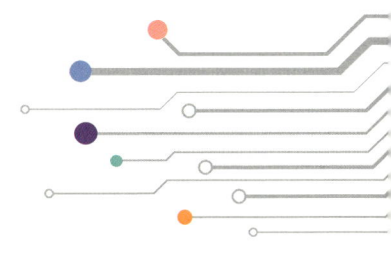

　지금은 대부분의 크리스천들이 유튜브의 기독교 콘텐츠를 보면서 신앙생활한다. 이런 영향으로 현재 교회 예배 만족도와 목회자에 대한 의존도가 낮아지는 현상이 나타난다. 유반젤리즘이 등장하면서 일부 신학교에서는 유반젤리즘에 대해 설명하라는 시험 문제가 나올 정도로 한국 교회에 파급력이 컸다.

　'멘탈 케어 커뮤니티'는 기독교인들의 정신 건강 문제를 다룬 것으로 한국 교회에서 처음으로 통계적 방법으로 교인들의 정신 건강을 측정했다는 데 의미가 있다. 실제 교회 출석 성도 중 우울/불안증을 겪고 있는 사람이 5명 중 1명 이상이나 되고 중독에 빠져 있는 사람이 11%나 된다는 결과가 한국 교회에 큰 충격을 주었다. 이를 통해 한국 교회가 교인들의 정신 건강 관리, 돌봄을 강화해야 한다는 목소리가 커진 점이 주목할 만했다.

　초혼 나이가 점점 올라가면서 30살이 훌쩍 넘은 싱글들이 교회에 많아지고 있다. 이들은 대학청년부에 가면 꼰대 소리를 듣고, 스스로 세대 차이를 느껴 청년부에 들어가기를 꺼려 한다. 한편으로 인생의 루저라는 소리를 듣고 싶지 않아 장년부에 올라가기 싫어하는 교회 내 사각지대에 놓여 있는 독특한 집단이다. '트렌드 2025'에서는 '싱글 프렌들리 처치'라는 주제로 이들의 교회생활과 인식을 조사 분석하여 교회의 싱글 사역 방향과 가이드라인을 주었다는 데 의의가 있었다.

'미션 비욘드 트래디션'은 성도들의 선교에 대한 관심도가 점점 낮아지고, 선교사의 연령은 계속 고령화되는 시대 상황에서 세계 선교의 흐름을 파악하고 선교사, 목회자, 성도 등 다차원적으로 조사하여 그 결과를 중심으로 선교적 대안을 모색하였다. 그 대안 중 하나가 이주민 선교였다. 현재 이주민 선교를 하지 않는 교회 목회자의 80% 이상이 이주민 사역 의향을 보였으며, 선교사 중 귀국 후 이주민 사역을 하겠다는 비율 역시 80%가 넘어 향후 선교 사역이 이주민 선교 쪽으로 그 중요성이 점점 커질 것을 예상하였다.

2025년 한국 교회 상황 및 2026년 전망

2025년 하반기 한국 교회 상황은 5월 기준 코로나 이전 대비 아직 회복되지 못한 교회가 61%, 회복된 교회가 39%로 나타났으며, 전체 평균 회복도는 91%였다. 아직까지 100% 회복하지 못했다는 것은 한국 교회가 코로나 이전보다 교세가 다소 하락한 것으로 보아야 할 것이다. 그러나 회복도만 따지고 보면 2023년 86%, 2024년 88%였는데 이번 2025년은 91%로, 이는 코로나 이전보다는 못하지만 코로나 이후 크게 하락했다가 다시 조금씩 회복하는 양상을 보이고 있다. 따라서 일부 언론에서, 또는 일부 목회자가 코로나 이후 한국 교회가 급감하고 있다는 주장은 실제와 거리가 있는 말이다.

  이번 조사에서 주목할 점은 대형 교회의 회복도가 더디다는 것이다. 코로나 이전 대비 출석 교인 수 기준으로 아직 회복되지 않은 교회가 교회 규모별로 '29명 이하' 54%, '30~99명' 60%, '100~499명' 67%, '500명 이상' 84%로 교회 규모가 클수록 회복도가 더딘 것을 알 수 있다. 이는 상대적으로 소형 교회가 더 빠르게 회복됨을 보여준다. 이와 같은 통계는 소형 교회가 더 회복이 안 된다는 일반적인 인식과 상치되는 결과이다. 소형 교회 상황이 어렵지만 그래도 인원이 소수이다보니 대형 교회보다 훨씬 회복도가 빠르다는 것을 보여주고 있다.

  미세하지만 교인 수 기준 전체적으로 다시 회복하는 상황에서 우려할 만한 것은 사역의 회복도가 높지 않다는 것이다. 주요 사역들의 회복도를 살펴보면, '헌금' 88%, '소그룹' 74%, '성경공부' 73%, '전도/선교' 70%, '지역사회 구제/봉사' 70%, '새신자 등록' 57% 등으로 헌금을 제외한 대부분의 사역이 채 80%를 넘기지 못하고 있고, 작년과 비교하여 회복도가 비슷하거나 오히려 낮아지는 현상을 보인 것이다. 사역이 활발해져야 교회 분위기가 자연스럽게 활발해지고 전도가 활발해지는 선순환 효과가 나타나는데, 한국 교회는 아직까지 사역 회복의 기미가 보이지 않고 있다. 아마도 이 상태가 고착화될 것으로 보여진다.

그렇지만 긍정적인 현상도 나타난다. 교회 차원에서 사역의 활발함은 코로나 이전에 못 미치지만 성도 개인의 신앙은 다르다. 일반적으로 교회 사역이 활발하지 못하면 성도들의 신앙이 약해지기 마련인데(적어도 코로나 이후 2023년까지는 그랬다), 2024년 이후 성도들의 신앙이 깊어지는 현상이 조사를 통해 포착되었다. 실제로 자신의 신앙이 '깊어졌다'는 응답이 2023년 이후 증가하는 경향이 나타났으며, 성경 읽는 시간, 기도하는 시간 모두 2023년 이후 증가하였다. 이는 교회 사역 하락과 상관없이 성도들이 스스로 신앙을 지키고 있음을 시사한다. 즉 '슬기로운 그리스도인들'이 되어가고 있는 것이다. 이는 개인의 신앙적 노력 때문이기도 하지만 유튜브의 영향도 클 것으로 판단된다. 조사 결과 대부분의 성도들이 현재 유튜브를 통해 기독교 콘텐츠를 시청하고 있으며, 온라인이지만 오프라인에서 느끼는 은혜와 감동을 거의 동일하게 경험하는 것으로 나타났다.

이번 조사에서 내년도 교인 수 전망을 물어보았다. '증가할 것' 67%, '비슷할 것' 19%, '감소할 것' 14%로, 목회자(담임목사) 3명 중 2명은 증가할 것이라고 낙관적으로 전망하고 있다. 아직까지 코로나 이전 대비 61%의 교회들은 회복하지 못하고 있기 때문에 더욱 낙관적인 생각을 갖는지 모르겠다. 여기서 특이점은 내년도에 낙관적인 전망이 교회 규모별로 차이가 없다는 점이다. 그동안 소형 교회가 더 어려워질 것이라는 전망이 지배적이었는데 이번 조사 결과는 그렇지 않았다. 앞으로 소형 교회의 빠른 회복과 함께 소형 교회의 약진 현상으로 봐도 무방하다. 오히려 읍면 지역교회, 목회자 연령이 60세 이상 되는 고령층에서 상대적으로 부정적인 전망이 높았다.

이번 조사 결과는 고무적이다. 소형 교회 목회자들의 교회를 성장시키고자 하는 강한 의지를 발견했기 때문이다. 한국 교회가 균형 발전, 균형 성장이 이루어지는 계기가 되기를 희망한다.

한국 교회 2026, 10가지 트렌드

작년 《한국 교회 트렌드 2025》에서 10가지 주제를 모두 영어로 조어하여 표기했는데, 이에 대하여 어렵고 어색한 표현이 많다는 지적이 있었다. 그래서 이번에는 몇 가지를 제외하고 가급적 영어 표현을 피하고자 하였다. '한국 교회 트렌드 2026'에 제시되는 10가지 트렌드 주제를 간단히 소개하겠다.

1. 심플처치

최근 한국 교회의 현상 중 하나가 사역 축소, 교회 활동 참여 감소이지만 성도들의 영적 갈망은 점점 높아져 간다. 이런 상황에서 교회가 어떤 전략으로 갈지 그 대안 중 하나가 '심플처치'이다. 심플처치는 단순히 예배나 프로그램을 줄이는 것이 아니라 선택과 집중을 통해 사역을 재조정하고 본질에 집중하는 새로운 방향이다.

2. AI, 목회 코파일럿

AI 도입 초기에는 AI가 목회에 크게 도움이 되지 않는다는 인식이 있었다. 그런데 지금은 AI의 급속한 발전으로 AI가 목회 비서처럼 행정 업무를 대신하고 필요한 자료를 척척 찾아준다. 이런 이유로 지금은 AI에 대한 목회자 인식이 도입 초기와 크게 바뀌었다. AI가 항공기의 코파일럿(부조종사) 같은 역할로 목회를 도울 수 있다면 목회자는 본연의 사역에 더 집중할 수 있을 것이다.

3. 강소교회

그동안 '한국 교회 트렌드' 시리즈가 중대형 교회에 초점을 맞추었다는 지적이 많았다. 이번 '2026'에서는 '강소교회'라는 주제를 넣어 소형 교회를 집중적으로 다루었다. 이 땅의 소형 교회가 작지만 강한 교회, 질적으로 강한 교회를 추구하는 전략에 대해 서술하였다.

4. 청빙, 비욘드 콘테스트

앞으로 10년 내 약 30% 정도의 목회자가 은퇴할 것으로 예상되어 한국 교회에 청빙이 중요한 이슈를 차지할 것이다. 최근 한국 교회 청빙의 패턴은 공모하여 설교 콘테스트를 거쳐 교인의 투표를 통해 결정하는 방식이 주를 이루었다. 그러나 목회자는 설교 이외에도 영성, 사랑과 섬김, 인성 등이 모두 중요하다. 따라서 기존 방식을 넘어서는 새로운 청빙 대안을 마련하고자 하였다.

5. 호모 스피리추얼리스

　제도권 종교 인구는 줄고 있는데 무속 인구가 느는 것을 보면 현대인들의 영적 욕구가 줄지 않는 것으로 판단된다. 최근 기독교인들의 영적 흐름은 기도보다는 지적인 신앙으로 대변되는 말씀 중심의 생활이 두드러진다. 기도를 하지 않더라도 마음속 깊은 영적 갈망이 숨겨져 있다는 현상을 '호모 스피리추얼리스'로 표현했다.

6. 무속에 빠진 그리스도인

　최근 무속 확산이 심상치 않다. TV, 영화, 타로 등 우리 주변에서 무속과 관련된 것들이 쉽게 눈에 띄며, 온라인에서는 운세/궁합을 보는 역술 서비스가 인기다. 현재 공식적인 무속인 수는 80만 명으로 추정되는데 이는 목회자보다 훨씬 많은 숫자이다. 따라서 성도들과 목회자들의 무속 인식 실태를 파악하고 무속에 대응하는 교회의 전략에 대해 설명한다.

7. 서로 돌봄 공동체

　돌봄은 개인이나 가족만의 책임이 아니라 모두 함께 감당하는 공동의 과제다. 그동안은 어느 한쪽의 일방적인 돌봄이었다면 이제는 교회 내 모든 사람이 서로 돌봄의 주체가 되는 새로운 실천 방식으로의 전환이 필요하다. 따라서 조사를 통해 서로 돌봄 공동체의 통계적 근거를 제시해보았다.

8. 유리천장, 여성 교역자

"여성은 전도사까지가 좋지, 목사는 좀 부담스럽죠." 이 말은 교회 안에 여성 교역자의 '유리천장'이 여전히 존재한다는 상징적인 말이다. 안수 허용 교단이든 그렇지 않든 여성 교역자들은 그들의 역량과 상관없이 차별과 한계를 경험하고 있다. 여기서는 이에 대한 담임목사, 일반 성도, 여성 교역자 본인들의 인식과 태도를 조사하여 이에 대한 대안을 마련해보았다.

9. 헌금; 패러다임 쉬프트

한국 교회 전체적으로 헌금이 줄어들고 있는 가운데, 최근 헌금에 대한 성도들의 인식을 살펴보면 전통적인 과거 방식과 다른 새로운 변화들이 감지된다. 온라인 헌금이 늘고, 젊은이들의 헌금이 줄고, 교회 아닌 NGO 등 다른 곳에 헌금하는 것도 헌금이라는 인식이 높아지고 있다. 이와 관련해서 줄어들고 있는 헌금에 대한 실태와 대안을 마련해본다.

10. 이주민 선교

'한국 교회 트렌드 2025'에서 새로운 선교적 트렌드로 이주민 선교가 제시됐는데 '2026'에서는 이주민 선교만을 대상으로 구체적으로 분석해보았다. 이주민 사역은 한국 교회가 가장 우선적으로 감당해야 할 선교 영역이라는 인식이 확산되고 있는데 한국 교회의 이주민 사역 실태와 향후 이주민 사역의 방향성과 교회의 실천 과제를 점검해 본다.

수평 사회, 혁신 교회

몇 년 전 일이다. 아내가 갓 태어난 손녀의 양육을 위해 자신의 여러 가지 경험을 며느리에게 가르치고자 했는데 며느리는 잘 듣지 않는 눈치였다. 알고 보니 자신의 방식이 있었다. 인터넷 맘 카페의 경험들, 유튜브 육아 전문가의 강의, 먼저 경험한 친구들을 통해 양육에 대해 습득하고 있었던 것이다.

우리는 더 이상 어른의 권위와 가르침이 인정되지 않는 시대에 살고 있다. 과거에는 모르는 것을 선생님에게 물으면 되었다. 하지만 지금은 서울 강남의 유명 강사가 가르치는 인강이 인공지능과 결합되어 일대일 지도까지 가능하게 한다. 정보는 손끝에서 즉시 얻을 수 있고, 권위는 더 이상 위에서 내려오지 않는다. 오늘날 한국 사회가 급격히 '수평 사회'로 이동하고 있다.

그러나 교회는 여전히 전통의 무게 아래 묶여 있는 듯하다. 목회자와 장로(당회) 중심의 의사결정 구조, 연장자의 경험을 우선하는 문화는 교회 밖 사회와 너무 큰 간극을 보인다. 교회는 여전히 권위적 수직 구조를 유지하지만, 사회는 이미 수평적 네트워크로 재편되었다. 이 괴리를 줄이지 못한다면 교회는 점점 더 젊은 세대에게 낯선 공간이 될 것이다.

수평 사회가 요구하는 것은 단순한 형식의 변화가 아니다. 그것은 문화의 전환이다. 함께 토론하고 참여하며 신뢰를 쌓아가는 공동체로의 변화를 요구한다. '위에서 아래로' 흐르는 명령과 지시가 아니라, '옆에서 옆으로' 이어지는 소통과 협력의 구조가 필요하다.

이제 한국 교회는 질문해야 한다. "왜 청년들이 떠나는가?"라는 전통적이고 비판적인 질문을 넘어서 "우리가 어떤 공동체 문화를 만들어가야 하는가?"라는 물음을 던져야 한다. 교회가 진정으로 수평 사회의 가치와 맞닿을 때, 교회는 더 이상 과거의 권위를 고집하는 집단이 아니라, 미래의 세대를 품는 공동체가 될 수 있을 것이다.

《한국 교회 트렌드 2026》은 바로 이 지점에서 출발한다. 교회는 더 이상 '세상이 변하기를 기다리며' 안주할 수 없다. 교회가 변해야 한다. 권위에서 신뢰로, 전통에서 혁신으로, 수직에서 수평으로의 전환이 절실하다. 앞으로의 교회는 크기의 문제가 아니다. 교세의 많고 적음이 아니라, 교회가 어떤 문화를 만들고, 어떤 신뢰를 구축하며, 어떤 사회적 자원을 나누는가가 핵심이다. 교회의 변화는 단순히 교회의 생존을 위한 것이 아니라, 다음세대를 위한 사명이다. 최근 우리 연구소에서 발간한 《부흥하는 교회 쇠퇴하는 교회》(규장)를 보면 부흥하는 교회일수록 목회자와 성도 모두 변화와 혁신의 수용도가 쇠퇴하는 교회보다 크게 높았다.

Change or Die!

GE의 전 회장인 잭 웰치가 임원회의 때마다 강조했던 말이라고 한다. 한국 교회 목회자 그리고 성도들이 '변하지 않으면 죽는다'는 각오로 2026년을 맞이하기 바란다.

이 책은 조사 데이터를 근간으로 제작한 책이기 때문에 그에 따른 비용이 꽤 많이 든다. 이를 위해 물질적 후원을 아끼지 않은 희망친구 기아대책의 지형은 이사장님과 최창남 회장님께 깊은 감사를 드린다. 또한 늘 든든한 지원자이신 과천교회 주현신 목사님께 특별한 감사를 드린다.

이 책의 출간을 위해 도움을 아끼지 않은 목회데이터연구소 운영위원장 김지철 목사님과 후원이사회 회장이신 류영모 목사님께 감사한 마음을 전해드린다. 또 기꺼이 글을 써주신 10명의 저자들, 전체 원고의 글을 다듬어준 국민일보 종교국 신상목 부국장님과 규장 편집팀, 조사 처음부터 끝까지 오차와의 싸움을 견뎌낸 (주)지앤컴리서치 연구원들에게 고마움을 전한다. 무엇보다 이 책을 출간하게 하신 하나님께 모든 영광을 올려드린다.

대표저자 지용근(목회데이터연구소 대표)

발간사
격려사
서문 | 기아대책
서문 | 목회데이터연구소

| 01 | 심플처치 | 26 |

| 02 | AI, 목회 코파일럿 | 58 |

| 03 | 강소교회 | 88 |

| 04 | 청빙, 비욘드 콘테스트 | 122 |

| 05 | 호모 스피리추얼리스 | 156 |

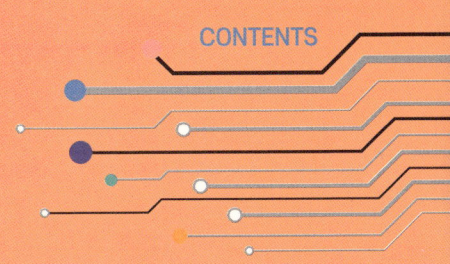

06	무속에 빠진 그리스도인	188
07	서로 돌봄 공동체	218
08	유리천장, 여성 교역자	248
09	헌금; 패러다임 쉬프트	278
10	이주민 선교	308

미주
부록 (저자 소개 및 출처)
한국 교회 트렌드 2026 후원교회 및 감수위원

심플처치

오늘날 한국 교회는 주중 모임의 감소, 사역 참여의 약화, 성도들의 교회 활동 축소 등 전반적인 환경 변화에 직면해 있다. 코로나를 전후로 많은 교회들이 사역 중단을 경험했고, 현재 회복이 진행 중이지만 교회 활동과 참여의 위축은 수치로도 확인된다. 게다가 개인의 필요와 선택이 중요한 가치로 부상하면서 과거 사역 방식을 그대로 유지하기 어려운 상황이다. 그러나 이러한 변화 속에서도 신자의 영적 갈망은 여전히 깊다. 이제 교회는 얼마나 많은 활동을 하고 있는가를 따지기보다 그 활동이 어디를 향하고 있는지, 사역의 방향성과 본질을 점검해야 할 시점이다.

과거에는 다양한 활동과 조직을 통해 활발하게 움직이던 교회들이 이제 '무엇이 진짜 필요한가'라는 근본적인 질문과 마주하고 있다. 이 질문에 대한 하나의 답이 바로 '심플처치'(Simple Church)라는 전략적 접근이다. 심플처치는 단순히 예배나 프로그램을 줄이고 교회생활을 간편하게 하자는 취지가 아니다. 오히려 교회 사역 비전을 명확히 세우고 그 비전에 따라 사역의 우선순위를 재조정하며 모든 구조와 흐름을 복음의 본질에 맞게 재구성하는 방향 전환이다. 이는 단순함을 위한 단순화가 아니라, 복잡함 속에서 흐려진 복음의 중심성과 공동체성을 회복하기 위한 의도적인 사역 재편이라 할 수 있다.

심플처치는 사역을 덜어내는 것이 아니라 복음을 전하고 제자를 세우는 교회의 핵심 사명을 중심으로 사역의 흐름을 분명히 설계하는 과정 중심의 교회론이다. 이 흐름 속에서 성도들은 자신의 신앙 여정을 따라갈 수 있으며 교회는 성도의 성숙과 공동체의 건강을 향한 명확한 길을 제공할 수 있다.

반복되는 교회 모임이나 형식적인 프로그램에 대한 피로감도 커지고 있는 현실에서, 교회는 기존의 관행을 고수하기보다는 선택과 집중의 전략을 통해 사역을 재조정하고 본질에 집중하는 새로운 방향으로 나아갈 필요가 있다.

한때 인터넷의 지배자였던 야후(Yahoo)는 온갖 메뉴와 광고로 가득한 복합 포털로 사용자들의 관심을 끌었다. 그러나 얼마 지나지 않아 오직 검색창 하나만 화면에 배치한 구글(Google)이 등장하면서 시장의 흐름은 근본적으로 바뀌었다. 구글은 단순함을 통해 사용자의 집중도를 극대화했고, 불필요한 정보를 제거함으로써 핵심 기능에 몰입할 수 있는 환경을 만들었다. 그 결과 구글은 지금까지도 검색의 최강자로 군림하고 있다.

세계 최대 기업 애플(Apple) 또한 군더더기 없는 디자인과 직관적인 사용성을 통해 브랜드 충성도를 확보해왔다. 미국 하버드대학 경영대학원 문영미 교수는 오늘날 소비자들은 "넘쳐나는 풍요의 바다 속에서 단순함의 자유를 찾게 되었다"라고 진단한다. 과잉 만족을 제공하는 시장에서 소비자들은 더 많은 기능보다 잘 정리되고 꼭 필요한 경험을 원한다. 사람들은 '더'(more)가 지배하는 세상에서 '덜'(less)이라는 새로운 가치를 요구하고 있다.[1]

이러한 흐름은 '단순함'이 결코 약점이 아니며 명료함과 집중, 전달력의 강화를 가능케 하는 전략임을 잘 보여준다. 실제로 단순함은 이미 경영과 리더십 분야에서 핵심 전략으로 자리 잡았다. 강력한 브랜드일수록 메시지는 단순하다. 이 같은 원리는 신앙과 목회에도 유효하다. 예수님은 온 율법과 선지자의 강령을 두 계명으로 단순화하셨다(마 22:37-40). "하나님을 사랑하고 이웃을 네 몸과 같이 사랑하라." 종교개혁도 마찬가지다. 중세 로마 가톨릭에서 말하는 구원에 이르기 위한 복잡한 체계와 고행을 요구하는 신앙 구조를 벗어나, '이신칭의'(믿음으로 의롭다 하심을 얻는다)의 선언으로 강력한 설득력을 확보할 수 있었다. 복잡한 시대일수록 단순함이 본질을 드러낸다. 변화하는 시대를 이끄는 힘은 명료한 방향성과 단순한 메시지에서 나온다.

그렇다면 오늘날 복잡한 구조와 과잉 사역에 지친 교회는 어떻게 응답할 것인가? 과연 이 단순함의 힘을 목회 구조와 사역 전략에도 적용할 수 있을까? 이 시대 흐름은 교회의 본질적인 과제에 더 충실하기 위해 심플처치(Simple Church)의 필요성을 숙고하게 한다.

등장 배경

"교회 사역이 코로나 이전으로 회복 중입니다. 하지만 그것이 능사일까요?"

"시대는 바뀌었는데 교회는 과거를 살고 있는 것 같습니다."

한국 교회는 오랜 세월 동안 '바쁨'을 미덕처럼 여겨왔다. 목회자는 늘 분주해야 하며 설교 준비, 심방, 교육, 성경공부, 기도회, 노회 활동 등으로 쉼 없이 움직이는 것이 마치 목회의 증표처럼 여겨졌다. 교회 또한 이에 맞춰 다채로운 예배와 프로그램을 추가하며 활동을 확대해왔다. 새로운 예배나 집회를 기획하는 일은 비교적 쉬웠지만, 비효율적이거나 소기의 목적을 달성하지 못한 사역을 정리하는 일은 훨씬 어려웠다. 확장 일변도의 교회 운영은 결국 복잡한 구조를 낳았고 교회는 활동과 프로그램의 무게에 지쳐가고 있다.

그러던 중 코로나 팬데믹은 한국 교회에 심각한 질문을 던졌다. 바쁜 것이 충성이고 다양한 프로그램과 그 활동이 곧 부흥의 증표처럼 여겨졌던 흐름 속에서 갑작스레 모든 것이 멈췄다. 예배와 모임은 축소됐고 기존에 반복하던 활동들은 일시적으로 중단됐다. 그러나 이 멈춤은 일시적 제약이 아니라 본질을 되묻는 기회로 작용했다. 팬데믹 이후 교회는 다시 움직이기 시작했지만 이전과는 다른 질문이 남았다. '모든 사역을 다시 회복해야 하는가', '무엇이 정말 필요한가.'

이러한 시대적 전환점에서 미국의 교회성장학자 톰 레이너(Thom Rainer)는 의미 있는 통찰을 제시했다. 그는 팬데믹이 오히려 복잡한 사역 구조를 단순하게 재편할 기회라고 말한다. "수많은 사역의 접시를 돌리며 자신을 혹사하기보다는 몇 가지 핵심 사역에 집중해도 충분하다는 사실을 발견했다. 복잡함을 단순함으로 대체하기에 지금만 한 때도 없다"고 그는 강조했다.[2]

그가 일찍이 에릭 게이거와 함께 저술한 《단순한 교회》(생명의말씀사)에서 제시한 원리는 바로 이 단순화의 힘에 주목한다. 단순하지만 의도적인 사역 설계를 통해 교회는 제자화의 본질적 과제를 더 효과적으로 수행할 수 있다는 것이다. 이 책에서 제시된 심플처치의 네 가지 핵심 원리는 다음과 같다.

첫째, 사역적 비전의 명료화, 둘째, 그 비전을 향한 일관된 움직임, 셋째, 사역과

심플처치
(Simple Church)

교회가 선택과 집중의 원리를 따라 사역을 단순화하고 본질에 집중함으로써 오히려 더 깊은 영적 성숙과 공동체의 건강성을 회복할 수 있다. 지금은 '바쁘게 돌아가는 교회'보다 '방향이 명확한 교회'가 필요한 시대이다.

심플처치의 네 가지 핵심 원리는 사역적 비전의 명료화, 그 비전을 향한 일관된 움직임, 사역과 시스템의 통합적 정렬, 핵심 가치에 집중된 사역의 재구성이다.

시스템의 통합적 정렬, 넷째, 핵심 가치에 집중된 사역의 재구성이다. 결국 이 모든 요소는 성도를 제자로 세우는 단순하면서도 전략적인 흐름을 형성한다.[3]

이제 한국 교회는 사역의 양을 회복하는 데 급급할 것이 아니라 사역이 어떤 방향을 향하고 있는지를 점검해야 할 시점이다. 팬데믹을 거치며 많은 교회들이 물리적으로 프로그램을 줄였지만 그것은 단지 축소의 문제가 아니라 사역의 본질에 대한 성찰의 기회가 되었다. 반복적으로 진행하던 예배와 활동이 멈추었을 때 성도들 역시 '무엇이 정말 나의 신앙에 필요한가'를 자문하기 시작했다. 이는 교회가 선택과 집중의 원리를 따라 사역을 단순화하고 본질에 집중함으로써 오히려 더 깊은 영적 성숙과 공동체의 건강성을 회복할 수 있음을 시사한다. 따라서 지금은 '바쁘게 돌아가는 교회'보다 '방향이 명확한 교회'가 필요한 시대이다. 심플처치는 그 변화의 요청에 실천적으로 응답할 수 있는 목회적 틀이 될 수 있다.

심플처치를 향한 전환 신호

《한국 교회 트렌드 2025》에서는 코로나 이후 교회의 신앙 모임 참여도가 전반적으로 약화되었음을 확인할 수 있었다. 성경공부, 중보기도, 전도 등 전통적인 신앙 실천 모임의 참여율이 전반적으로 감소한 것으로 나타났으며 관련 수치 역시 이를 뒷받침하고 있다.[4]

이는 현장 예배가 점차 회복되고 있는 상황에서도 신앙 활동의 응집력이 예전만큼 강하지 않다는 점을 시사한다. 그리고 이러한 흐름은 이번에 실시한 '한국 교회 트렌드 2026 조사'에서도 유사하게 나타났다. 이번 조사에서는 신앙 활동의 참여도 약화를 성도와 목회자 양측의 관점에서 구체적으로 살펴보았다.

교회 출석률, 체류 시간의 감소

"우리 교회는 다양한 프로그램을 운용하고 있지만 과거에 비해 사람들이 잘 나오지 않아요."

"주일예배 참석이 전부입니다. 그거면 충분한 거 아닌가요."

코로나 이전 대비 교회 체류 시간 변화 (성도, 출석 교회 교인 수별) (Base=전체, N=1000, %)

구분		사례수	크게 줄었다	약간 줄었다	비슷 하다	약간 늘었다	크게 늘었다	계	줄었다	늘었다	[5점 평균]
전체		(1000)	10.5	17.0	48.0	18.7	5.8	100.0	27.5	24.5	2.9
출석 교회 교인 수	50명 미만	(104)	10.8	13.4	56.1	14.7	4.9	100.0	24.3	19.7	100.0
	50~99명	(93)	10.7	8.1	52.7	22.1	6.3	100.0	18.9	28.4	100.0
	100~299명	(223)	6.9	15.6	52.6	21.5	3.5	100.0	22.4	25.0	100.0
	300~999명	(252)	11.1	18.7	42.0	20.3	7.9	100.0	29.8	28.2	100.0
	1000명 이상	(327)	12.4	20.2	45.6	15.9	5.9	100.0	32.6	21.8	100.0

목회데이터연구소/기아대책, '한국 교회 트렌드 2026 조사'
(전국의 19세 이상 교회 출석자 1,000명, 온라인조사, 지앤컴리서치, 2025.05.15.~05.28)

첫째, 가장 직접적인 지표는 교회 출석률 변화이다. 성도를 대상으로 한 조사에서 코로나 이전과 비교해 응답자 교회의 출석 인원이 '감소했다'는 응답이 43.4%로 나타났으며, '증가했다'는 응답은 21.0%에 불과했다. 이는 출석자 수가 유의미하게 줄었다는 성도들의 체감을 반영한다. 반면 목회자들은 '감소'(38.7%)와 '증가'(34.2%) 간의 격차가 훨씬 적었다. 두 그룹 간에 인식 차이가 있지만 대체로 교인 감소 현상이 있다는 것을 보여주고 있다.

둘째, 교회 내에서 보내는 시간의 변화도 눈여겨볼 만하다. 팬데믹 이전과 비교해 일주일 동안 교회에 머무는 총 시간이 '줄었다'(27.5%)는 응답이 '늘었다'(24.5%)는 응답보다 미세하게 높았다. 특히 교인 수가 1,000명 이상인 대형 교회의 경우 '줄었다'는 응답이 32.6%로, '늘었다'(21.8%)보다 높게 나타났다. 이는 다른 규모의 교회보다 두드러지는 수치이다. 활동의 기회가 상대적으로 많은 대형 교회에서조차 체류 시간이 줄었다는 것은 단지 프로그램 수나 교회 규모의 문제가 아니라, 성도들의 참여 방식과 신앙생활에 대한 인식이 구조적으로 변화하고 있음을 의미한다.

개인 신앙생활, 교회 활동 감소

성도들에게 과거와 비교해 교회/신앙생활 변화를 물은 결과 '과거보다 늘었다'는 응답이 가장 많이 나온 영역은 예배와 설교뿐이었다. 반면 개인기도 및 기도회 참석, 성도의 교제, 봉사와 선교, 강의 및 영성훈련, 영적 체험 등 대부분의 영역에서는 '줄었다'는 응답이 높게 나타났다. 이는 전반적으로 영성을 위한 교회 내 활동 참여가 감소하거나 정체되어 있다는 것을 보여준다.

이 같은 흐름은 성도들의 영적 성장과 성숙을 저해할 수 있는 중요한 요인이 될 수 있다. 주목할 점은 봉사와 선교가 영적 생활에 매우 도움이 된다는 인식이 높음에도 불구하고 실제 참여는 매우 낮다는 사실이다. 봉사와 선교 활동이 영적 생활에 도움이 된다는 응답은 전체의 87.4%에 달했으며 그중에서도 '매우 도움이 된다'는 응답은 39.7%로 나타났다. 그러나 실제 영성생활을 위해 봉사/선교 활동을 하는 비율은 6.6%에 지나지 않았다. 이러한 인식과 실천 사이의 괴리는 오늘날 교회의 영성 사역이 직면한 중요한 과제로 해석할 수 있다.

영성과 영적 관심은 높아져

흥미로운 점은 지금까지 살펴본 교회 활동과 신앙생활의 전반적 감소 현상에도 불구하고, 목회자들은 성도들의 '영성이 코로나 이전

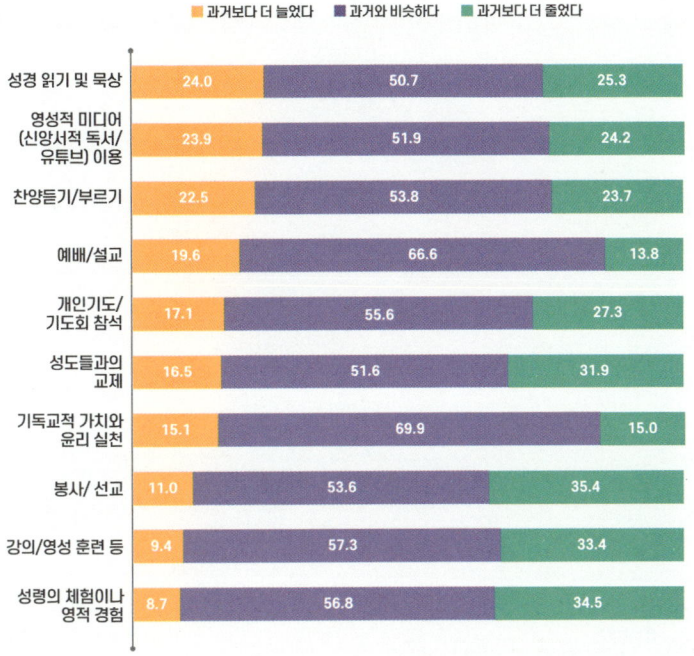

보다 더 깊어졌다'(33.1%), '줄어든 것 같다'(25.5%)로 응답했다는 점이다. 성도들도 '영성에 대한 관심이 많아졌다'(23.6%), '관심이 적어졌다'(18.7%)고 응답하여 성도와 목회자 모두 성도들의 영성이 깊어졌다고 인식하고 있었다. 팬데믹을 거치며 외형적 활동은 줄어들었지만 영적 관심과 갈급함은 오히려 강화된 것으로 보인다.

특히 소그룹이나 신앙성장, 교육처럼 내면의 변화와 삶의 적용을 중시하는 영역에서는 코로나 이후 교회 내 활동이 다소 증가한 반면,

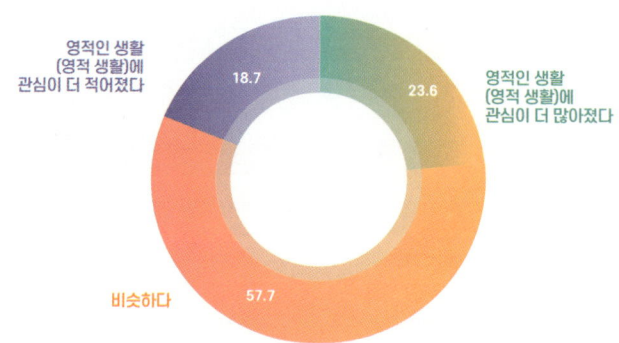

전통적인 예배와 사역 프로그램은 정체되거나 축소되는 경향이 두드러졌다. 이는 기존의 예배, 사역 프로그램 등의 활동 중심 구조가 성도들의 실제 영적 필요를 충분히 담아내지 못하고 있음을 보여준다. 따라서 지금은 높아진 영적 민감성과 관심에 부응하는 방식으로 사역의 방향과 우선순위를 재조정해야 할 시점이다.

목회데이터연구소/기아대책, '한국 교회 트렌드 2026 조사'
(전국의 교회 담임목사 500명, 모바일조사, 지앤컴리서치, 2025.05.23.~05.28)

모든 사역이 여전히 필요한가

조직 참여의 변화

"남선교회는 이름이 구식인데다 전통만 남아 있습니다."

"우리 교회 여선교회는 임원만 일해요."

교회 안에는 성도들의 봉사와 모임을 위한 다양한 조직들이 존재한다. 대표적으로 남녀선교회(전도회), 장로회, 권사회, 안수집사회 등이 있으며 대부분 교회가 코로나 이전과 마찬가지로 이러한 조직들을 현재도 운영 중이다. 그러나 참여자의 변화 양상은 조직의 성격에 따라 차이를 보인다.

장로회, 권사회, 안수집사회 등 항존직 중심의 모임은 코로나 이전과 비슷하거나 오히려 참여가 증가한 경우도 있었다. 이는 주어진 직분에 따른 책임 의식이 일정 수준 이상 유지되고 있음을 보여준다. 반면 성별과 연령을 기준으로 조직된 남녀선교회는 참여율이 눈에 띄게 감소했다. 참여자가 '줄었다'(26.2%)는 응답이 '늘었다'(13.5%)는 응답의 두 배에 이른다. 이는 관행적으로 유지되어 온 조직이 더 이상 오늘날 성도들의 실제 신앙생활 양식이나 필요와 완전히 부합하지 않을 수 있다는 신호다.

선교회(전도회) 조직은 교회 내에서 가장 전통적이고 익숙한 교인 편성 제도 가운데 하나다. 그러나 최근 이 모임의 참여가 줄어드는 현상은 성도들이 임의로 편성된 조직에 대해 점점 더 소속감을 느끼지 못하고, 오히려 자신들의 실제 필요와 관심에 부합하는 교회 내 모임이나 활동을 스스로 찾아가려는 경향이 커지고 있음을 보여준다.

앞서 살펴본 것처럼 전체적으로 예배와 모임 참여가 줄어드는 가운데 소그룹이나 신앙 성장을 위한 교육 프로그램 참여가 늘고 있다는 통계는 교회 활동을 '필요 중심'으로 재구성해야 함을 시사한다.

교회 사역 감소에 대한 평가

성도들은 교회에서 일방적으로 편성된 모임이나 반복적으로 권유받는 사역 프로그램에 대해 피로감을 느낄 수 있다. 조사에서 성도 59.6%는 '교회 모임이나 행사에 되도록 참석하려 한다'고 응답했지만, 동시에 '교회 모임이나 행사 참석을 권유받을 때 부담을 느낀

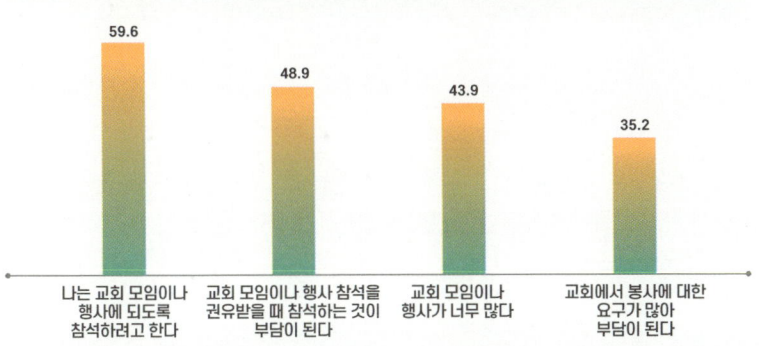

다'(48.9%), '교회 모임이나 행사가 너무 많다'(43.9%)는 응답도 나왔다.

이는 성도들이 교회 활동에 일정한 책임감과 의무감을 느끼면서도 실제로는 그 참여가 심리적 부담으로 이어질 수 있음을 보여준다. 교회가 모든 성도를 하나의 틀에 맞추어 참여시키는 방식에서 벗어나, 각자의 신앙 여정과 필요를 고려한 유연하고 선택적인 사역 구조를 고민해야 함을 의미한다.

이번에는 코로나 이전보다 교회 활동과 사역에 더 많이 참여하고 있다고 응답한 성도들을 대상으로 분석해보았다. 그들 대부분(85.7%)이 '교회 모임이나 행사에 되도록 참석하려 한다'고 응답했는데, 한편으로 53.8%는 '교회 모임이나 행사가 너무 많다'고 느끼고 있었다. 이는 교회 사역에 열심히 참여하긴 하지만 한편으로는 부담

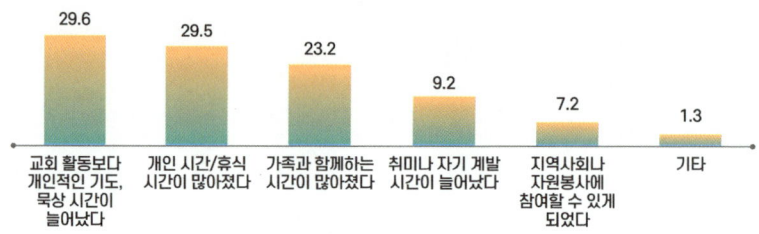

과 피로도 느끼고 있음을 보여주고 있다.

교회 활동과 사역이 줄어드는 것에 대해 성도나 목회자 모두 일관되게 긍정적 평가를 내리지는 않았다. 성도의 경우 사역 참여가 줄어드는 것이 개인 신앙생활에 '부정적 영향을 미친다'는 응답이 28.4%로 나타났고, 이는 '긍정적 영향을 미친다'(24.7%)는 응답보다 미세하게 높았다. 반면 목회자 응답에서는 교회 사역의 축소가 교회에 미치는 영향에 대해 '부정적'이라는 응답이 59.3%로 '긍정적'(5.3%)이라는 응답을 크게 상회했다.

주목할 점은 성도의 사역 참여 감소에 대한 긍정 응답 이유를 살펴보면 단순히 '개인 시간과 휴식이 늘었다'(29.5%)거나 '가족과 함께하는 시간이 많아졌다'(23.2%)는 삶의 질과 관련된 항목 외에도, '교회 활동보다는 개인적인 기도나 묵상 시간이 늘었다'(29.6%)는 응답이 높은 비율을 차지했다는 것이다. 이는 교회 사역의 양적 축소가 단순

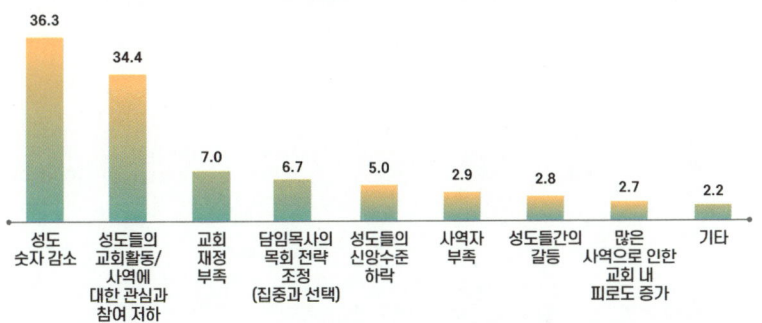

한 참여 감소로만 해석되어서는 안 되며 오히려 성도들의 내면적 신앙 여정에 대한 재해석과 목회적 대응이 필요하다는 것을 보여준다.

사역 재설계의 필요성

"규칙적인 QT와 성경통독, 기도로 신앙생활을 합니다. 신앙이 성장하고 있다고 느낍니다."

"자기 신앙은 자기가 책임져야죠. 교회나 목사님들을 의지하기엔 한계가 있습니다."

흥미로운 점은 코로나 이전보다 신앙이 깊어졌다고 응답한 이들 가운데 사역 감소를 긍정적으로 평가한 이들이 가장 많이 든 이유 중

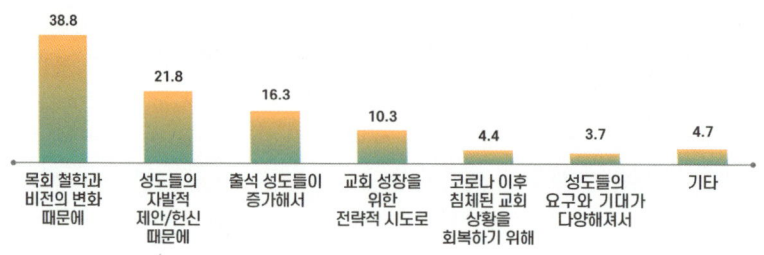

하나가 '개인적 기도와 묵상 시간의 증가'(26.5%)였다는 사실이다. 또 신앙이 코로나 이전과 비슷하다고 답한 이들 중에서도 38.2%가 동일하게 '기도와 묵상의 증가'를 긍정적 변화의 이유로 들었다.

이러한 결과는 교회 모임과 공식적인 활동 참여가 줄어들고 있음에도 신앙생활의 질적인 측면에서는 개인적 영성 훈련에 대한 의식이 감소하지 않았음을 보여준다. 즉 교회에 의존하지 않고도 개인적으로 기도와 묵상을 통해 영적 성숙을 추구하려는 흐름이 나타나고 있다는 점이다. 이는 교회 공동체가 성도들에게 실질적인 양육과 돌봄을 충분히 제공하고 있는지에 대한 성찰을 요구한다.

한편, 목회자들은 교인들의 사역 참여 감소의 가장 큰 이유로 '성도 수의 감소'(36.3%)와 '성도들의 관심 저하'(34.4%)를 꼽았다. 이 두 항목은 서로 밀접하게 연결되어 있다. 교회 사역이 성도들의 실제 영적 필요를 충분히 충족시키지 못할 경우 관심이 낮아지고, 그 결과 출석 인원도 줄어드는 악순환이 발생할 수 있기 때문이다.

따라서 사역 참여가 줄어드는 상황에서 교회의 과제는 성도들의 내면적 갈망과 신앙 여정에 맞춘 사역 전략을 어떻게 설계할 것인가에 있다. 교회는 성도들의 변화된 신앙 감수성과 라이프스타일에 주목하면서 더 본질적이고 의미 있는 영적 돌봄을 제공할 수 있는 방향으로 나아가야 한다.

반대로 교회 활동과 사역 참여가 증가한 이유를 묻는 질문에 대해 목회자들은 첫째 요인으로 '목회 철학과 비전의 변화'(38.8%)를, 둘째는 '성도들의 자발적 헌신'(21.8%)을 꼽았다. 이 두 가지 요인 역시 서로 긴밀하게 연결되어 있다. 성도들의 적극적인 참여를 이끌어내기 위해서는 교회가 분명한 비전과 철학을 제시하고 그 비전에 성도들이 공감하고 자발적으로 헌신할 수 있도록 동기를 부여하는 것이 필수적이라는 의미다. 단순히 사역 프로그램을 늘리는 것이 사역 활성화로 이어지지 않는다. 핵심은 사역의 방향성과 목적을 성도들에게 명확하게 제시하는 것이다.

교회는 프로그램을 운영하는 기관이 아니다. 교회는 "성도를 온전하게 하여 봉사의 일을 하게 하며 그리스도의 몸을 세우는"(엡 4:12) 공동체로서, 사역의 체계와 방향을 이 목적에 맞게 설계해야 한다. 그러기 위해서는 목회 철학과 비전을 단순하고 명료하게 정립해야 하며 그 과정 속에서 성도들의 헌신이 자연스럽게 일어나는 구조를 마련해야 한다. 이런 점에서 심플처치의 접근은 단순함을 통해 본질에 집중하고 성도의 삶과 사역이 유기적으로 연결되도록 하는 전략으로 평가할 수 있다.[5]

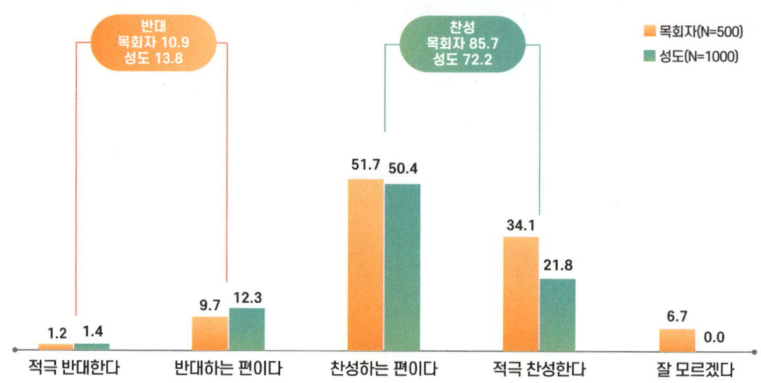

사역의 선택과 집중 필요

사역 참여와 헌신이 약화되는 상황에서 교회는 시대 풍조에 휩쓸리지 않으면서도 그리스도의 제자를 세우는 본질적 사명에 충실하기 위해 사역의 선택과 집중을 실행할 필요가 있다. 조사에서는 교회 행사와 사역을 줄이고 몇 가지 사역에 집중하는 것에 대해 성도와 목회자 모두에게 물었다.

양쪽 모두 찬성하는 의견이 압도적이었다. 성도 72.2%가 사역의 집중화를 지지했다. 신앙 단계나 교회 직분 여부와 관계없이 대부분의 성도는 사역이 집중되어야 한다는 데 동의했다. 목회자들은 사역의 집중화에 더 긍정적이다. 소수 사역에 집중하는 것에 대해 목회자 85.7%가 찬성했다. 적극적으로 동의하는 이들도 34.1%나 된다.

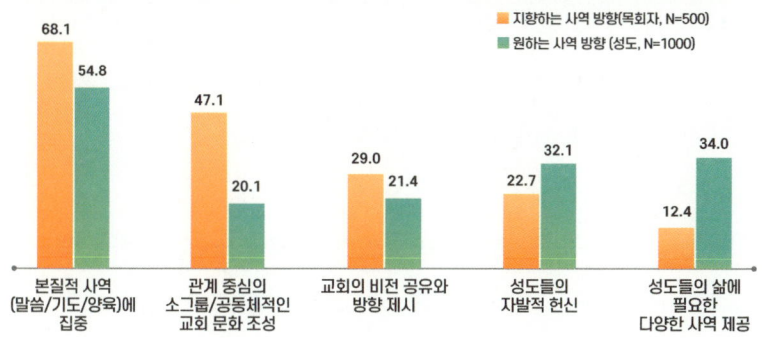

두 그룹 모두 사역이 몇 가지로 집중되어야 한다는 데 동의하지만, 목회자 그룹에서 찬성률이 더 높은 것은 교회 사역의 복잡함과 고단함이 상당하다는 것을 방증한다. 교회 활동이 너무 많다는 성도들의 고충도 있지만 목회자의 피로도는 오히려 더 높아지는 것이라 할 수 있다.

1. 목회자와 성도 모두 본질적 사역에 집중하기 원한다

그렇다면 성도들의 헌신과 참여를 어떻게 이끌어낼 수 있을까. 이 질문에 답하기 위해서는 먼저 성도들이 교회 사역에 대해 무엇을 기대하는지 살필 필요가 있다. 성도들이 교회에 가장 바라는 점 두 가지를 응답하도록 요청했을 때 가장 많이 답한 것은 '말씀, 기도, 양육'(54.8%) 등 본질적 사역에 집중해달라는 요청이었다. '삶에 필요한 다양한 사역 프로그램의 제공'(34.0%), '성도들의 자발적 헌신'(32.1%)이 뒤를 이었다. 주목할 점은 자발적 헌신이 성도들 스스로 직접 선택한 항목이라는 것이다. 이는 헌신이 단지 목회자의 요청으로 이루어지는 것이 아니라, 성도들 스스로 교회 사역에 주체적으로 참여하고자 하는 의지를 내포하고 있음을 보여준다.

목회자들에게는 '앞으로 교회 사역이 나아가야 할 방향'을 물었다. 1위는 성도와 마찬가지로 '말씀, 기도, 양육'에 집중이라는 본질적 사역으로 나타났다. 그러나 2위는 성도들의 응답과는 달리 '관계 중심의 소그룹과 공동체적 교회 문화 조성'이었다. 성도들이 2순위로 선택한 '삶에 필요한 다양한 사역 프로그램의 제공'은 목회자들 사이에서 5위에 그쳤다.

이 조사 결과를 조금 더 들여다보자. 목회자와 성도 모두가 '본질적인 사역'(말씀, 기도, 양육)에 집중해야 한다는 점에서는 공감하고 있지만 그 이후의 우선순위에서는 분명한 차이를 보인다. 성도들이 '삶에 필요한 다양한 사역 프로그램의 제공'을 2위로 선택한 것은 단순히 교회 내부 활동에 참여하고 싶다는 뜻이라기보다는, 신앙이 일상과 연결되기를 바라는 욕구로 해석할 수 있다. 즉 성도들은 예배나 설교뿐 아니라 삶의 문제와 필요를 다루는 교회 사역을 통해 더 실제적이고 유의미한 신앙 여정을 걷기 원하는 것이다.

반면 목회자들은 2순위로 '관계 중심의 소그룹과 공동체적 교회 문화 조성'을 꼽았다. 이는 교회 내 정서적 연결과 교제, 돌봄을 중시하는 목회적 시각이 반영된 결과이며, 교회를 하나의 공동체로 세우기 위한 사역 전략으로 볼 수 있다.

이 두 항목의 차이는 중요한 시사점을 담고 있다. 첫째, 성도는 자신의 삶과 연결된 실질적 지원과 의미 있는 참여를 원하고, 목회자는 공동체적 돌봄과 소속감 형성을 우선시한다. 이 차이는 사역의 접점이 어긋날 경우 성도에게 교회가 자신의 필요를 채우지 못한다는 인식을 줄 수 있다.

둘째, 성도들이 '자발적 헌신'을 상위에 둔 것은 헌신의 의지는 있으나 교회가 그 동기와 방향을 명확히 제시해주길 기대한다는 뜻이다. 따라서 교회는 본질에 집중하되 성도의 삶과 연결된 사역을 함께 설계하고, 헌신이 자연스럽게 이어지도록 명확한 의미와 목적을 전달할 필요가 있다. 이는 단순한 프로그램 조정이 아니라 사역 방향성과 해석 방식을 새롭게 구성해야 함을 보여준다.

2. 성도들은 다양한 사역 대신 영적 돌봄과 말씀 중심을 원한다

교회 사역을 단순화하고 선택과 집중의 원리를 실현하려면 어떤 사역에 핵심적으로 에너지를 쏟아야 할지 명확히 인식하는 것이 중요하다. 이를 위해 성도와 목회자 모두에게 "다른 사역을 줄이고 집중한다면 어디에 집중하겠는가?"라는 질문을 던지고 두 가지를 응답하도록 했다. 이 질문을 통해 각자 소속된 교회 현실 속에서 실제로 선택과 집중이 필요한 핵심 사역을 진단하고자 했다.

조사 결과 성도와 목회자 모두 1순위로 '예배와 설교'(성도 45.0%, 목회자 46.5%)를 선택했다. 이는 하나님과의 만남과 말씀 선포가 교회 사역의 중심이라는 인식이 양측 모두에게 깊이 자리 잡고 있음을 보여준다. 또 양측 모두 2순위로 '기도와 영성'(성도 36.1%, 목회자

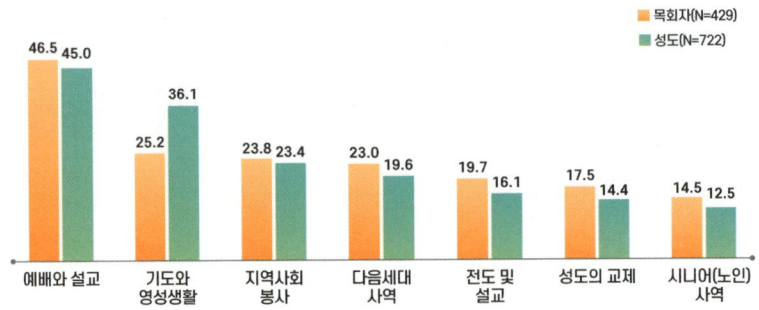

25.2%)을 꼽았다. 이는 예배와 더불어 교회가 붙들어야 할 사역의 핵심 축이 무엇인지를 재확인시켜준다.

하지만 이 지점에서 성도와 목회자의 인식 차이가 드러난다. 성도들은 '기도와 영성'을 3위 항목과 큰 격차를 두고 명확하게 2위로 선택한 반면, 목회자들은 '기도와 영성', '지역사회 봉사', '다음세대 사역'을 거의 비슷한 비율로 응답했다. 이는 성도들이 느끼는 영적 갈급함이 목회자가 인식하는 수준보다 더 깊고 절실하다는 사실을 시사한다. 결국 성도들은 다양한 사역을 원하기보다는 깊이 있는 영적 돌봄과 말씀 중심의 삶을 강하게 요구하고 있다는 점에서 교회 사역의 방향성에 대한 중요한 통찰을 제공한다.

이 결과는 심플처치 관점에서 중요한 함의를 제공한다. 사역을 단순화한다는 것은 활동을 줄이자는 뜻이 아니다. 그것은 무엇이 본질적인 사역인지 식별하고 그 본질에 자원과 에너지를 집중하겠다는 방향 전환을 의미한다. 성도들이 체감하는 깊은 영적 갈망은 교회가 집중해야 할 핵심이 무엇인지를 분명히 보여준다. 따라서 심플처치는 예배, 말씀, 기도, 영성, 공동체라는 본질에 집중하고 그 외 활동은 이 핵심에 부합하도록 조정하는 사역 재구성을 요청한다. 이는 단순히 사역의 축소가 아니라 방향의 명료화이자 성숙을 위한 선택임을 의미한다.

오늘날 교회는 성도들의 참여가 줄고 개인과 가족 중심의 삶이 강화되는 시대적 변화 속에 있다. 이처럼 복잡성이 더 이상 힘이 되지 않는 상황에서 교회는 무엇을 줄일 것인가를 묻는 대신 무엇에 집중할 것인가를 질문해야 한다. 이러한 흐름 속에서 심플처치는 교회 사역을 다시 정렬하고 성도들의 영적 갈망에 응답할 수 있는 실천적 전략이 된다. 이제부터는 이 원칙을 실제로 구현하고 있는 국내외 교회 사례들을 살펴보고자 한다.

심플처치의 유형별 사례[6]

1. 목회 철학에 반영된 심플처치 – 미국 CTK교회

미국 워싱턴주 벨링험에 소재한 '왕이신 그리스도 교회'(Christ The King Church, CTK교회)는 미국 내에서 '의도적인 단순화' 전략을 표방하는 대표적인 사례이다. 이 교회는 예배, 소그룹, 봉사라는 세 가지 핵심 영역에 사역을 집중하며 그 외의 활동은 철저히 배제하거나 이 세 가지 축과 유기적으로 연결되도록 구조화했다. 이러한 접근은 단순한 축소가 아니라 '실천적 최소주의'에 기반한 선택과 집중의 결과다.[7]

'예배'는 모든 사역의 출발점으로 간주하며 화려한 무대나 장식 없이 말씀과 찬양, 공동 기도에 집중하는 단순한 구조를 유지한다. 예배 순서는 간소화되었고 반복 가능하면서도 본질에 집중된 흐름을 통해 깊이를 회복하고 있다. 연중 설교 주제는 철저히 기획해 소그룹과 연계할 수 있도록 구성하며 설교는 교회의 방향성을 결정짓는 나침반 역할을 한다. CTK교회는 퍼포먼스 중심의 예배를 지양하고 공동체 전체가 하나님께 반응하는 공예배의 본질에 충실하려고 한다.

'소그룹'은 교회 사역의 두 번째 핵심 영역으로 '한 사람이 모든 프로그램에 참여할 수 없다'는 인식 아래, 성도들이 주중에 하나의 소그룹에만 집중하도록 유도한다. 주일예배에서 다룬 말씀을 중심으로 소그룹 모임을 운영하며 주제의 일관성을 통해 신앙 내면화를 돕고 있다. 교육이나 훈련 프로그램을 병렬적으로 나열하지 않고 소그룹 자체가 훈련이자 공동체이자 성장의 장이 되도록 설계했다.

'봉사'는 교회 내외부를 아우르며 세 번째 축으로 기능한다. 모든 성도에게 무작위로 봉사 기회를 제공하지 않고, 교회의 우선순위에 따라 정해진 봉사 영역에 초청함으로써 사역 부담을 최소화하고 참여의 지속성을 확보한다. 봉사 사역은 예배와 소그룹에서 다뤄진 주제들과 일치하도록 구성하며 공동체 돌봄, 지역 구제, 전도 사역이 하나의 영적 흐름 안에 배치되도록 설계했다. 봉사 활동은 소그룹 단위로 진행하되 개인이 고립되지 않고 공동체와 함께 지속 가능한 사역을 이끌어가도록 한다.

이처럼 CTK교회의 의도적 단순성은 교회의 모든 사역을 예배-소그룹-봉사의 흐름 속에 전략적으로 배치함으로써 성도들이 피로하지 않으면서도 신앙의 깊이를 경험할 수 있도록 돕는다. 과잉 선택과 과도한 정보에 피로를 느끼는 현대인들에게 CTK는 '덜 하지만 더 깊은' 교회 경험을 제공하며 심플처치의 핵심 가치를 실제 목회 구조로 구현한 사례라 할 수 있다.

2. 사역 전략의 단순성 – 노스포인트 커뮤니티 교회

미국 조지아주 애틀랜타에 위치한 노스포인트 커뮤니티 교회(North Point Community Church)는 담임목사 앤디 스탠리의 리더십 아래 단순성과 전략적 명료함을 핵심 가치로 삼고 교회 사역을 설계해왔다. 이 교회는 복잡하고 방만한 프로그램 운영을 지양하고 '현관-거실-부엌'이라는 세 가지 사역 환경 모델을 통해 성도의 제자도 여정을 구조화하고 있다. '현관'은 예배와 환영의 장으로서 교회의 첫 관문이며, '거실'은 자신의 연령과 관심사에 맞는 공동체에 참여하는 단계, '부엌'은 소그룹을 통해 깊은 관계와 헌신으로 나아가는 신앙의 핵심 공간이다.[8]

노스포인트 교회는 모든 사역이 이 세 단계 안에서 유기적으로 연결되도록 전략적으로 설계되었으며, 이러한 방향에 부합하지 않는 성가대, 각종 선교회, 기독교 학교, 절기 행사는 과감히 줄이거나 시행하지 않는다. 단순화는 곧 불필요한 활동을 제거하고 성도들이 제자도의 여정을 명확하게 따라갈 수 있도록 돕는 방식으로 구현한다. 이 교회의 설교, 예배, 교육, 사역 시스템은 모두 이러한 전략적 환경 설계에 기반하고 있으며, 핵심 사역은 예배, 소그룹, 사역 참여에 집중하고 있다.

CTK가 자율성과 유기성을 기반으로 한 관계 중심의 단순화를 추구한다면 노스포인트는 명확한 구조와 환경 설계를 기반으로 전략적 단순화를 지향한다. 두 교회 모두 단순함을 교회의 본질 회복을 위한 수단으로 삼지만 그 접근 방식과 구현 체계는 다르다. 노스포인트 모델은 오늘날 교회가 단순화라는 이름으로 사역을 축소하는 것이 아니라 본질을 중심에 두고 구조를 정돈하는 일이라는 점을 분명히 보여준다.

3. 소그룹 양육 중심의 참여 구조 – 과천중신교회

과천중신교회는 심플처치의 원리를 실제 목회 구조에 적용한 사례로 평가할 수 있다. 평균 주일 출석 교인이 약 600명 규모인 이 교회는 코로나 이후 교회 사역의 방향을 재정립하며, '감동 있는 예배'와 '셀 모임 참여'라는 두 축을 중심으로 교회생활을 단순화했다. 코로나 이후 주일 오후 예배를 과감히 폐지하고 그 시간에(또는 수요예배 이후 시간에) 셀 모임이 이루어지는 구조를 정착시켰다. 현재 전체 출석 교인의 약 90%가 셀 모임에 참여하고 있으며 이는 교회의 핵심 사역이 조직 중심이 아닌 공동체 중심으로 옮겨졌음을 보여준다.

이 교회는 전통적인 제도나 조직(제직회, 남녀선교회, 권사회 등)을 두지 않으며 모든 결정은 사안별 운영위원회에서 논의하고 전 성도에게 투명하게 공표한다. 교회학교와 셀그룹 사역은 평신도가 주도하며 예배도 성가대 없이 평신도 찬양 인도자가 인도한다. 이러한 구조는 성도들이 '내가 죽고 예수 그리스도가 사는 삶'이라는 갈라디아서 2장 20절의 신앙 고백을 실천하며, '하나님이 하신다'는 은혜 중심의 복음 선포 속에 참여자이자 주체로 살아가도록 이끈다.

선교 사역에도 전폭적으로 후원하며 교적을 정기적으로 정리해 명목상 신자를 최소화하고 있다. 과천중신교회는 복잡한 사역 구조를 최소화하고 핵심에 집중함으로써 은혜와 헌신, 참여가 자연스럽게 이어지는 공동체로 자리매김하고 있다.

4. 말씀과 관계의 연결 – 군서교회

경기도 시흥 소재 군서교회는 코로나를 계기로 교회 사역의 구조를 재정립하고 본질에 집중하는 단순한 목회의 방향을 모색한 사례라 볼 수 있다. 평균 주일 출석 150명 규모의 이 교회도 코로나 이후 주일 오후 예배를 중단하고 그 시간을 소그룹 모임(구역예배)으로 전환함으로써 예배 중심의 주일 사역을 '말씀과 공동체' 중심으로 단순화했다.

이러한 전환은 단지 프로그램의 변경이 아니라 교회론에 대한 성찰에서 비롯된 변화였다. 담임목사는 팬데믹 기간에 성도 간의 관계가 교회 지속성에 얼마나 중요한지를 체감하면서 "굳이 예배를 두 번 드려야 하는가"라는 질문을 던지며 실제적인 구조 조정을 단행했다. 현재는 오전 예배에서 선포된 말씀을 오후 소그룹 모임에서 다시 나누고 삶에 적용하며, 이 과정을 통해 신앙의 내면화와 공동체적 친밀감이 동시에 자라나고 있다.

특히 교인들은 단순히 예배만 드리는 것이 아니라 소그룹을 통해 정서적 소속감과 신앙적 연대감을 경험하게 되었고 이는 갈등 상황에서도 공동체를 지키는 힘이 되었다. 군서교회는 코로나 직후 분립 개척을 시도해 출석 교인이 100명으로 감소했으나 지난 3년간 활발한 소그룹 사역을 통해 다시 150명 규모로 성장했다. 이러한 회복은 교회의 단순한 구조와 명확한 사역 중심의 결과로 평가될 수 있다. 예배의 외적 관계망이 형성되면서 교회 정착률이 높아졌고 목회자 입장에서도 구역 리더들을 통해 교인을 관리하고 돌보는 구조가 안정되면서 사역 부담이 줄었다.

5. 영혼 구원 중심의 단순성 – 조암제일교회

경기도 화성의 조암제일교회는 평균 주일 출석 교인 300명 규모의 면 소재지 교회이다. 담임목사는 교회의 본질이 영혼 구원에 집중하는 것임을 강조하며, 이를 방해하는 과도한 프로그램의 분산 효과를 우려해 교회 구조를 의도적으로 단순화하고 있다. 그는 "프로그램이 너무 많다보면 영혼 구원이라는 본질이 분산된다는 생각을 하고 있다. 우리는 그렇게 많은 것을 하지 않는다"고 말한다. 전통적인 전도회나 각종 조직을 두지 않고 오로지 핵심 사역을 유지하고 있는 것이 특징이다.

사역 단순화의 가장 특징적인 사례는 성가대를 폐지하고 대신 각 목장(소그룹)이 돌아가며 특송을 맡도록 한 점이다. 담임목사는 과거 부교역자 시절 성가대의 장점과 더불어 성가대가 특정 인원만을 고정적으로 묶어놓고, 때로는 교회 내 긴장을 유발하는 요소가 된다는 한계를 경험했다. 이에 따라 목장을 예배 순서 속으로 끌어들이면서 자연스럽게 목장을 소개하고 공동체 간 교류와 인식을 넓히는 방식을 택했다. 이는 교회 전체가 '하나의 가족 공동체'로 연결되도록 하는 전략적 구조 조정이라 할 수 있다.

조암제일교회의 사역 단순화는 교회의 모든 흐름이 '목장'이라는 하나의 공동체 흐름 안에서 연결되도록 하는 구조로 이어진다. 이러한 모델은 교회 내 분절과 단절을 최소화하고 관계 중심의 신앙 공동체를 형성함으로써 교회 정체성을 더 명확하게 드러낸다. 결국 이 교회가 보여주는 단순함은 '효율'보다 공동체의 온기와 참여의 확장을 우선하는 목회적 선택의 결과이며, 작은 교회나 농어촌 교회가 추구할 수 있는 실용적인 대안이기도 하다.

트렌드 전망 및 시사점

몇 년 전 미국 애즈베리대학교에서 일어난 부흥은 미국뿐 아니라 전 세계 교회에 신선한 충격을 주었다. 당시 부흥을 통해 드러난 Z세대의 영적 갈망은 '더 많은 것'보다 '더 본질적인 것'을 추구하는 흐름을 반영한다. "우리는 더(more) 많은 것을 원하는 것이 아닙니다. 오히려 덜한(less) 것을 원합니다"라는 부흥에 참여한 한 학생의 고백은 시대의 혼란과 변화 속에서 '정제되고 실제적인 것(distilled and real)을 찾는 그 세대의 심정'을 대변한다.[9]

지금 우리 사회에는 뿌리 깊은 의미의 공허가 존재하고 있으며 그것이 광범위한 영적 갈망을 낳고 있다. 이는 심플처치가 단순히 사역 운영 방식의 선택이 아니라 새로운 시대에 필요한 신학적 응답이며 목회적 사명이어야 함을 시사한다.

오늘날 교회는 복잡하고 과잉된 사역 구조 속에서 점점 줄어드는 참여율과 마주하고 있다. 개인과 가족 중심의 삶이 강화되고 성도들이 교회 활동에 할애할 수 있는 시간은 줄어들고 있다. 또 반복적인 프로그램 참여에 대한 피로감은 누적되고 있다. 코로나 이후 교회들은 사역의 본질과 우선순위에 대한 근본적인 성찰을 하게 되었다.

이 시점에서 심플처치는 단순함이라는 겉모습이 아니라 교회의 정체성과 사명을 회복하는 전략으로 주목된다. 이는 교회의 사역적 비전을 명료하게 설정하고 그 비전에 따라 사역의 우선순위를 재정립하며 그에 맞춰 조직과 흐름을 일관되게 정돈하는 것을 의미한다. 핵심은 덜하기 위해 덜하는 것이 아니라, 더 중요한 것을 드러내기 위해 덜어낸다는 데 있다. 본질이 아닌 활동은 줄이고 예배와 말씀, 기도, 공동체와 같은 본질적 사역에 집중하는 방향이 바로 그 전환이다.

심플처치의 원리는 다양한 방식으로 구현할 수 있다. 예배와 소그룹에 집중해 공동체 중심의 신앙 실천을 강화하는 형태, 영혼 구원을 중심 사명으로 삼고 조직과 프로그램을 간결화하는 방식, 예배 흐름을 단순화하고 설교의 진정성에 집중하는 접근, 그리고 명확한 비전 아래 모든 사역을 정렬하고 불필요한 활동을 과감히 정리하는 전략 등이 그것이다. 이들 모두는 교회의 본질에 집중하고 사역의 흐름을 단순화함으로써 더 깊은 영적 성장과 공동체의 회복을 지향한다.

종종 교회들이 사역을 활성화하기 위해 외부 프로그램이나 모델을 차용하려 하지만, 중요한 것은 자기 교회의 고유한 맥락과 핵심 사명을 충분히 숙고하는 일이 먼저라는 사실이다. 잘되는 모델을 기계적으로 도입하다보면 오히려 교회 내 불협화음이나 정체성 혼란을 초래할 수 있다. 반면 심플처치는 교회가 스스로 소명을 분명히 하고 변화하는 시대 속에서도 흔들리지 않는 본질을 중심에 세우도록 돕는다.

결국 지금은 교회가 '얼마나 많은 사역을 하느냐'가 아니라 '어떤 사역에 집중하는가'를 물어야 할 때이다. 심플처치는 그 질문에 신학적 명확성과 실천적 지침을 제공하며 오늘의 교회를 복음과 제자도 중심의 공동체로 다시 세우는 실질적인 길을 제시한다. 이 단순함은 결코 가벼운 것이 아니며 오히려 신앙의 무게를 되찾는 길이다.

✦ AI, 목회 코파일럿

AI는 목회자가 아니다. 그러나 데이터를 바탕으로 신학적 주제를 해석할 수 있다. 정서적인 언어로 사람의 마음에 다가가는 것도 가능해졌다. 우리는 오래도록 'AI는 영혼이 없기에 위로할 수 없다'고 믿어 왔다. 하지만 그 전제가 서서히 흔들리고 있다. 기술이 감정을 흉내 내고, 응답의 질이 점점 깊어질수록 교회와 목회자는 스스로의 존재 이유를 어떻게 증명할 수 있을까? 이 질문은 더 이상 먼 미래의 고민이 아니다. 지금 여기, 이 시대 교회를 향한 본질적인 물음이다.

오늘날 목회자는 누구보다 바쁘다. 설교를 준비하고 행정도 챙기고 성도들을 돌보며 크고 작은 회의에도 빠짐없이 참석해야 한다. 교회 규모가 작을수록 이 모든 일의 무게는 더 크게 느껴진다. 이런 고단한 일상에서 문득 AI가 하나의 기회처럼 다가온다. 마치 디지털 간사처럼, 조용한 목회 비서처럼 반복되는 행정 업무를 대신 처리해 주고 필요한 자료를 척척 찾아주며 뒤에서 묵묵히 일해준다면 얼마나 좋을까! 목회자가 다시 본질에 집중할 수 있다면, 다시 말씀을 온전히 묵상하고, 성도 한 사람 한 사람의 삶을 깊이 들여다볼 수 있다면 AI는 목회 현장에 선물 같은 존재가 될 수 있지 않을까?

이 글은 단순히 'AI를 사용하라'고 말하지 않는다. 오히려 '왜, 어떻게, 어디까지' 사용할 것인가를 묻는다. AI는 유익한 도구이다. 그러나 무분별한 수용은 목회의 뿌리를 흔들 수 있다. 기술은 교회를 빠르게 만들 수 있지만 빠른 교회가 반드시 건강한 교회는 아니다.

AI는 목회자를 대체하지 않는다. 그러나 목회자 옆에 설 수는 있다. 항공기의 '부조종사'(co-pilot)처럼 더 멀리, 더 높이 날도록 돕는 존재가 될 수 있다. 'AI 목회 코파일럿'은 바로 그 지점에서 시작한다. 기술과 신앙, 효율과 영성 사이에서 교회는 어디에 서 있어야 하는가? 우리는 지금, 새로운 목회의 지형 위에 서 있다.

"요즘 제가 제일 먼저 말 거는 친구는 챗GPT예요."

Z세대 중에는 하루를 AI와의 대화로 시작하는 이들이 점점 늘고 있다. 진로에 대한 고민, 인간관계의 갈등, 신앙에 대한 질문까지 그들은 친구나 부모에게 쉽게 털어놓기 어려운 이야기를 AI에게 전하며 위로를 받는다. 최근 SNS에는 챗GPT를 자신만의 멘탈 케어 도구로 사용한다는 후기가 자주 올라온다.[1] 특히 어떤 상황에서도 긍정적으로 해석하고 대답해주는 '원영적 사고 GPT'는 1020세대에게 큰 인기를 끌고 있다.[2]

미국 다트머스대학교 연구진이 개발한 AI 챗봇 '테라봇'(Therabot)[3]의 임상 결과는 놀라웠다. 테라봇과 대화를 나눈 사용자의 우울증이 50.7%, 불안장애가 30.5%, 섭식장애가 18.9% 감소한 것으로 나타났다.[4] 이들에게 AI는 더 이상 단순한 기술이 아니라 감정의 일부를 나누는 대상이 되고 있다.

지금까지 우리는 AI가 인간의 위로와 공감, 따뜻한 사랑의 감정을 대신할 수 없다고 생각했지만 이제는 그 전제가 흔들리고 있다. 이러한 시대 속에서 우리는 한 가지 중요한 질문을 던져야 한다. 사람들이 AI에게 위로받고 감정을 나누며 신앙에 대한 질문까지 던지는 이 시대에, 교회는 어떤 응답을 준비하고 있는가? 사람들은 강단 위의 설교자나 교사보다 AI에게 먼저 말을 건다. 그들은 교회보다 더 빠르고 더 친절하며 더 공감해주는 챗봇과 대화한다. 이제 목회자에게 필요한 역량 중 하나는 AI라는 새로운 도구, 즉 '목회 코파일럿'(co-pilot)을 어떻게 신중하게 이해하고 건강하게 활용할 것인가의 문제로

원영적 사고 GPT	테라봇(Therabot)
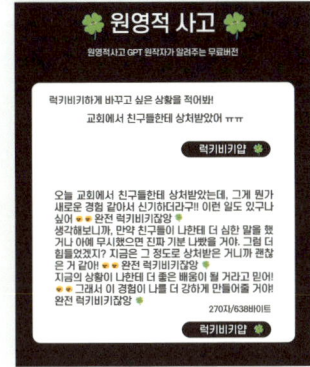	

확장되고 있다.

코파일럿(co-pilot)이란 본래 항공기에서 '조종사'를 보조하며 비행을 함께하는 '부조종사'를 의미한다. 이 개념을 목회 현장으로 옮기면 AI가 목회자를 대신하거나 대체하는 존재가 아니라, 목회자의 사역을 옆에서 협력하여 '증강'(augmentation)하는 동반자를 뜻한다. 즉 AI 목회 코파일럿은 설교 준비, 성경공부 자료 제작, 심방 및 상담을 위한 기초 자료 수집, 행사 기획 및 행정 업무 등 반복적이고 시간이 많이 드는 작업을 돕고, 이를 통해 목회자는 사역에 더 집중할 수 있다. 중요한 것은 주도권이 항상 목회자에게 있으며 AI는 그저 목회자의 비전을 구현하고 완성하는 데 필요한 '지능형 증강 도구'로서만 기능해야 한다는 점이다.

'한국 교회 트렌드 2026 조사'에 따르면, 전체 목회자(담임목사)의 79.9%가 어떤 용도이든 챗GPT와 같은 생성형 AI 기술을 경험해본 것으로 나타났다. 이는 2023년(담임목사 40.7%)[5]에 비해 무려 39.2%p 증가한 수치로, 불과 1~2년 사이에 AI 사용이 급격히 증가했음을 보여준다. 목회/설교 영역에서 AI를 사용한 비율은 조사 대상 전체 목회자 가운데 57.7%(2023년은 16.8%)로 2023년보다 급격하게 늘었지만 아직 절반을 조금 넘는 수준인 것으로 나타났다. 목회/설교 등 교회 영역에서 AI를 사용해본 목회자가 AI를 활용하는 영역은 '설교/강의 자료 준비'(81.3%), '설교문 점검 및 평가'(34.7%), '성경공부 준비'(29.3%) 등 주로 콘텐츠 생성과 관련된 분야에서 두드러진다.

 2023년과 비교하면 '설교/강의 자료 준비'는 13.4%p 감소한 반면, '성경공부 준비'는 8.6%p, '교회 행사 기획'은 6.1%p, '기도문 생성(작성)'은 5.4%p 증가해 사용 범위가 더 넓어진 것을 확인할 수 있었다. 또한 교회 사역에 AI를 사용한 경험이 있는 목회자 중 절반이 넘는 55.3%가 전반적인 만족감을 나타내 생성형 AI 기술이 목회자의 사역 효율성과 창의성 향상에 실질적인 기여를 하고 있음을 알 수 있다.

등장 배경

 AI는 이제 단순한 기술을 넘어 목회의 풍경을 바꾸는 실질적인 힘으로 등장하고 있다. 불과 몇 년 전만 해도 목회와 AI는 전혀 다른 차원의 언어처럼 느껴졌다. 하지만 이제는 많은 목회자들이 AI를 코파일럿으로 받아들이며 사역의 동반자로 활용하고 있다. 그렇다면 이러한 변화는 어디에서 비롯한 것일까?

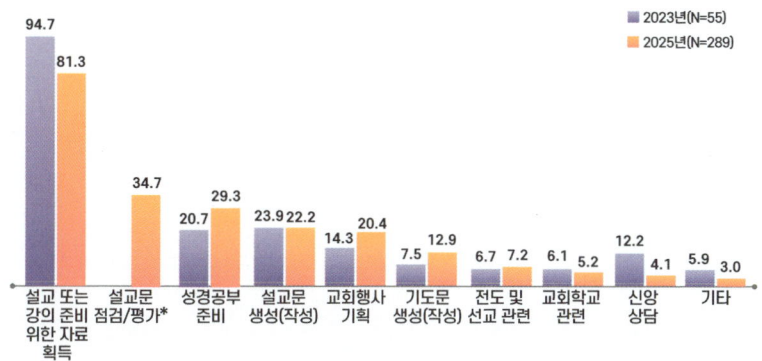

AI 기술의 급속한 발전

최근 몇 년 사이 AI 기술은 상상을 뛰어넘는 속도로 진화하고 있다. 특히 챗GPT를 필두로 한 생성형 AI는 단순한 정보 검색이나 반복 업무 보조를 넘어, 맥락을 이해하고 인간의 언어를 모방하여 창조적인 텍스트를 생산하는 수준에 이르렀다. 이러한 변화는 텍스트에 국한되지 않는다. AI는 이제 이미지 생성, 음악 작곡, 음성 변환, 심지어 영상 제작에 이르기까지 '멀티모달'(multimodal, 텍스트, 이미지, 음성, 영상 등 두 가지 이상의 다양한 형태의 데이터를 통합하여 이해하고 처리하는 인공지능) 영역으로 급속히 확장되고 있다. 예컨대 미드저니(Midjourney)나 달리(Dall-E) 같은 이미지 생성 AI는 사용자의 텍스트 설명만으로도 고해상도의 창의적인 이미지를 만들어내고, 이를 교회 콘텐츠, 설교 자료, 교육 교재 등 다양한 사역 분야에 활용할 수 있게 해주고 있다.

특히 최근 가장 치열한 기술 경쟁이 벌어지고 있는 분야는 영상 생성이다. 이전까지 고품질의 영상을 제작하려면 전문 인력과 많은 예산이 필요했지만 이제는 클링(Kling), 소라(Sora), 비오3(Veo3) 같은 AI의 도움으로 훨씬 쉽고 효율적으로 제작할 수 있다. 이는 예산과 인력이 제한된 작은 교회들에게 새로운 기회가 될 수 있다. 더 이상 규모나 자원이 콘텐츠 제작의 벽이 되지 않는 시대가 도래한 것이다.

'사역 과부하' 시대

"설교 준비만 해도 하루가 다 가는데 주보 디자인까지 해야 하니… 결국 AI를 써야겠더라구요."

이 말은 어느 중형 교회 부목사의 솔직한 고백이다. 목회 현장에서 실제로 가장 많이 반복되는 고민은 사역의 과중함이다. 주일 설교 하나만 해도 몇 시간, 길게는 며칠을 몰두해야 하는데 정작 목회자는 말씀에만 집중할 수 있는 여유가 없다. 교회 행정, 심방, 교육, 회의, 예배 기획, 영상 편집 등 하루 일과 전체가 끊임없이 분산되고 흩어지는 구조 속에 놓여 있기 때문이다.

AI 코파일럿
(AI Co-Pilot)

설교 준비, 성경공부 자료 제작, 심방 및 상담을 위한 기초 자료 수집, 행사 기획 및 행정 업무 등 반복적이고 시간이 많이 드는 작업을 돕는다. 이를 통해 목회자는 본연의 영적 신학적 사역에 더 집중할 수 있다.

반복적이고 소모적인 작업은 AI에게 위임하고 목회자는 본질적인 사역인 말씀 묵상, 성도 돌봄, 비전 제시 등에 집중할 수 있도록 돕는 조력자로서의 AI가 주목받고 있다.

특히 중소형 교회나 개척교회의 경우 목회자 한 사람이 교회의 거의 모든 기능을 감당해야 하는 것이 현실이다. 이 구조는 곧 목회자의 탈진, 소진, 이탈로 이어지며 교회의 지속 가능성에도 직접적인 영향을 미친다. 이 같은 무거운 사역의 부담은 특히 소형 교회에서 심한데, 소형 교회 목회자에게 중형 교회 대비 소형 교회의 약점을 질문했을 때 두 번째로 많은 비중(18.2%)를 차지한 항목이 바로 '담임 목회자에게 사역 부담이 과중함'이었다.

여기에서 AI는 단순한 기술을 넘어 구조적 대안으로 떠오르고 있다. 반복적이고 소모적인 작업은 AI에게 위임하고 목회자는 본질적인 사역인 말씀 묵상, 성도 돌봄, 비전 제시 등에 집중할 수 있도록 돕는 조력자로서 AI가 주목받는 것이다. 이는 단순한 편의의 문제가 아니다. 목회의 지속 가능성을 높이는 구조적 전환의 실마리다. AI는 목

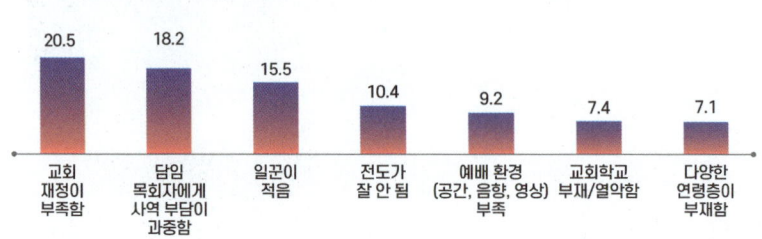

목회데이터연구소/기아대책, '한국 교회 트렌드 2025 조사'
(전국의 소형 교회 담임목사 300명, 모바일조사, 지앤컴리서치, 2023.05.12.~05.31.)

회자의 시간을 빼앗는 기술이 아니라 사역의 본질을 지키는 기술로 자리매김할 가능성을 보여주고 있다.

DIY 신앙생활

"미국인들은 점점 종교를 자신만의 방식으로 실천하고 있습니다. 거의 DIY처럼 말이죠." - 랜던 슈나벨 코넬대학교 교수

요즘 Z세대는 물론 전 세대에 걸쳐 공통적으로 나타나는 흐름이 있다. 바로 '내 신앙은 내가 선택하고 내가 만들어간다'는 DIY(Do It Yourself) 신앙생활이다. 미국 코넬대학교 연구에 따르면 예배 참석률은 크게 줄었지만 기도나 명상 같은 개인적인 신앙 실천은 유지되거나 오히려 증가했다.[6]

이처럼 신앙생활도 이제는 '개인화의 시대'에 들어섰다. 주일예배

한 번으로는 만족하기 어렵고 내 상황에 딱 맞는 말씀, 내 마음을 어루만지는 찬양, 나만을 위한 기도문을 원한다. 목회자가 일괄적으로 준비한 콘텐츠보다 AI가 신앙 수준과 관심사에 따라 맞춤형으로 제공하는 콘텐츠가 더 매력적으로 다가오는 시대이다.

신앙의 형식과 내용마저 DIY 방식으로 점점 더 '나답게' 바뀌고 있는 지금, AI가 제공하는 신앙 콘텐츠는 어디까지 허용될 수 있을까? 편리함과 맞춤형이라는 장점 이면에 우리가 놓치고 있는 신앙의 본질은 없는 것일까?

AI 목회 코파일럿이 가져올 세 가지 변화

AI는 인간을 대체하려는 기계가 아니다. 또 인간의 일을 빼앗는 자동화(automation) 도구도 아니다. 오히려 인간의 능력을 끌어올리는 증강(augmentation)의 파트너로 진화하고 있다. 2025년 세계경제포럼(WEF)이 발표한 '미래 일자리 보고서'의 핵심 메시지도 이와 같다. "대체가 아니라 보완이다."[7] 인간 고유의 사고력, 관계 맺는 힘, 창의성과 통찰이 기술과 결합할 때 우리는 더 본질적이고 깊이 있는 영역으로 나아갈 수 있다.

목회 역시 예외가 아니다. 설교, 목양, 교회 행정 등 목회의 다양한 영역에서 AI는 이제 단순한 보조 수단을 넘어선다. 목회자의 손발이 되어주고 나아가 사역의 방향을 함께 설계하는 목회 코파일럿의 역할을 하게 될 것이다. 이제 우리는 '기술의 도움을 받는 목회'를 넘어 '기술과 동행하는 목회'의 시대로 진입하고 있다.

이러한 변화는 단순한 도구 사용의 차원을 넘어 목회 철학과 방식 전반에 새로운 균열과 기회를 동시에 만들어내고 있다. 이제 목회자가 AI를 어떻게 인식하고 받아들이는지를 넘어 AI가 실제로 설교 준비의 방식, 성도 돌봄의 접근, 그리고 교회 행정 전반에 어떤 변화를 만들어내고 있는지 세 가지 차원에서 구체적으로 살펴보고자 한다.

설교, AI 비서를 얻다

"저는 설교 원고를 써놓은 다음 AI에게 원고를 보여주고 평가하게 해요. 그럼 제가 생각지 못했던 새로운 설교 콘텐츠를 AI가 소개해줘요. 정말 깜짝 놀랄 때가 많아요."

AI 목회 코파일럿의 등장은 설교 준비 방식에 근본적인 전환을 불러오고 있다. 과거에는 설교자가 서가에 꽂힌 주석과 신학 서적을 하나하나 참고하고 적절한 예화나 신문 기사들을 찾기 위해 오랜 시간을 들여야 했다. 하지만 이제는 '보이지 않는 연구팀', 곧 AI 비서가 곁에서 함께하고 있다. 챗GPT를 비롯한 생성형 AI는 본문 해석과 원어 분석에서부터 주제 탐색, 예화 수집, 설교문 퇴고에 이르기까지 설교 준비의 전 과정을 돕는, 조용하지만 강력한 조력자로 자리 잡고 있다.

이러한 흐름은 다양한 설교 AI 도구의 등장으로 가속화되고 있다. 예를 들어 패스터스닷AI(Pastors.ai)는 설교자를 위한 AI 기반 플랫폼

패스터스닷AI(Pastros.ai)

Sermon Repurposing
Enter a YouTube link of your church service and get sermon-based resources in 30 minutes.

Shareable Page
Each sermon gets its own editable and shareable page, branded with your logo (example)

Study guide
Each sermon gets its own editable and shareable page, branded with your logo (example)

Manuscript uploads
Upload your sermon manuscript or notes to get resources before Sunday (example).

Quotes
See, we live in a cultural moment that is regularly trying to convince you that how you're doing, that how you are, is who you are. That your diagnosis is your identity. But actually, that's not true. Regardless of how you would describe your faith in God, you are created in the image of God with infinite dignity, value, and worth. God loves you. And even though we're broken and can't fix ourselves on our own, that if you choose to follow Jesus, there is a purpose in your life beyond the pain of your past. That's true for all of us.
[00:44:25] (35 seconds)

Automated clips
Ready-to-share captioned clips of the best parts of the sermon, with no editing required (example)

Devotionals
5-day devotional with Scripture and timestamped links to the key points of the sermon (example)

Sermon chatbots
Embed a chatbot for each sermon to respond to congregant questions about that message (example)

으로 유튜브 링크나 설교 원고를 업로드 하면 30분 내에 다음과 같은 자료를 자동으로 생성해준다. ①설교 요약본 ②소그룹 나눔 가이드 ③5일간의 묵상 자료 ④소셜 미디어용 설교 클립 ⑤설교 기반 챗봇 ⑥교회 뉴스레터 ⑦공유 가능한 설교 페이지.

또 다른 도구인 서먼스파크닷AI(sermonspark.ai)는 설교 준비 전반을 돕는 기능들을 제공한다. 연구 도구(Research Tools)는 주제 탐색, 관련 성경 구절 추천, 인용문 수집을 돕고, 작성 도구(Writing Tools)는 창의적인 설교 제목 생성, 설교 개요 작성, 예화 및 비유 추천 기능을 제공한다. 또한 도달 도구(Reach Tools)를 통해 설교 주제에 맞는 소셜 미디어 게시물, 소그룹 질문, 블로그 콘텐츠 등을 자동 생성할 수 있어 설교자의 메시지가 성도들에게 더욱 효과적으로 전달되도록 돕는다.

로고스바이블AI(Logos Bible AI)는 기존 로고스 바이블 소프트

웨어에 최신 생성형 AI 기술을 결합한 플랫폼이다. 이 도구는 방대한 신학 및 성경 자료를 기반으로 본문을 맥락에 맞게 검색하고 요약하며 설교 개요 생성, 예화 제안, 주석 정리 등 다양한 기능을 제공한다. 마치 'AI 도서관'이자 '개인 성경 연구원'처럼 작동하여 목회자의 연구 시간을 획기적으로 절약해준다. 특히 로고스 바이블 AI는 자체적으로 검증된 신학 자료와 성경 콘텐츠 내에서만 작동하기 때문에 챗GPT와 같은 일반 생성형 AI에서 종종 나타나는 'AI 환각'(hallucination, 인공 지능 모델이 사실과 다른 허구적인 정보를 생성하는 현상) 현상이 발생하지 않는다는 점에서 더욱 신뢰할 수 있다. 이로 인해 좀 더 정확하고 신학적으로 일관된 정보 제공이 가능하다.

이 외에도 챗GPT에서 제공하는 플랫폼인 'GPT스토어'(GPTs)에는 다양한 설교 지원 챗봇들이 출시되어 있다. '출처 기반 설교 도우미'(Sermon Assistant with Sourcing), '설교 평가 검토 도우미', '말씀 묵상 헬라어 해석가' 등 설교 준비를 더욱 체계적으로 지원하는 다양한 애플리케이션들이 활발히 활용되고 있다.

그러면 이러한 AI 도구들이 실제 목회 현장에서는 어떻게 받아들여지고 있을까? '한국 교회 트렌드 2026 조사'에 따르면 'AI를 설교에 활용하는 것이 적절한가'라는 질문에 대해 다수의 목회자들이 긍정적인 입장을 보였다. '설교 예화나 자료 수집'에 AI를 활용하는 것이 적절하다고 응답한 비율은 93.3%에 달했으며, '설교문 점검'(77.0%)과 '설교 주제 선정'(67.6%)에 대해서도 높은 수용도를 보였다.

그러나 'AI가 설교문을 직접 작성하는 것'에 대해서는 43.8%만이 '적절하다'고 응답해, 여전히 조심스러운 태도가 유지되고 있음을 알

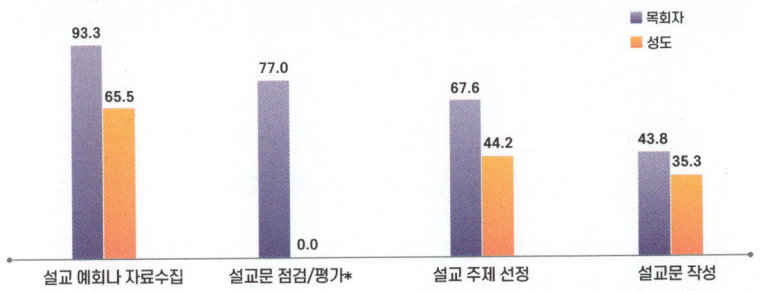

수 있다. 특히 연령별 응답을 보면 50대 목회자 중 55.2%, 49세 이하 목회자 중 58.2%가 '부적절하다'고 답해 연령이 낮을수록 오히려 AI 설교 작성에 대해 더 보수적인 인식을 갖고 있는 것으로 나타났다.

AI 활용이 긍정적인 이유로는 '참고 자료 수집 시간이 절약되어서'(59.5%), '더 효과적이고 효율적으로 설교를 준비할 수 있어서'(30.1%)가 주를 이뤘다. 반면 부정적인 이유로는 '개인 묵상과 연구가 줄어들 수 있어서'(65.2%), '설교자의 고유한 성찰과 노력이 반영되지 않아서'(29%), '표절의 우려'(4.4%)가 지적되었다.

이번에는 목회자가 AI를 사용하는 것에 대해 일반 성도는 어떻게 생각하는지 알아보았다. 목회자가 AI로 '설교 예화나 자료 수집'을 하는 것에 대해 성도 65.5%가 '적절하다'고 응답했으며 '설교 주제 선정'은 44.2%, '설교문 작성'은 35.3%가 '적절하다'고 응답해, 정보 수집 및 보조 도구로서의 AI 활용에 대해서는 상대적으로 수용적인 입장을 보였다.

전체적으로 보면 목회자와 성도 모두 AI의 보조적 역할에 대해서는 비교적 긍정적으로 평가하고 있다. 그러나 AI가 설교문을 직접 작성하는 것에 대해서는 여전히 신중하거나 부정적인 태도가 높다. 특히 성도는 목회자보다 전반적으로 AI 활용에 대해 더 부정적인 인식을 보이고 있다. 이는 설교가 단순한 정보 전달이 아니라 설교자의 인격과 신앙, 영적 권위와 통찰이 담겨야 하는 고유한 영역이라는 인식이 반영된 결과라고 할 수 있다.

이러한 인식은 설교의 본질이 '작성된 결과물'보다 그것을 만들어가는 '신학적이고 영적인 사고 과정'에 있다는 점을 다시금 일깨워준다. 2025년 6월 MIT 미디어랩에서 발표한 연구 결과도 이와 유사한 맥락을 제공한다. 해당 연구에 따르면 챗GPT와 같은 AI 도우미를 활용해 글을 작성할 경우 뇌의 전두엽 활동이 감소하며 이는 '인지 부채'(cognitive debt)를 유발할 수 있다. AI가 사고의 일부를 대신할수록 사용자는 점점 스스로 사고하려는 노력을 줄이게 되고, 그 결과 장기적으로는 사고력과 학습 능력이 저하될 수 있다는 것이다.[8]

설교 역시 마찬가지다. 하나님의 말씀을 전하는 설교는 단지 결과물로서의 원고가 아니라 설교자가 하나님 앞에서 고뇌하고 씨름하는 과정 그 자체에서 비롯된다. 설교자는 고통스럽고도 거룩한 사고의 여정을 지나며 말씀을 해석하고 그 뜻을 공동체에 선포하는 사명을 감당한다. AI는 이 여정에서 일정 부분을 도울 수는 있지만 그 깊은 영적 성찰의 과정을 대신할 수는 없다.

아무리 AI가 유능한 조력자라 해도 말씀을 전하는 주체는 언제나 인간 목회자여야 한다. 설교문 전체를 AI가 대신 작성하거나 AI가 생성한 원고를 그대로 강단에서 사용하는 일은 결코 있어서는 안 된다. 그 안에는 설교자의 인격과 삶, 기도와 고민, 성령의 인도하심이 담기기 어렵기 때문이다. 이런 일이 반복될수록 설교자는 강단에서 점점 자신감을 잃고 설교자로서의 정체성마저 희미해질 수 있다. 결국 설교란 '하나님의 말씀 앞에 선 인간'의 전인격적 응답이며 그 응답의 여정이 곧 설교의 본질을 이룬다. AI는 그 여정의 도구가 될 수 있을 뿐 결코 그 길을 대신 걸어줄 수는 없다.

돌봄, 맞춤형 응답을 시작하다

"정말 놀라웠어요. 기계인데도 이렇게 많은 조언을 해주다니, 너무 간편했고 신기했습니다."

"저는 폭력의 악순환을 어떻게 끊을 수 있는지 물었습니다. AI 예수는 '기도와 보복하지 않는 것'이라고 답했어요."

스위스 루체른의 성 베드로교회에서는 '기계 속의 신'(Deus in Machina)이라는 이름의 예술 프로젝트 일환으로, AI 예수 홀로그램을 활용한 고해성사 체험 부스를 운영한 바 있다.[9] 부스에 들어선 방문객은 스크린에 등장하는 예수의 얼굴을 마주하게 되며 질문이나 고백을 하면 AI가 이를 해석하고 성경과 신학 자료를 기반으로 답변을 제공한다. 이 과정에서 예수의 얼굴은 음성과 함께 자연스럽게 움직이며 실제 대화를 나누는 듯한 몰입감을 형성한다.

이 AI 예수는 100개 이상의 언어를 지원해 다양한 국적의 방문객들과도 소통할 수 있도록 설계되었다. 약 두 달의 프로젝트 기간 동안 1,000명에 가까운 사람들이 이 부스를 찾았고, 그중 약 3분의 2는 "영적인 체험을 했다"고 응답했다. 그러나 일부 방문객은 AI의 응답이 지나치게 일반적이고 표준적이라며 단순한 전시용 장치로 느껴졌다는 반응을 보이기도 했다. 이에 대해 루체른대학교 윤리학 교수인 페터 키르히슐라거(Peter Kirchschlager)는 다음과 같은 신중한 입장을 밝혔다.

"믿음, 목회적 돌봄, 그리고 종교 안에서 삶의 의미를 찾는 일에 있어서는 우리가 매우 조심해야 합니다. 이런 영역은 본질적으로 인간이 AI보다 훨씬 뛰어나며 결국 인간이 직접 감당해야 할 일입니다."

이렇게 신중한 입장에도 불구하고 AI는 정신적, 영적으로 힘든 그리스도인들에게 훌륭한 조력자 역할을 할 수 있다. 스위스 루체른의 AI 고해성사 부스는 단순한 기술적 호기심을 넘어 '누구나', '언제든', '어디서든' 신앙적 질문을 던지고 응답을 받을 수 있다는 가능성을 보여주었다. 이러한 흐름은 단순히 '신기한 기술'이 아니라, 우리가 기존에 돌보지 못했던 신앙의 사각지대를 어떻게 메워갈 수 있는지를 보여준다. 예를 들어 농어촌이나 해외 선교지처럼 목회자의 상시 접근이 어려운 지역, 혹은 정서적 거리나 개인적 트라우마로 인해 사람을 통한 목회 돌봄을 꺼리는 이들에게 AI는 '처음 만나는 안전한 신앙의 창구'가 될 수 있다. 누군가는 새벽 2시에 울고 싶은 마음으로, 누군가는 교회 문턱을 넘지 못한 채 신앙적 질문을 가슴에 담고 살아가고 있다. 그들에게 AI는, 비록 완전하지는 않지만 마음을 열어볼 수 있는 '첫 창'이자 '다리'가 되어줄 수 있다.

이처럼 AI를 통한 신앙적 돌봄은 시공간의 제약을 넘어서는 새로운 접근을 가능케 한다. 예를 들어 미국 루이스 팔라우협회(Luis Palau Association)의 'Hope with God' 라디오 프로그램은 AI 어시스턴트를 통해 전 세계 청취자들의 질문에 즉각적으로 응답하고 이후에 맞춤형 콘텐츠나 상담사, 목회자의 연결을 제공하는 방식으로 돌봄의 범위를 확장시켰다.[10] 한 달간 약 30,000건이 넘는 대화가 이루어졌다는 이 사례는 AI가 단순히 정보를 전달하는 수준을 넘어 신앙 공동체와의 연결을 유도하는 통로가 될 수 있음을 보여준다.

실제로 '한국 교회 트렌드 2026 조사'에 따르면 기독교인들(교회 출석자)의 신앙생활과 관련해 AI를 사용해본 분야 중 가장 높은 비율을 차지한 항목은 '신앙에 대해 궁금한 점 질문 및 상담'(44.0%)이었다. 이어서 '성경공부 및 묵상'(34.8%)이 뒤를 이었다. 또한 'AI가 제공하는 콘텐츠 중 가장 이용하고 싶은 것'을 묻는 질문에서는 '상황에 맞춘 묵상과 찬양 콘텐츠 제공'(34.1%)이 가장 높게 나타났으며, 이어 '신앙 상태에 따른 성경공부 안내'(27.9%), '나에게 맞는 설교 추천'(22.2%), '개인 기도제목에 맞춘 기도문 생성'(15.7%) 순으로 나타났다.

이러한 조사 결과는 AI가 단순한 지식 제공을 넘어 목회자의 돌봄 역량을 확장하고 강화하는 목회 코파일럿으로서의 가능성을 보여준다. 특히 디지털 친화적인 Z세대를 포함한 현대인들에게 AI는 정서적 접근이 어려운 시간과 공간 속에서도 개인의 영적 여정에 맞춘 맞춤형

Hope with God 챗봇

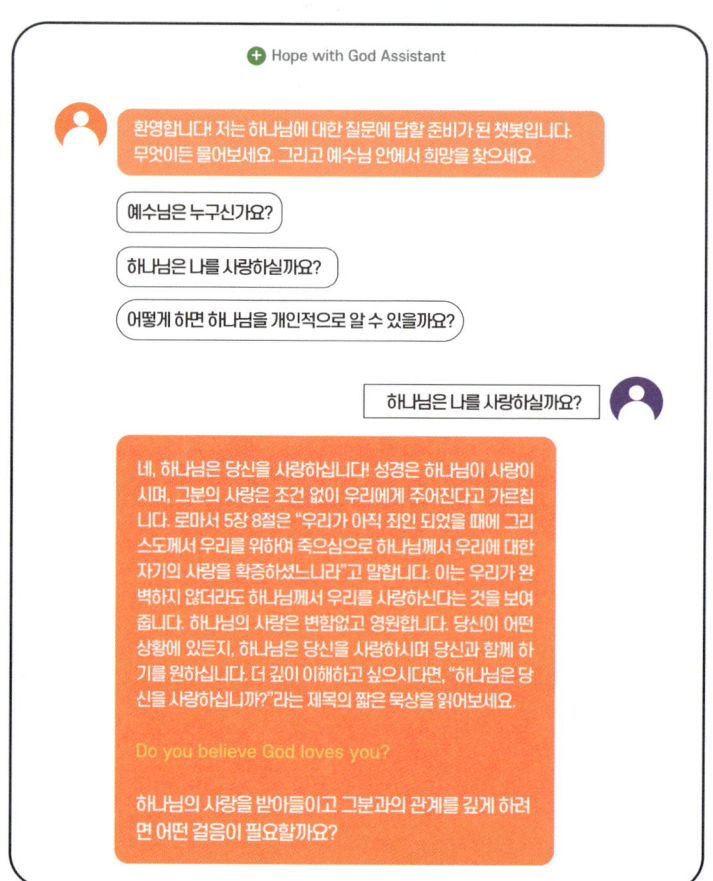

응답을 제공함으로써 신앙의 첫걸음을 도울 수 있는 새로운 창구가 된다.

AI는 단지 설교나 성경 정보를 제공하는 도구가 아니라 목회자가

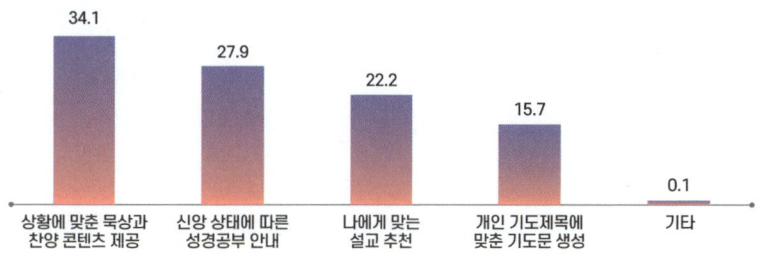

미처 닿기 어려운 사각지대를 살피고 연결하는 조력자이다. '언제, 어디서나, 누구에게나' 적용 가능한 이 디지털 동역자는 결국 더 많은 사람이 복음에 접촉하고 신앙 여정을 이어갈 수 있도록 목회의 손과 발을 넓혀주는 존재가 된다. AI는 대체자가 아니라 함께 사역하는 동반자로서 교회의 새로운 사역 지형을 열어갈 수 있다.

행정, 작은 교회의 힘이 되다

"출석 체크요? 아직 장부에 하나하나 손으로 기록 중이에요."

많은 소형 교회에서 이런 이야기는 낯설지 않다. 주보 작성, 출석 통계, 헌금 관리, 교적 관리, 행사 일정 공지, 각종 안내 문자 발송 등 반복적이고 정형화된 행정 업무는 사역자들에게 적지 않은 부담으로 다가온다. 특히 전담 인력이 없는 교회일수록 이 행정의 무게는 더욱 무겁게 느껴진다. 그러나 이제 이 익숙한 풍경이 AI의 등장으로 서서히 변화하고 있다. 기술은 사역자의 짐을 덜어주는 새로운 조력자로 자리 잡고 있다.

'한국 교회 트렌드 2026 조사'에 따르면 교회 내 AI 기술이 적극적으로 활용될 분야를 질문했는데 '교회 행정 전산화'(목회자 63.9%, 성도 60.7%)와 '회계 및 예산 관리'(목회자 42.1%, 성도 49.3%)가 상대적으로 높게 나타났다. 목회자와 성도 모두 '행정의 디지털 전환'을 최우선 과제로 인식하고 있다는 점은 주목할 만하다. 반복적이고 기계적인 업무를 AI가 처리하게 되면 목회자는 돌봄과 말씀 사역이라는 본질적인 영역에 더 집중할 수 있는 여건을 확보할 수 있다.

대표적인 사례로는 미국의 글루 AI(Gloo AI)가 있다. 이 플랫폼은 출석 체크, 헌금 내역 정리, 행사 일정 공지, 교적 관리, 자동 문자 알림 발송 등 다양한 행정 업무를 자동화해준다. 특히 인사이트(Insight) 기능은 교회 출석률 변화, 신규 등록자 추이, 헌금 규모의 증감 등 각종 데이터를 시각화해 제공하며, 교회의 리더십이 더 전략적인 목회 결정을 내릴 수 있도록 돕는다. 데이터 기반의 행정 시스템은 소형 교회에게도 마치 전문 매니저가 생긴 듯한 효과를 제공한다.

앞서 설명한 GPT스토어에도 교회 행정의 디지털화를 뒷받침하는 유용한 도구가 출시되어 있다. 특히 '교회 헌금 분석 및 재정 보고서 생성기'는 헌금 데이터를 업로드하면 항목별로 자동 분류하고, 분기별, 연간 보고서를 시각적 그래프로 정리한 뒤 PDF 형식으로 출력해준다. 손으로는 처리하기 어려운 회계 작업을 빠르고 정확하게 처리

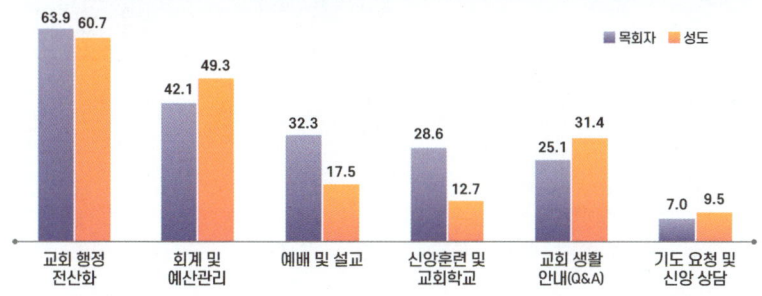

할 수 있으며 회계의 투명성과 접근성을 높이는 데 큰 도움이 된다.

디자인 역량이 부족한 교회에게도 희소식이 있다. 캔바(Canva)는 포스터와 현수막, 배너, 카드뉴스 등을 자동으로 생성하며 SNS 콘텐츠 제작도 손쉽게 도와준다. 특히 최근 주목받고 있는 캔바의 AI 기능인 '바이브 코딩'(Vibe Coding)을 활용하면 특별한 코딩 지식 없이도 자연어 명령만으로 교회 웹페이지나 필요한 기능을 쉽게 만들 수 있다. 실제로 필자가 AI에게 "기도 요청 접수 양식을 만들어줘"라고 입력하자 단 몇 분 만에 이름, 연락처, 기도 제목, 비공개 여부, 긴급도 분류 항목이 포함된 완성도 높은 양식이 생성되었고 이를 곧바로 교회 홈페이지에 연동시킬 수 있었다.

한편 AI 활용에 대한 목회자와 성도의 관심 분야에서 두 그룹 모두 1순위는 '교회 행정 전산화', 2순위는 '회계 및 예산 관리'였는데, 3순위는 두 그룹이 상이했다. 즉 목회자는 '예배 및 설교'(32.3%)를, 성

Canva를 활용한 바이브 코딩

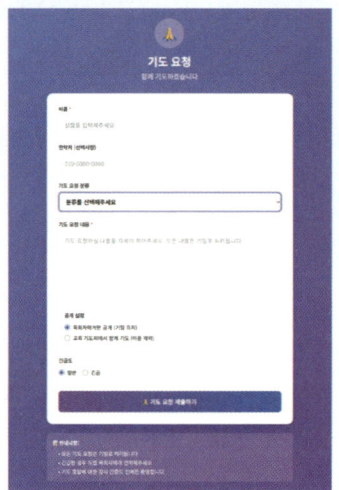

도는 '교회 생활 및 안내'(31.4%)를 선택했다. 이는 성도들이 교회에 대한 실질적 정보와 안내를 AI를 통해 받고자 하는 수요가 목회자에 비해 높다는 인식을 보여준다. 교회가 AI를 단순한 기술이 아니라 소통과 접근성의 도구로 인식하고 준비해야 할 이유다.

실제로 인천의 H교회는 GPTs 플랫폼을 활용해 '향동이'라는 이름의 교회 소개 전용 AI 챗봇을 운영하고 있다. "예배 시간 알려줘", "소그룹 신청은 어떻게 하나요?"와 같은 질문에 자연어로 응답하는 이 시스템은 교회의 디지털 전환을 보여주는 사례이다. 서울의 S교회 역시 새가족을 위한 안내 챗봇을 개발해 예배 안내와 새가족 등록 절차 등에 대한 안내를 테스트하고 있다.

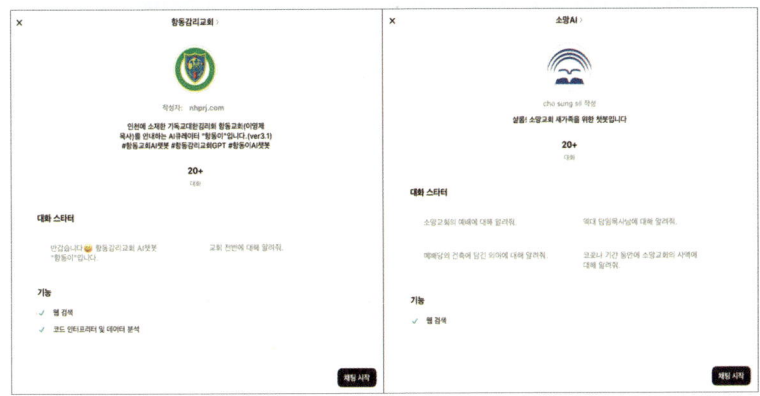

AI 시대, 목회자에게 필요한 역량

AI가 설교를 돕고 행정을 처리하며 상담까지 지원하는 시대가 되었다. 목회자의 책상 위에는 더 이상 자료를 쌓아두지 않아도 되고 검색창 앞에서 몇 시간을 보내지 않아도 된다. 그러나 바로 그때 묻게 된다. 기술이 많은 일을 대신할 수 있다면 목회자는 무엇에 더 집중해야 하는가? 무엇이 인간 목회자를 여전히 '필요한 존재'로 만드는가? AI와 함께하는 시대, 목회의 본질은 오히려 더 분명하게 드러나고 있다. 그렇다면 이 시대 목회자에게 반드시 요구되는 핵심 역량은 무엇인가?

1. 분별력, 무엇을 선택하고 무엇을 거를 것인가

요즘은 무엇이 진짜 뉴스이고 무엇이 가짜인지 판단하기 어려운 시대다. AI가 만든 뉴스와 사람이 쓴 기사가 구분되지 않고 SNS에는 그럴듯하지만 사실이 아닌 정보들이 넘쳐난다. 하지만 최근 프랑스와 독일에서 진행된 연구는 한 가지 희망적인 사실을 보여준다. 사람들이 인스타그램과 왓츠앱에서 신뢰할 수 있는 뉴스 계정을 2주 동안 팔로우했을 때, 시사 지식이 늘어나고 진짜 뉴스와 가짜 뉴스를 더 잘 구별하게 되었으며 언론에 대한 신뢰도도 높아졌다는 것이다. 연구자들은 이런 결과가 좋은 정보를 의도적으로 접하게 했을 때 생긴 긍정적인 변화라고 분석했다.[11] 이처럼 '무엇이 옳은지, 무엇을 믿을 수 있는지' 분별하는 능력은 단순한 감각이 아니라 충분히 훈련될 수 있는 능력임이 밝혀지고 있다.

   그러므로 AI 시대에 목회자에게 분별력은 더욱 필수적인 자질이다. 설교를 작성할 때 이제는 자료를 찾는 일 자체보다 그 자료가 사실인지, 신뢰할 수 있는지 가려내는 일이 더 중요해지고 있다. 예화를 하나 인용하더라도 그 인물이나 사건이 실제 존재했는지, 통계 수치가 정확한지, 출처가 권위를 갖고 있는지 꼼꼼히 따져야 한다. AI는 이런 과정에서 유용한 도구가 될 수 있다. "이 예화의 출처를 알려줘", "이 통계가 실제로 존재하는지 확인해줘" 같은 프롬프트를 통해, 목회자는 AI의 도움을 받아 팩트체크 기능을 수행하면서도 신학적 기준과 공동체의 맥락에 따라 정보를 선별하는 분별력을 유지해야 한다. 단순히 AI가 제공하는 결과를 수용하는 것이 아니라 그 결과를 '거를 수 있는' 능력이야말로 목회자에게 더욱 요구되는 시대다. AI는 제안할 수 있지만 선택과 판단은 사람의 몫이기 때문이다.

2. 질문력, 질문이 곧 학습이다

AI 시대에 가장 먼저 바뀌는 개념 중 하나는 '학습'이다. 배운다는 것은 더 이상 교실에 앉아 설명을 듣는 일이 아니다. 이제 학습은 질문을 던지는 방식으로 이루어진다. 필자 역시 최근 가장 많은 배움이 일어난 공간은 '유튜브'와 '챗GPT'였다. 책상 앞에서가 아니라 유튜브에서 튜토리얼을 따라 하고 챗GPT에게 질문을 던지며 길을 찾았다. 어떤 때는 책보다 빠르고 정확하게, 때로는 교수보다 친절하고 맥락 있게 가르쳐주었다.

이제 목회자에게 중요한 역량 중 하나는 '좋은 질문을 던지는 능력'이다. 달리 말하면 '프롬프트 설계력'(Prompt Engineering)이라 할 수 있다. 단순히 "설교문 써줘"라고 묻는 것이 아니라 본문을 스스로 묵상하고 성령의 조명을 기대하며 "누가복음 4장을 통해 오늘의 불안한 청년들에게 어떤 메시지를 전할 수 있을까?", "그들이 느끼는 불안의 뿌리는 무엇일까?"라고 질문할 수 있어야 한다. 프롬프트 하나에 따라 결과물은 완전히 달라진다. 질문이 정교할수록 답변은 더 입체적이고 풍성해진다. 즉 질문력은 단지 AI를 잘 다루기 위한 기술이 아니라 사유의 깊이이자 통찰의 능력이다. 잘 배우는 사람은 결국 잘 묻는 사람이다.

3. 구상력, 사역의 구조를 다시 상상하는 능력

미술에서 '구상력'(構想力)은 단순히 그림을 잘 그리는 능력이 아니다. 화가가 하얀 캔버스를 마주했을 때 어떤 형상을 어떤 색으로 그리고, 어떤 구도로 어떤 메시지를 전달할지를 미리 머릿속에 떠올리는 능력이다. '무엇을 어떻게 그릴 것인가'를 종합적으로 계획하는 이 구상력은 작품의 품질을 결정짓는 핵심 요소다.

AI 시대의 목회자에게 필요한 구상력도 이와 같다. 단지 AI 도구를 잘 쓰는 것이 아니라 그 도구를 가지고 무엇을 할 것인지, 왜 그것이 지금 필요한지, 어떻게 교회의 비전과 연결할 것인지를 머릿속에 그려낼 수 있는 능력이다.

'구성'(構成)이 이미 있는 재료를 조립하는 기술이라면 '구상'(構想)은 존재하지 않던 대상의 구조를 떠올리는 상상이다. 어떤 교회는 AI를 설교 요약에만 쓰지만, 또 어떤 교회는 AI를 활용해 심방 일정표를 자동화하고 전도 대상자를 분류하고 성경공부 여정을 개인별로 맞춤화한다. 둘 다 같은 도구를 쓰지만 사역의 '설계도'가 다르다. 목회자는 기술과 공동체, 시간과 공간을 엮어 하나님나라를 그려낼 줄 아는 설계자가 되어야 한다. 구상력이야말로 AI 시대에 진짜 목회자를 목회자 되게 만드는 능력이다.

4. 태도력, 사람다움은 태도에서 드러난다

AI 시대에 목회자의 가장 분명한 경쟁력은 실력도, 정보도 아닌 '태도'다. AI는 점점 더 똑똑해지고 말도 유창해지고 감정까지 흉내 내지만, 결코 가질 수 없는 것이 있다면 바로 '사람다운 태도'다. 바로 이런 태도에서 목회자의 존재가 드러난다. 목회자의 말이 성도에게 위로가 되는 것은 그의 성경적 지식이 뛰어나서가 아니라 그의 삶에 깃든 태도, 그가 성령 안에서 머무는 자세 때문일 것이다. 이처럼 기계와 인간의 가장 큰 차이는 정보가 아니라 태도다.

AI는 빠르지만 목회자는 기다린다. 이 기다림의 태도는 단순한 지연이나 무능이 아니다. 영국의 철학자 소란 리더(Soran Reader)가 말한 'patiency', 곧 고통을 견디고 서두르지 않으며 머무는 인내는 AI 시대를 살아가는 목회자의 중요한 역량이 된다. 성도의 상처는 정답으로 낫지 않는다. 치유와 회복은 그 곁에 오래 앉아주는 사람에게서 시작된다. 질문에 곧바로 대답하기보다 함께 공감하고 기도하며 기다릴 수 있는 태도, 그것이야말로 AI가 결코 흉내 낼 수 없는 인간 목회의 영역이다.

트렌드 전망 및 시사점

"선교사가 용병을 이긴다."

이 말은 오픈AI의 CEO 샘 알트만이 메타(Meta)의 공격적인 AI 인재 영입 전략에 대응하며 강조한 메시지다. 그는 사내 메일을 통해 단순히 금전적 보상에 의해 움직이는 '용병'보다 사명감과 비전을 공유하는 '선교사'들이 더 큰 성과를 낼 것이라고 역설했다. 이 표현은 단순한 기술 기업 간 경쟁을 넘어, 오늘날 교회가 AI 시대를 어떻게 이해하고 기술을 수용할 것인가에 대해 중요한 통찰을 제공한다.

AI 목회 코파일럿을 도입하는 교회 역시 그것을 '효율적인 도구'로만 활용하는 '용병적' 태도를 취할 것인지, 아니면 '선교사의 마음'으로 사명과 비전을 품고 선용하고자 할 것인지를 결정해야 한다. 이는 단순한 기술 활용의 문제가 아니라 교회가 AI 기술에 대해 어떤 정체성과 방향성을 가지고 미래를 준비할 것인가에 대한 본질적인 물음을 던진다.

AI를 활용한 새로운 서비스 가운데 하나는 'AI 기반으로 전 세계 그리스도인들이 언어의 장벽 없이 예배하고 신앙 교류할 수 있는 온라인 플랫폼'이다. '한국 교회 트렌드 2026 조사'에 따르면 목회자의 81.2%(어느 정도 55.4%+매우 25.8%)가 이 'AI 온라인 플랫폼'에 대해 긍정적인 활용 의향을 보였고, 성도 역시 62.1%(어느 정도 51.2%+매우 10.9%)가 의향이 있다고 답했다. 또 생성형 AI를 활용한 경험이 있는 목회자 62.8%는 향후 AI를 목회나 설교를 위해 사용하는 빈도가 더 늘어날 것이라고 전망했다. 이는 AI가 단순한 기술 도구를 넘어 신앙 공동체의 연결성과 사역의 확장성을 높일 수 있는 가능성을 보여주는 대목이다. 특히 언어의 장벽을 넘는 글로벌 온라인 플랫폼에 대한 기대는 AI가 선교와 예배의 경계를 확장하고, 전 세계 교회를 더 유기적으로 연결하는 수단이 될 수 있음을 시사한다.

물론 교회가 AI 코파일럿을 환영하면서도 우려하는 부분은 분명하다. 목회자의 62.1%, 성도의 47.5%는 'AI가 가짜 뉴스 및 정보를 생성할 수 있다'는 점을 윤리적 위험으로 지목했다. 또한 목회자의 30.3%, 성도의 45.7%는 'AI가 목회자의 역할을 대체할 수 있다'는 우려도 가지고 있다. 이 수치는 단순히 기술의 한계를 넘어 목회의 정체성과 권위, 그리고 인간관계의 본질에 대한 깊은 신학적 질문을 교회 안에 던지고 있다.

이처럼 기술이 모든 문제의 해답은 아니다. 오히려 기술이 목회의 본질을 흐릴 수 있다는 점에서 신중한 영적 분별력이 요구된다. 예를 들어 목회자의 음성으로 읽어주는 성경 앱이나 AI가 만든 맞춤 설교는 편리함을 주지만, 성령의 감동과 공동체의 울림까지 담아내기는 어렵다. 기술은 목회를 증강할 수 있어도 대체할 수는 없다. 특히 관계와 신뢰, 회개와 거듭남, 공동체의 고통에 함께하는 공감 능력은 어떤 알고리즘도 대신할 수 없는 고유한 영역이다. 기술은 어디까지나 수단이기 때문에 그 수단이 목적을 앞서기 시작할 때 교회는 방향을 잃는다.

결국 AI 시대에 교회가 추구해야 하는 것은 '예언자적 상상력'이다. 이는 현실을 직시하되 그 너머에 있는 하나님나라의 가능성을 내다보는 통찰이다. 오늘의 교회는 단지 효율성과 성장을 목표로 삼는 데 그칠 것이 아니라, 기술의 한복판에서도 하나님의 뜻을 분별하고 그 뜻을 세상 속에 구현해 나갈 수 있는 담대한 상상력을 회복해야 한다. 새로운 시대에는 새로운 언어가 필요하고 새로운 언어에는 새로운 신학이 요청된다. 교회는 '용병'이 아니라 '선교사'로서 세상의 흐름을 무조건 따르기보다 그 흐름을 분별하고 이끌어가는 영적 나침반이 되어야 한다.

강소교회

목회자들 사이에서 종종 들리는 웃픈 이야기가 있다. 대한민국에는 두 종류의 교회만 존재한다는 것이다. 대형 교회와 대형 교회가 되기를 꿈꾸는 소형 교회들이다. 형태와 규모는 다르지만 결국 지향점이 동일하다는 이 말은 한국 교회에 수많은 교단이 존재함에도 불구하고 거의 '교회성장주의' 전략에 기대는 것은 크게 다르지 않다는 것을 보여준다.

한국 교회의 다수는 소형 교회다. 아이러니하게도 이는 대한민국 기업 구조와도 닮았다. 실제로 전체 기업의 90% 이상이 중소기업인 것처럼, 한국 교회 절대 다수는 소형 교회다. 이러한 구조는 진지한 고민을 불러일으킨다. 건강한 생태계가 작동하려면 절묘한 균형이 필요하지만, 여전히 대기업 중심의 국가 경제 체제나 대형 교회를 지향하는 목회 현실은 극복해야 할 과제가 아니라 어쩔 수 없는 현실로 받아들여지는 듯하다.

그럼에도 새로운 형태와 방식, 그리고 대안적 목회 철학으로 교회 개척에 도전하는 이들이 보인다. 이들은 소형 교회를 미성숙하거나 미완성의 '부족한 교회'로 보지 않고, 그 자체로 성경적 교회관을 구현하려는 시도를 이어가고 있다. 이제 양적 성장의 시대를 넘어 질적 성장의 시대로 나아가는 큰 흐름이 서서히 그려지고 있는 것이다.

이번 '한국 교회 트렌드 2026 조사' 결과가 보여주는 시사점은 크다. 당연시되던 소형 교회의 문제점이 예상했던 것과 달랐고, 기대 이상의 가능성도 발견되었다. 물론 부정적 평가와 구조적 한계는 여전히 존재하지만 대형 교회와의 비교에서 '규모'가 곧 '질'을 결정하는 기준이 될 수 없다는 점이 드러났다. 무엇보다 비기독교인의 소형 교회에 대한 평가는 한국 교회 다수를 차지하는 소형 교회 성도와 목회자가 걸어온 교회생활을 되돌아보게 하는 중요한 목소리였다.

한국 교회의 80%가 소형 교회다

대한예수교장로회(예장) 통합 교단은 2023년 기준 소속 교회가 총 9,473개라고 발표했다. 해당 조사에서는 교회 수를 교인 수별로도 분류했는데 이 중 전체 교인 수가 30명 미만인 교회가 41.1%였으며, 여기에 31~100명 이하 교회를 합하면 100명 이하 교회의 비중은 72.4%에 달했다.

예장 통합은 한국 교회에서 가장 규모가 큰 교단 중 하나이기에 이를 기준으로 전체 한국 교회를 추정하면 교인 수 100명 이하의 소형 교회 비율은 약 80%에 이를 것으로 보인다. 소형 교회의 객관적 정의는 명확하지 않지만, 통상 교인 수 100명 이하 교회를 소형 교회로 본다면 한국 교회 10곳 중 8곳이 소형 교회라는 뜻이다. 결국 소형 교회의 성장이 곧 한국 교회의 성장이며, 소형 교회의 건강성이 곧 한국 교회의 건강성을 좌우한다.

1970~1980년대에는 상가 교회로 대표되는 소형 교회가 한국 교회 성장을 이끌었다. 그러나 1990년대 이후 한국 교회 성장이 정체되고 감소세로 전환된 것은 소형 교회가 성장하지 못하고 위축되고 있음을 보여준다. 현재 소형 교회의 현실은 녹록지 않다.

그럼에도 불구하고 한국 교회에 대한 논의는 대체로 중대형 교회에 집중되어 있다. 노인 목회, 다음세대 목회 등은 교인 수나 인적 자원, 재정이 부족한 작은 교회에는 그대로 적용하기 어렵다. 소형 교회에 주목하는 이유는 단순히 어려운 현실을 개선하기 위해서가 아니다. 소형 교회가 건강해야 한국 교회 전체가 건강해진다는 확신, 그리고

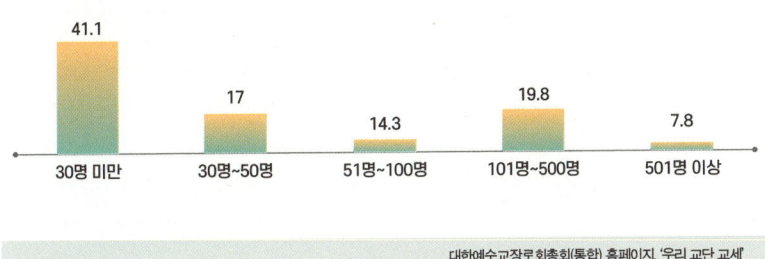

대한예수교장로회총회(통합) 홈페이지, '우리 교단 교세'

소형 교회의 새로운 방향을 통해 한국 교회가 나아갈 길을 모색하기 위해서다.

등장 배경

예장 통합 교세 통계에서 주목할 점은 교인 수별 구성비의 변화이다. 2014년 전체 교인 수 30명 이하 교회는 29.3%였으나 2023년 41.1%로 11.8%p 늘었고, 101~300명 교회는 -5.1%로 가장 큰 폭으로 감소했다. 301~500명 교회는 -1.6%, 501~1,000명 교회는 -1.3% 줄었다. 교회 규모가 클수록 구성비 감소 폭이 작아졌지만 전반적으로 교회가 점점 소형화되고 있음을 보여준다.

목회데이터연구소는 《한국 교회 진단 리포트》(두란노)에서 한국 교회가 소형화되는 몇 가지 이유를 진단했다. 첫째는 우리나라 인구가

예장 통합 교회 규모별 교회 수 비율[2] (연도별, %)

	2014년	2015년	2016년	2017년	2018년	2019년	2023년	2014~2023년 차이
교회수	8,731개	8,843개	8,984개	9,096개	9,190개	9,288개	9,473개	742개
30명 미만	29.3%	29.8%	30.8%	32.1%	33.7%	33.8%	41.1%	+11.8%p
30~50명	16.0%	16.0%	16.4%	16.3%	16.1%	16.5%	17.0%	+1.0%p
51~100명	17.2%	17.4%	17.3%	17.2%	16.9%	16.5%	14.3%	-2.9%p
101~300명	20.9%	20.8%	20.2%	19.3%	18.9%	19.0%	15.8%	-5.1%p
301~500명	5.6%	5.3%	5.2%	5.1%	5.0%	4.8%	4.0%	-1.6%p
501~1,000명	5.3%	5.0%	4.8%	4.7%	4.4%	4.5%	4.0%	-1.3%p
1,001~3,000명	4.0%	4.0%	3.9%	3.9%	5.0%	3.7%	2.9%	-1.1%p
3,001~5,000명	1.0%	1.0%	0.8%	0.8%	0.7%	0.7%	0.5%	-0.5%p
5,001~10,000명	0.4%	0.4%	0.3%	0.3%	0.4%	0.3%	0.3%	-0.1%p
10,001명 이상	0.3%	0.3%	0.3%	0.2%	0.3%	0.2%	0.1%	-0.2%p
합계	100.0%	100.0%	100.0%	100.0%	100.0%	100.0%	100.0%	

대한예수교장로회총회(통합) 홈페이지, '우리 교단 교세'

감소되기 때문이며, 둘째는 탈종교화 현상으로 기독교 인구가 줄어들기 때문이고, 셋째는 교회의 사회적 신뢰와 영향력이 줄어들기 때문이다. 넷째는 성도들이 전도하지 않는다는 것이다.[3] 이러한 소형화 경향은 단기적이며 일시적인 변화가 아니라 거스를 수 없는 구조적 추세 속에 있다. 앞으로 이러한 요인들이 지속되고 가속화될 가능성이 높아 한국 교회는 점점 더 소형화될 것으로 전망된다.

소형 교회 출석 숫자가 줄어드는 현상은 이번 '한국 교회 트렌드 2026 조사'에서도 확인되었다(이하 소형 교회는 출석 교인 50명 미만 교회를 지칭한다. 소형 교회의 특징을 명확히 하기 위해서는 100명 이하 교회보다 50

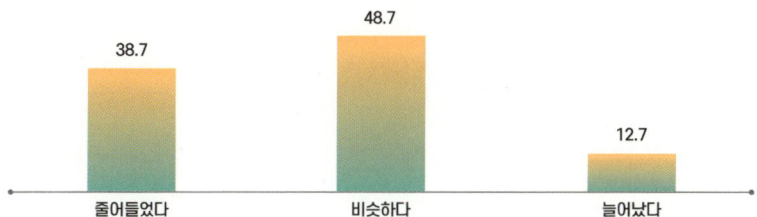

명 이하 교회로 한정하는 것이 유용하다고 판단했다). 소형 교회 교인 가운데 코로나 이전 대비 교인 수가 '줄었다'고 응답한 비율은 38.7%로 '늘었다'고 응답한 비율(12.7%)보다 훨씬 높았다. 즉 교인 수가 줄어든 교회가 늘어난 교회보다 더 많았다. 교인 규모별로 보면 출석 교인 '30명 미만 교회'는 '줄었다'가 42.8%였는데, '30~50명 미만 교회'는 33.8%가 '줄었다'고 응답해 소형 교회 가운데서도 더 작은 교회가 감소한 경우가 많았다.

소형 교회 현상

가까이 있으나 매력 없는 교회

"우리 동네는 교회가 너무 많아요."

"교회마다 전도 경쟁인 것 같아요. 그냥 피해 갑니다."

그렇다면 비기독교인의 눈에 비친 소형 교회는 어떤 모습일까? 설문에서는 '동네 작은 교회'로 질문했다. 지역과 마을 곳곳에 위치한 소형 교회들은 일단 그 수가 많다는 인식이 강하게 자리 잡고 있다. 비기독교인 중 지역 내 소형 교회 수가 '적다'고 응답한 비율은 1.3%, '적당하다'는 12.7%에 불과한 반면, '많다'는 응답은 63.8%에 달했다. 이는 대부분 비기독교인들이 거주 지역 내 일상생활 중 자연스럽게 서너 개 이상의 교회를 접하고 있다는 것을 보여준다.

강소교회
(Strong Small Church)

강소교회는 명확한 목회 철학과 분명한 사명을 바탕으로 날렵하고 빠르게 대응하는 소규모 교회를 일컫는다. 규모는 작아도 전략적이고 민첩한 '작은 전투 부대' 같은 교회로 지역 내에서 정체성을 분명히 하며 지속 가능한 사역을 이어가는 모델이다.

소형 교회가 '많다'는 인식은 긍정적이지 않다. 길거리에서 쉽게 눈에 띄는 교회들이 오히려 '카페보다도 덜 가고 싶은 곳' 혹은 '가기에 부담스러운 곳'으로 인식되고 있었다. 특히 주목할 점은 소형 교회에 대해 부정적인 이미지를 가진 비기독교인이 53.8%로 절반을 넘는 반면, 긍정적으로 본다는 응답은 6.3%에 불과했다는 점

소형 교회는 지역사회 속에서 독립적인 목적과 역할을 찾아내고 강화하는 방향으로 자립 기반을 세워야 한다. 차별화된 교회 개성과 목회 구조 개발이 더 중요해진 시점이다.

이다.

　비기독교인들이 거주 지역에서 마주치는 교회들에 대해 이처럼 부정적인 평가를 내리는 이유는 교회가 수가 많아도 나와 사회에 실질적인 유익을 주지 못하는 공간으로 여겨지기 때문으로 해석할 수 있다. 연령대별로는 40대(60.8%)와 50대(59.9%)에서 부정적 응답이 가장 높았다. 이들은 사회의 주요 의사 결정에 관여하고 여론을 형성하는 중심 세대이며, 지역사회의 전반적인 분위기를 반영하는 주요 집단이기도 하다.

　그렇다면 소형 교회에 대한 부정적 평가는 어디서 비롯되는 것일까? 소형 교회를 부정적으로 인식하는 비기독교인들은 크게 두 가지 이유를 들고 있다. 첫째, '교회 수가 너무 많다'는 일반적인 인식이다. 한국 교회는 교단 체제를 갖추고 있지만 실제로 개교회 중심의 자율

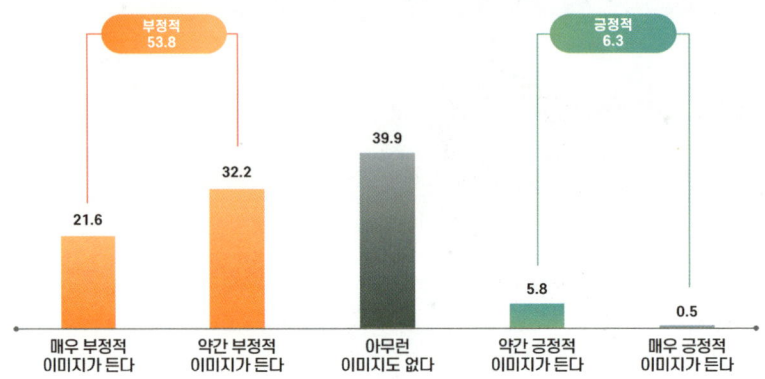

적인 사역과 존재 방식을 유지해왔다. 그 결과 이를 조정하거나 통제하기 어려운 구조가 고착화되어 있다. 또한 교회 개척 경쟁은 이미 포화 상태를 넘어 '밀어내기' 수준으로까지 진행되고 있으며, 대도시에서는 자연스럽게 '왜 이렇게 교회가 많지?'라는 인식이 형성될 수밖에 없는 현실이다.

둘째, '전도 활동이 불편함과 불쾌감을 유발한다'는 점이다. 실제로 대형 교회는 노방 전도를 적극적으로 시행하지 않는 반면, 소형 교회는 교회를 알리기 위해 전도지나 물티슈 배포 등 노방 전도 활동을 지속하고 있다. 횡단보도나 거리 모퉁이에 좌대를 설치해 교회 책자를 나누는 여전도회원들의 모습은 도심 곳곳에서 쉽게 목격된다. 하지만 서울 명동이나 서울역, 지하철역 인근에서 이뤄지는 노방 전도는

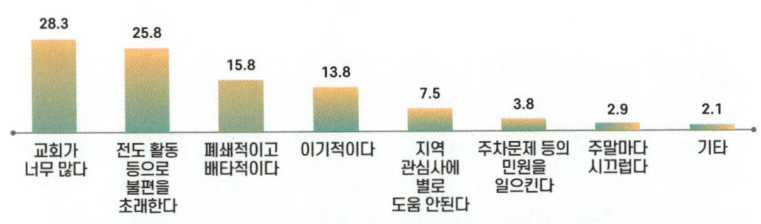

많은 경우 관심보다는 외면을 받는다.

연령별 인식 차이도 뚜렷하게 나타났다. '교회 수가 너무 많다'는 인식은 70대에서 가장 높게 나타났고 '전도 활동이 불편하다'는 응답은 20~30대에서 가장 높았다. 특히 50대는 교회를 부정적으로 인식하는 이유로 '이기적이다'라는 항목에 가장 높은 동의율을 보였다. 이처럼 주류 기성세대인 50대가 교회 활동을 이타적 공동체가 아닌 자기중심적 집단의 형태로 인식하는 것은 단순한 이론적 비판이나 선입견으로 보기 어렵다.

미워도 다시 한번

"따뜻한 신앙 공동체라는 느낌이 들어요."

"어린이들이 놀 수 있도록 교회를 개방한 곳도 있습니다."

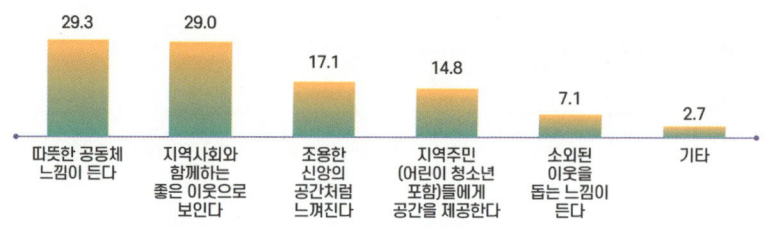

그렇다면 소형 교회는 그저 '미운 오리 새끼'일까? 결코 그렇지 않다. 소형 교회를 긍정적으로 바라보는 이유를 분석해보면 오히려 소형 교회가 지역사회로부터 사랑받을 수 있는 가능성과 기회를 발견할 수 있다. 비록 긍정 응답의 비율이 높지는 않지만 소형 교회를 긍정적으로 평가하는 주요 이유는 '따뜻한 공동체의 느낌이 든다'(29.3%), '지역사회와 함께하는 좋은 이웃처럼 보인다'(29.0%)였다. 여기에 '지역 주민에게 공간을 제공한다'(14.8%), '소외된 이웃을 돕는 것 같다'(7.1%)는 응답까지 포함하면 소형 교회는 지역 친화형 하나님의 선교를 충실히 수행함으로써 오히려 비기독교인에게 복음을 전할 수 있는 적극적인 접점을 마련할 수 있음을 시사한다.

이는 비기독교인들이 지역 내 소형 교회에 바라는 점에서도 확인된다. 비기독교인들이 동네 작은 교회에 기대하는 활동 중 가장 많은 응답은 '취약 계층을 위한 구제 활동'(34.5%)과 '지역민과의 공간 공

지역 내 소형 교회에게 바라는 점
(Base=비기독교인, N=777, %)

구분		사례수 (명)	취약 계층을 위한 구제활동	지역민 누구나 이용할수 있는 열린 공간 운영	노인을 위한 돌봄 및 활동 프로그램	아동, 청소년을 위한 돌봄과 교육 프로그램	동네 관심사 및 이슈에 적극적 참여	기타	계
전체		(777)	34.5	24.5	13.9	13.6	6.7	6.6	100.0
연령	19~29세	(117)	37.0	25.3	11.9	10.7	10.1	5.0	100.0
	30대	(126)	36.9	14.8	11.3	20.8	5.5	10.6	100.0
	40대	(137)	35.9	23.3	11.7	12.2	9.2	7.9	100.0
	50대	(151)	37.7	22.9	15.6	13.8	4.8	5.2	100.0
	60대	(136)	31.2	32.1	14.1	11.5	4.2	6.9	100.0
	70세 이상	(111)	27.4	29.4	19.4	12.4	7.3	4.0	100.0

목회데이터연구소/기아대책, '한국 교회 트렌드 2026 조사'
(전국의 만 19세 이상 국민 1,000명, 온라인조사, 지앤컴리서치, 2025.05.23.~05.27)

유'(24.5%)였다. 이는 곧 지역 주민과 접촉할 수 있는 실질적인 전략으로 소형 교회가 문을 열어 이웃과 공간을 나누는 것이 중요한 선교 전략이 될 수 있음을 시사한다.

여기서 소형 교회에는 '선택과 집중'의 전략이 필요함을 발견할 수 있다. 어디서나 제공되는 획일적인 종교 서비스로는 지역 주민의 기대를 충족시키기 어렵다. 이제는 교회 고유의 특성과 개성을 살린 사역 개발이 절실한 시점이다. 예를 들어 30대 응답자들은 다른 연령대보다 '아동, 청소년을 위한 돌봄과 교육 프로그램'(20.8%)을 더 많이 기대하고 있었다. 결국 교회 개척이나 사역을 계획할 때는 해당 지역을 정밀하게 조사하고 지역의 필요를 구체적으로 파악해 이를 채워주는 형태로 교회가 지역을 섬겨야 한다.

여기서 필자의 사례를 공개하고 싶다. 필자는 서울 양재동에서 인문학 서재 형태의 공동체 공간을 운영하고 있다. 과거 당구장으로 사용하던 지하 공간을 개조해 벽면 전체를 서가로 구성하고 작은 무대와 음향 시설, 주방, 소그룹 모임이 가능한 공간 등을 갖추었다. 차분하고 따뜻한 분위기의 인테리어로 꾸며진 이 공간은 지역 내 회사, 단체, 소모임 등에서 꾸준히 이용하고 있다.

운영 8년이 지난 현재 이 공간은 주일에는 예배 장소로, 주중에는 선교단체 모임, 기업 회의, 교육 프로그램 등 다양한 목적으로 활용되고 있다. 특히 지역의 필요를 충실히 반영한 이 공간은 자연스럽게 공유 공간으로 자리매김했고, 공간 사용료 수익을 통해 월세 90%를 충당하고 있다. 단순한 재정적 효과를 넘어 이용자들은 이 공간이 '교회'라는 사실에 신선함과 긍정적인 인식을 가지며 교회에 대한 호감을 갖는 계기가 되고 있다.

이러한 사례는 공간뿐 아니라 콘텐츠 개발의 중요성도 시사한다. 단순히 기존 교회를 정체된 구조로 유지하기보다 의미 있는 프로그램과 콘텐츠를 새롭게 적용할 필요가 있다. 다양한 학습과 모임 수용이 가능한 '중립적 콘셉트'의 공간을 마련한다면 평일에는 아트센터나 문화 공간으로, 주일에는 예배처로 활용되는 다기능 교회 모델이 가능해진다. 이러한 방식은 소형 교회가 지역사회에 자연스럽게 녹아들고 주민과의 접점을 확대할 수 있는 현실적 대안이 될 수 있다.

작다고 우습게 봐서는 안 돼

소형 교회의 출석 교인 수는 줄어들고 있지만 소형 교회 교인들의 교회 만족도는 높은 수준을 나타내고 있다. 조사에 따르면 소형 교

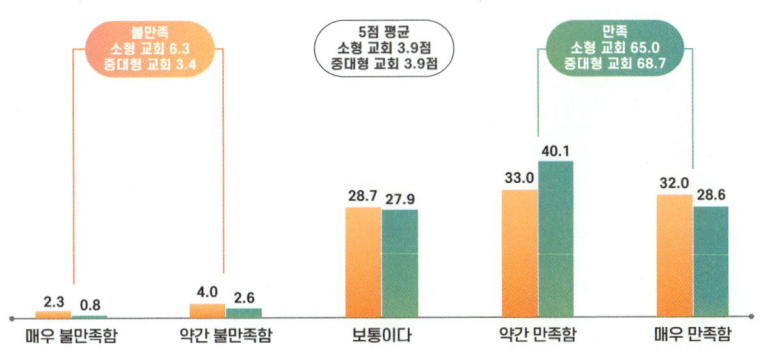

회 교인 65.0%가 '현재 교회에 만족한다'고 응답했으며 '불만족한다'는 응답은 6.3%에 그쳤다. 소형 교회 성도 10명 중 6명 이상이 자신의 교회에 대해 만족하고 있는 것이다. 이는 중대형 교회 성도들의 만족도 68.7%보다 약간 낮은 수치이지만 거의 유사한 수준이다. 교회 규모에 따른 교인 만족도의 차이는 크지 않다는 것을 보여준다.

또한 소형 교회 성도 중 과반(53.0%)은 향후 교회가 현재의 규모를 유지할 것이라고 낙관적으로 전망했으며, 성장(22.3%)과 감소(24.7%)를 예상하는 비율이 비슷한 수준으로 나타났다. 이는 소형 교회 성도들이 교회 규모의 한계를 인식하면서도 비교적 높은 만족도와 함께 자부심을 갖고 신앙생활을 지속하고 있음을 의미한다.

이러한 경향은 교회 이동 의향에서도 유사하게 나타난다. '교회를

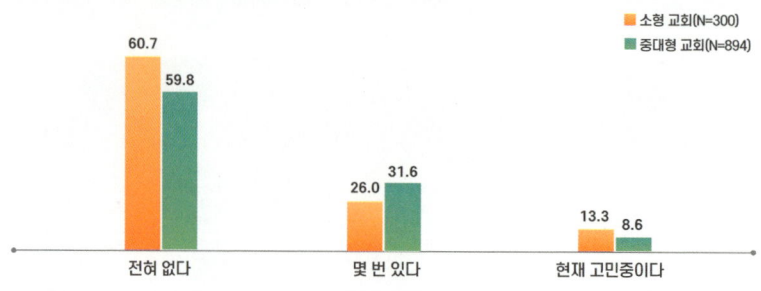

옮길 생각을 한 적이 있는가'에 대한 질문에 소형 교회 성도 60.7%, 중대형 교회 성도 59.8%가 '전혀 없다'고 응답했다. 즉 소형 교회 성도들은 자신의 교회에 의미와 목적을 부여하며 안정적으로 출석하고 있으며, 출석 교회에 대한 충성도가 중대형 교회 성도보다 떨어지지 않는다는 것을 알 수 있다.

강소교회의 가능성

강소교회는 명확한 목회 철학과 분명한 사명을 바탕으로 날렵하고 빠르게 대응하는 소규모 교회를 일컫는다. 규모는 작아도 전략적이고 민첩한 '작은 전투 부대' 같은 교회로 지역 내에서 정체성을 분명히 하며 지속 가능한 사역을 이어가는 모델이다. 성도의 교회 이동 의향에 대한 조사 결과 소형 교회 성도 중 60.7%는 교회를 옮기더라도 다시 소형 교회를 선택하겠다고 응답했다. 이는 중대형 교회 성도 중

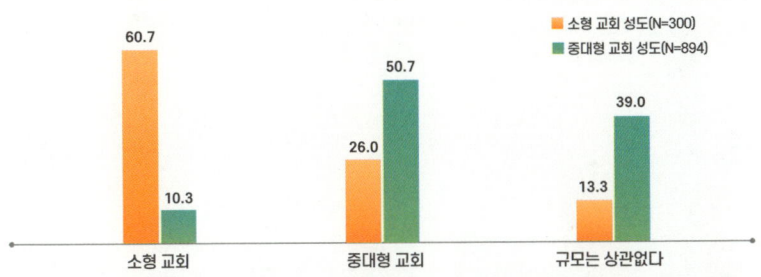

'다시 중대형 교회를 선택하겠다'(50.7%)는 응답보다 약 10%p 높은 수치다.

이 결과는 소형 교회가 단지 대형 교회로의 수평 이동으로 성도 수가 감소하는 구조적 희생양이라는 통념과는 다른 해석을 가능하게 한다. 즉 소형 교회는 단지 '작은 교회'가 아니라 지역사회 속에서 독립적인 목적과 역할을 찾아내고 강화하는 방향으로 자립 기반을 세워야 한다는 점을 시사한다. 차별화된 교회 개성과 목회 구조 개발이 더 중요해진 시점이다.

소형 교회 강점은 공동체성

"목사님을 만나는 데 부담이 없어요."

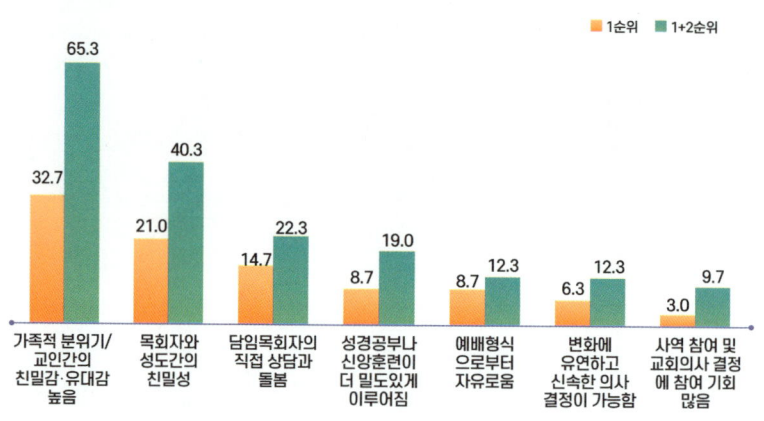

"교회가 작다보니 서로 챙기게 됩니다."

소형 교회 성도들은 소형 교회의 가장 큰 장점(1+2순위)으로 '가족적 분위기와 친밀감'(65.3%)을 꼽았다. 이는 소형 교회가 본질적으로 지닌 공동체성의 구조적 특성이자 대형 교회에서는 구현되기 어려운 중요한 매력 요소이다. 이어서 '목회자와 성도 간의 친밀성'(40.3%), '담임 목회자와의 직접적인 상담 및 돌봄'(23.3%)이 주요 장점으로 조사되었다. 담임 목회자와의 가깝고 일상적인 만남, 수시로 이루어지는 돌봄과 상담은 성도들이 소형 교회를 긍정적으로 인식하는 중요 요인으로 작용하고 있다.

앞서 언급한 소형 교회의 '친밀감'은 공동체의 강점인 동시에 구조

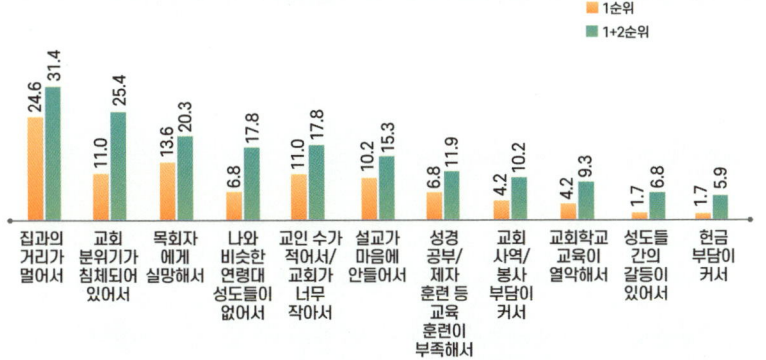

적 한계와 잠재적 위험 요소로도 작용할 수 있다. 목회자와 성도 간의 관계가 지나치게 밀착될 경우 사적 관계에서 비롯된 갈등, 감정적 의존, 리더십 과부하 등의 문제가 발생할 수 있으며, 교회 운영이 인물 중심의 구조로 고착될 위험도 존재한다.

실제로 소형 교회 성도들이 교회를 옮기려는 이유를 살펴보면 '집과의 거리'(31.4%)가 가장 많았다. 하지만 그다음 이유는 '교회 분위기가 침체되어서'(25.4%), '목회자에 대한 실망'(20.3%)이었다. 물리적 요인보다 더 큰 비중을 차지한 내부적 요인(45.7%)은 앞서 언급한 '친밀감'이라는 장점이 관계 피로, 기대 불일치, 리더십에 대한 실망 등으로 전환될 수 있음을 보여준다.

그러나 이러한 문제는 소형 교회가 극복해야 할 약점이 아닌 과제로 봐야 한다. 오히려 친밀한 구조를 기반으로 깊이 있는 영성 훈련과

제자도 형성의 기회로 전환할 수 있다. 성도들이 서로 죄를 고백하고 내면을 나누며 치유 받는 과정은 집단 강의나 일괄 교육이 아닌 작은 공동체 안에서만 가능하다.

뭐니 뭐니 해도 머니?

한편 소형 교회가 여전히 직면하고 있는 현실적 어려움도 분명히 존재한다. 소형 교회 성도들은 교회의 가장 큰 단점(1+2순위)으로 '재정 부족'(47.3%)을 꼽았으며 특히 70세 이상 고령 성도에게서 가장 높은 응답률을 보였다. 이는 단지 일부의 인식이 아니라 중대형 교회 성도들도 소형 교회의 단점 1위(45.5%)로 '재정 부족'을 선택했을 정도로 광범위하게 공감하는 문제임을 보여준다.

재정적 어려움은 대부분의 소형 교회가 공통으로 겪는 문제로 일종의 구조적 현상이라 할 수 있다. 여기서 이 문제를 '현상'이라고 표현하는 이유는 자본주의 사회에서 재정이 가지는 영향력이 크기 때문에 소형 교회일수록 자연스럽게 재정 확보에 대한 열망과 불안이 클 수밖에 없다는 것이다. 그러나 신앙의 관점에서 볼 때 교회는 단순한 조직이 아니라 하나님께서 공급하시는 공동체이다.

이러한 본질에 비추어볼 때 소형 교회가 느끼는 재정적 어려움은 현재 사역의 결핍이라기보다 오히려 '미래에 대한 불안'에서 비롯된 것은 아닌지 돌아볼 필요가 있다. 지금 당장의 사역을 감당하기에 재정이 부족한 것인지, 아니면 좀 더 안정적이고 지속 가능한 구조를 만들지 못한 데서 오는 염려와 두려움이 '재정 부족'으로 표출되고 있는지 질문해야 한다.

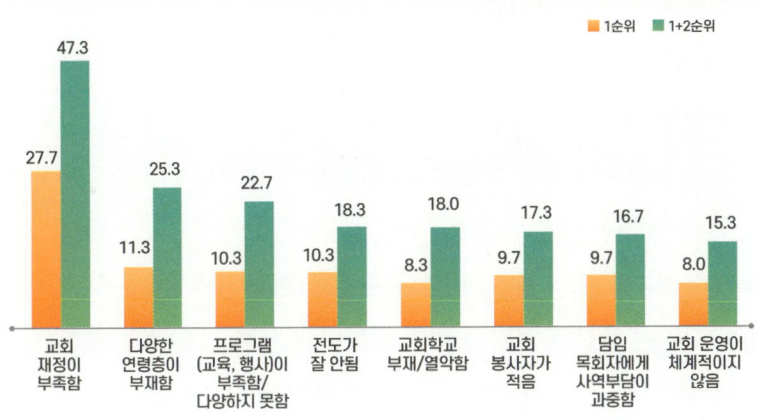

목회데이터연구소/기아대책, '한국 교회 트렌드 2026 조사'
(출석 교인 50명 미만 교회의 만 19세 이상 성도 300명, 온라인조사, 지앤컴리서치, 2025.05.15.~05.22)

없는 게 많지만 위축되지 않는다

이번에는 소형 교회 성도들에게 평소 교회생활의 10가지 측면을 제시하고 각각에 대해 어떻게 느끼는지 4점 척도로 질문했다. 그 결과 가장 큰 아쉬움으로 '다양한 연령대의 부재'(78.0%)를 꼽았다. 이어 '다음세대 교육이 약하다'(66.0%), '프로그램이 부족하다'(63.0%)가 뒤를 이었다. '재정 부족으로 필요한 사역을 감당하지 못한 적이 있다'는 응답은 '동의'(50.7%)와 '비동의'(49.3%)로 의견이 팽팽히 갈렸다. 반면 '소형 교회 출석으로 인한 심리적 위축'(16.3%), '대형 교회가 부럽다고 느낀 경험'(34.7%) 등에 대해서는 비교적 낮은 동의율을 보였다.

종합하면 소형 교회 성도들은 구성원과 프로그램, 재정 등 객관적인프라 부족은 인식하고 있지만, 그로 인해 심리적 위축을 크게 느끼지는 않는 것으로 해석된다. 이는 규모에 대한 실질적 아쉬움이 존재하더라도 이를 상쇄할 만한 소속감과 자부심이 성도들 안에 형성되어 있음을 시사한다.

그러나 주목할 점은 '개인적 문제 발생 시 교회로부터 충분한 돌봄을 받기 어렵다'에 절반 가까운(46.7%) 성도가 동의했다는 사실이다. 소형 교회는 규모상 성도 돌봄에 강점을 발휘해야 하는 구조임에도 성도 절반이 충분한 돌봄을 받기 어렵다고 답한 점은 소형 교회가 스스로 점검하고 보완해야 할 중요한 과제로 볼 수 있다.

소그룹을 통한 공동체성 강화

소형 교회 성도들은 교회가 강화해야 할 영역(1+2순위)으로 '전도 활성화'(37.7%), '성경과 영성 교육 강화'(34.7%), '공동체 관계 형성'(34.3%), '다음세대 교육'(32.0%) 등을 고르게 응답했다. 이를 통해 소형 교회 성도들은 성도 수 증가에 대한 소망과 함께, 내부 교육 훈련 및 공동체성 강화에 지속적인 관심을 가지고 있음을 확인할 수 있다.

반면 '신앙교육'은 소형 교회 장점 항목에서 비교적 낮은 순위를 차지했다. 이는 곧 소형 교회에 부족한 영역이며, 동시에 성도들의 신앙 학습에 대한 열망이 크다는 것을 보여준다. 만약 목회자의 목회적 부담이 커서 교육 사역에 충분한 역량을 투입하기 어렵다면 목회데이터연구소의 《한국 교회 트렌드 2024》에서 다룬 'OTT 크리스천'[5]과 같은 디지털 교육 자원을 활용하는 방안을 검토할 필요가 있다.

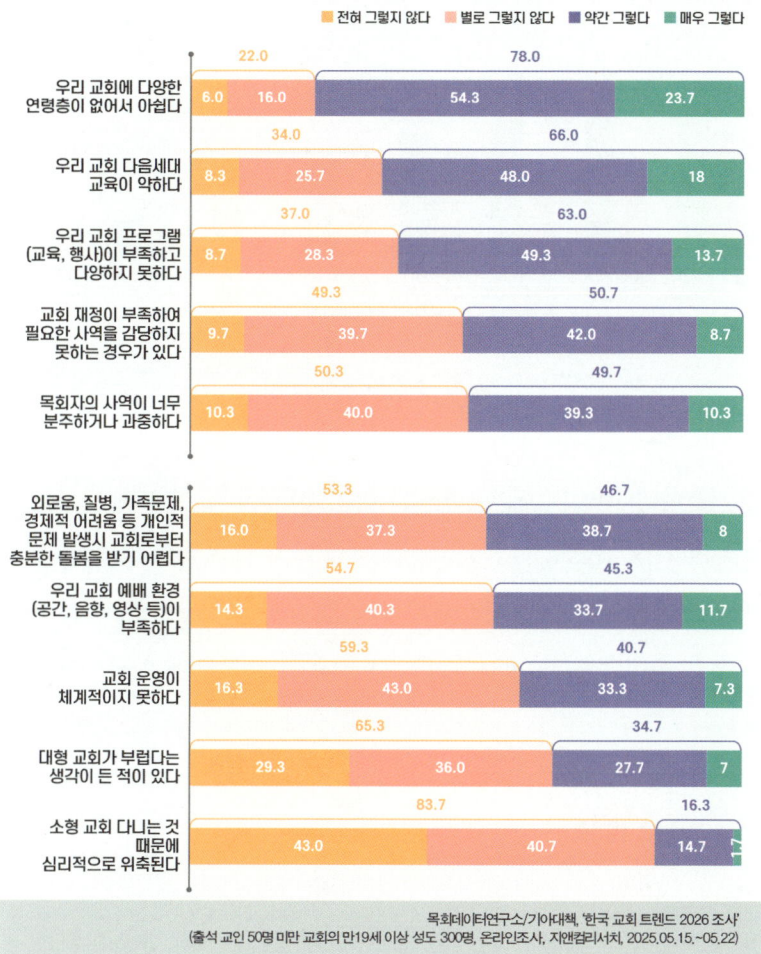

연령별로는 요구 사항에 뚜렷한 차이가 나타났다. 70대는 '전도 활성화'(66.7%)를 가장 많이 원했고, 60대는 '성경과 영성 교육 강화'(42.4%)를, 40대와 50대는 '공동체성 함양'(40대 41.9%, 50대 30.4%)

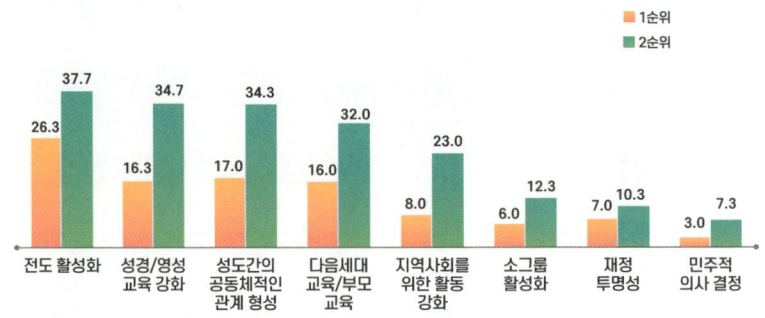

을 선호했다. 반면 30대와 40대는 '소그룹 참여 요구'가 매우 낮았는데(30대 8.0%, 40대 6.6%), 30~40대의 낮은 소그룹 참여 요구는 직장과 생활 여건으로 인한 시간 부족이 주요 원인으로 보인다. 이는 세대별 생활 패턴과 시간 제약을 반영한 맞춤형 사역 설계의 필요성을 시사한다.

합의와 소통에 근거한 의사 결정

소형 교회의 의사 결정 방식은 '목사와 장로 협의 결정'(29.3%), '교인 총회에서 결정'(25.7%), '목사 단독 결정'(21.3%), '운영위원회 결정'(18.0%) 등 비교적 고르게 분포해 거버넌스 구조가 상당히 다양함을 보여준다.

의사 결정 구조에 대한 평가(5점 척도)에서는 '만족'(56.0%), '보통'(38.0%), '불만'(6.0%), 평균 3.7점(보통)으로 나타났다. 여기서 주

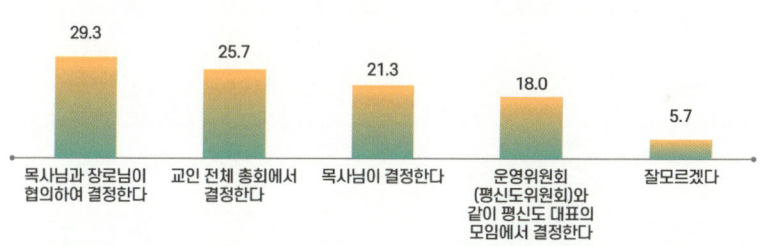

목할 점은 소형 교회 거버넌스 만족도가 대형 교회보다 미세한 차이지만 더 높다는 것이다. 2024년 한국교회지도자센터와 목회데이터연구소가 공동으로 목회자와 성도들을 대상으로 교회 거버넌스에 대한 조사를 진행했는데[6] 거버넌스 만족도를 교회 규모별로 살펴보면 '50명 이하'(3.7점), '51~100명'(3.7점), '101~1,000명'(3.6점), '1,001명 이상'(3.5점)으로 나타났다. 이는 소형 교회가 각자 형편에 맞는 의사 결정 구조를 채택하고 이에 대한 구성원 간의 합의와 수용이 이루어지고 있음을 시사한다.

목회자가 보는 소형 교회의 강점

코로나는 많은 것을 바꾸어놓았다. 적지 않은 교회가 문을 닫았고, 여전히 버티며 운영되는 교회도 있었으며, 일부 교회는 오히려 긍정적 변화를 경험했다. 포스트 코로나는 우리에게 또 다른 숙제를 남겼다. 무엇이 우리의 강점이었는지, 무엇을 놓쳤는지 성찰하고 변화

소형 교회 성장 이유_1+2순위_상위 5개
(Base=코로나 이전 대비 성장한 소형 교회 담임목사, N=89, %)

구분		사례수 (명)	성도들간의 친밀한 관계/강한 공동체성	지속적인 전도	지역사회 구제/봉사 활동	다양한 사역이 활성화 됨/ 성도들의 사역 참여 활발	소그룹 활동을 잘함
전체		(89)	70.3	32.2	22.2	20.7	20.3
출석 교인 규모	초소형 교회 (30명 미만)	(56)	72.0	32.0	16.0	22.0	20.0
	소형 교회 (30~50명 미만)	(33)	67.4	32.6	32.6	18.6	20.9

목회데이터연구소/기아대책, '한국 교회 트렌드 2026 조사'
(출석 교인 50명 미만 교회 담임목사 300명, 모바일조사, 지앤컴리서치, 2025.06.02.~06.11)

중대형 교회 성장 이유_1+2순위_상위 5개
(Base=코로나 이전 대비 성장한 중대형 교회 담임목사, N=122, %)

구분		사례수 (명)	성도들간의 친밀한 관계/강한 공동체성	다양한 사역이 활성화 됨/ 성도들의 사역 참여 활발	지속적인 전도	다른 교회 출석자의 수평이동	소그룹 활동을 잘함
전체		(122)	45.9	36.9	27.9	26.2	24.6
출석 교인 규모	중소형 교회 (50-99명)	(44)	59.1	27.3	36.4	27.3	13.6
	중형 교회 (100~299명)	(43)	44.2	39.5	20.9	25.6	27.9
	중대형 교회 (300명 이상)	(35)	31.4	45.7	25.7	25.7	34.3

목회데이터연구소/기아대책, '한국 교회 트렌드 2026 조사-소형 교회'
(전국의 담임목사500명, 온라인조사, 지앤컴리서치, 2025.06.02.~06.11)

된 환경에서 지속 가능한 사역 구조를 추구해야 한다.

코로나 이전과 대비하여 성장한 중대형 교회들은 성장 요인으로 '다양한 사역 활성화와 성도들의 적극적인 사역 참여'를 가장 많이 꼽았다. 출석 교인 300명 이상 중대형 교회의 경우 45.7%가 이를 성장의 주요 이유로 응답했다.

반면 교회 규모가 작을수록 '성도 간의 친밀한 관계와 강한 공동체성'을 성장 요인으로 더 높게 평가했다. 300명 이상 중형 교회의 경우 해당 응답 비율이 31.4%에 불과했지만, 50명 이하 소형 교회는 70.3%로 매우 높게 나타났다. 이는 소형 교회 성도들이 평소 소형 교회의 장점으로 '친밀감'과 '공동체성'을 꼽았던 결과와 동일한 흐름을 보인다. 결국 소형 교회에서는 관계적 측면에서 깊이 있는 유대감과 내밀한 관계 형성이 성장의 핵심 요인으로 작동하고 있음을 보여준다.

소형 교회 목회자의 미래 기대감 상승

코로나를 거치면서도 여전히 교회를 통해 예배와 신앙생활을 이어가는 성도들을 보며 많은 목회자들이 기대와 소망을 품고 있는 것으로 보인다. 특히 소형 교회 목회자의 경우 향후 교회가 '성장'할 것이라는 기대 응답이 57.4%로, '감소' 예상(12.8%)보다 약 5배 높았다. 반면 소형 교회 성도는 '성장'(22.3%)과 '감소'(24.7%)가 비슷한 수준을 보여 목회자와 성도 간 기대치에는 뚜렷한 차이가 존재했다.

목회자 연령별로 보면 49세 이하의 젊은 목회자가 성장에 대한 기대를 가장 크게 나타냈으며 그 비율은 66.1%에 달했다. 이는 젊은 세대 목회자들이 변화 가능성과 확장성에 대해 비교적 긍정적인 전망을 갖고 있음을 보여준다.

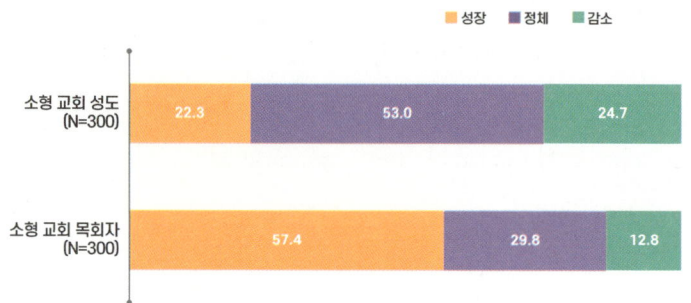

(출처 교인 50명 미만 교회 만19세 이상 성도 300명, 담임목사 300명, 모바일/온라인조사, 지앤컴리서치, 2025.05.15.~06.11)

소형 교회 목회자의 무력감

주목해야 할 지점 중 하나는 목회자들의 심각한 재정적 열악함이다. 조사에 따르면 소형 교회(출석 교인 50명 미만) 목회자의 월평균 사례비는 141만 원으로 나타났다. 세부적으로 보면 30명 미만 교회 목회자는 115만 원, 30~50명 미만 교회 목회자는 191만 원으로, 이는 2025년 기준 최저 임금(월 210만 원)에 한참 미치지 못하는 수준이다.

실제로 소형 교회 목회자들이 목회의 가장 큰 어려움으로 꼽은 항목은 '교회 성장 부진으로 인한 무기력감'(40.0%)이었으며, 그다음이 '낮은 사례비'(31.8%)였다. 사례비 외에도 목회 활동비, 사택비 등 별도의 지원을 받는 대형 교회 목회자와 그런 지원이 전무한 소형 교회 목회자 간의 격차는 더 크게 벌어질 수밖에 없다.

물질적 안정의 부재와 교회 성장 정체가 맞물리면서 목회자들의 사역 의욕과 만족도는 기대 수준에 크게 미치지 못하고 있다. 조사에

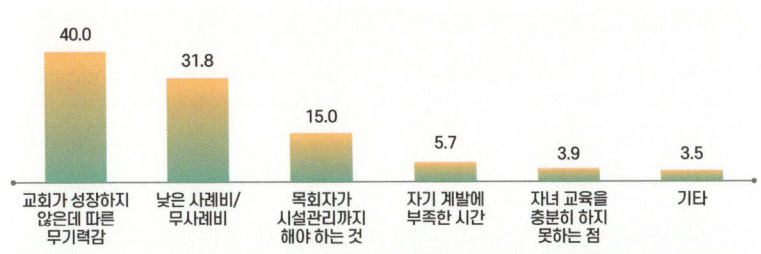

따르면 '육체적 정신적으로 지쳐 있다'는 목회자가 60.9%에 달했다. 그 이유로는 '정체된 성장'(31.6%), '재정 압박'(23.5%), '성도들의 신앙 정체'(19.7%)가 주요 원인으로 나타났다. 또 사역으로 인해 '자존감이 낮아졌다'는 응답이 40.9%에 달했으며 그중 '나의 능력에 대한 무력감'(39.3%)이 가장 큰 요인으로 꼽혔다.

현재 겪는 목회적 어려움에 대한 책임감을 목회자가 홀로 감당하게 되면서 이러한 부담이 곧 목회자로서의 무력감으로 이어지고, 나아가 자기 자신에 대한 좌절감으로 이어지는 것이다. 그 외에도 가장으로서 가족 부양에 대한 책임감도 주요 원인으로 지적되었다. 특히 '가장으로서의 무력감'은 자존감을 낮추는 또 다른 핵심 요인으로 작용하고 있다.

현재 개인적 상태 (소형 교회 담임목사, 4점 척도) (Base=전체, N=300, %)

내용	그렇다 (매우+약간)	그렇지 않다 (별로+전혀)	계
1. 육체적/정신적으로 지쳐있다	60.9	39.1	100.0
2. 목회하면서 자존감이 낮아졌다	40.9	59.1	100.0

목회데이터연구소/기아대책, '한국 교회 트렌드 2026 조사'
(출석 교인 50명 미만 교회 담임목사 300명, 모바일조사, 지앤컴리서치, 2025.06.02.~06.11)

트렌드 전망 및 시사점

소형 교회는 더 증가할 것

현재 한국 교회를 둘러싼 환경은 녹록지 않다. 따라서 앞으로 소형 교회의 비중은 더 늘어날 것이다. 소형 교회를 살리는 것이 곧 한국 교회를 살리는 일이다. 그러나 현실에서 소형 교회는 여전히 외면받고 있다. 많은 세미나에서 발표되는 목회 전략은 대부분 중대형 교회에 적합하며 인력과 재정이 부족한 소형 교회에는 맞지 않는다.

개교회주의가 지배하는 상황에서 개교회의 흥망성쇠는 온전히 교회, 그중에서도 목회자의 책임으로 여겨지고 있다. 그러나 소형 교회가 무너지면 대형 교회도 무너진다는 사실을 기억해야 한다. 신학교, 교단, 그리고 관련 단체들은 소형 교회에 더 주목하고, 시대 상황을 반영한 실질적인 소형 교회 전략을 제시하는 데 집중해야 한다. 탄탄한 소형 교회들이 한국 교회 생태계의 기초를 굳건히 세울 때 이 땅의 교회는 든든한 기반 위에 설 수 있을 것이다.

강소교회는 목회 철학이 명확한 교회이다. 세상에 교회는 많다. 여기에 하나의 교회를 더하는 것은 의미가 없다. 자기 나름의 분명한 목회 철학과 사명 위에 세워진 교회, 그래서 그 철학에 공감하고 같은 방향을 바라보는 성도들이 모인 교회가 강소교회이다. 그래야 '또 하나의' 교회가 아닌 '또 다른' 교회가 될 수 있고, 한국 교회 전체를 풍성하게 살찌울 수 있다. 목회 철학이 분명해야 적은 인력과 예산을 가진 소형 교회가 교회 사역과 프로그램의 우선순위를 짤 수 있다.

강소교회는 성도들이 자발적으로 참여하는 교회이다. 예수 그리스도를 주(主)로 고백하는 한 사람이 교회이며, 그 사람들의 모임도 교회이다. 그러므로 교회로서 '한 사람'은 자신이 교회임을 깨닫고 교회로서 기능해야 한다. 그러므로 모이는 교회로서 조직 안에 방관자는 있을 수 없다. 모든 성도가 교회의 지체로서 사역의 주체가 될 때 예수 그리스도의 몸 된 교회가 온전해질 수 있다.

강소교회는 지역 밀착형 교회이다. 대형 교회는 지역에 있지만 지역 교회라고 할 수 없다. 대형 교회는 광역적인 교회이다. 하지만 소형 교회는 지역에 근거를 둔 교회로서 지역사회와 밀접한 관계를 형성하고 지역으로 들어가 지역의 문제를 안고 고민해야 한다. 교회는 세상을 위해 존재한다는 점에서 볼 때 지역 주민이 교회를 '따뜻한 이웃'으로 받아들일 때 그 소형 교회는 강소교회가 된다.

강소교회는 공동체성이 강한 교회이다. 신앙생활을 홀로 하는 것은 하나님이 원하시는 것이 아니다. 교회는 본질적으로 공동체이다. 교회가 공동체라는 것은 단순히 친밀해진다는 것이 아니다. 공동체는 마음을 같이하고 서로 도움이 되며 공통의 관심사를 가지고 같은 가치를 지향해야 한다. 그러므로 강소교회는 성도 간에 심리적, 정서적, 영적 친밀감과 결합도가 높아야 할 뿐 아니라 서로 돕고 서로의 영적 성장을 격려하며 하나님나라로 함께 나가야 한다.

목회자의 회복이 필요하다

소형 교회에서 목회자의 역할은 절대적이다. 교회의 방향 설정부터 사역 전반에 이르기까지 목회자가 감당해야 할 일은 매우 많다. 그러나 현재 많은 소형 교회 목회자들은 과중한 목회 부담과 미래에 대한 불안으로 지쳐 있으며 무력감과 자존감 저하에 시달리고 있다. 이로 인해 목회 의욕을 잃고 좌절감에 빠지는 경우도 적지 않다. 소형 교회 목회자의 탈진은 교회 전체에 치명적인 영향을 미친다.

소형 교회 목회자가 회복되기 위해서는 첫째, 스스로 성찰해야 한다. 소형 교회의 현실이 녹록지 않기에 무력감이나 의기소침에 빠질 수 있지만, 혹시 교회 성장에 지나치게 집착한 것은 아닌지 점검해야 한다. 성장이 결과가 아닌 목표가 될 때 목회자는 그 무게에 짓눌리게 된다.

둘째, 자신의 목회 철학이 올바로 설정되어 있는지, 그리고 실제 사역이 그 방향과 일치하는지 확인해야 한다. 셋째, 선택과 집중이 필요하다. 목회자가 혼자 감당할 수 있는 사역에는 한계가 있다. 그러므로 목회 철학에 부합하면서도 성도와 지역사회가 실제로 필요로 하는 사역에 자원을 집중해야 한다.

넷째, 다른 교회와의 협력 사역을 적극 모색해야 한다. 지역 봉사, 다음세대 사역, 영성 훈련 및 교육 등은 인근 소형 교회와 연합하면 인력과 재정을 절약하면서도 효과를 높일 수 있다. 마지막으로 목회자 회복을 위한 네트워크가 필요하다. 목회적 고민을 나누고 공감과 위로를 얻으며 서로 격려하고 사역의 지혜를 나누는 목회자 모임은 목회자의 동기와 에너지를 회복하는 데 큰 힘이 된다.

개인적으로 일대일 코칭(또는 멘토링)을 받기를 권하고 싶다. 코칭은 자기를 객관화시키고 자신의 목회 행위에 대한 객관적인 피드백을 받을 수 있는 기회가 된다. 개인적 성장에 매우 큰 도움이 될 것이다.

그래도 희망은 있다

소형 교회는 마을과 지역사회에서 가장 가까이 관찰되는 종교 시설이다. 특히 교회는 그 어떤 종교 시설보다도 개방적으로 운영될 수 있는 신학과 목회 철학을 실천할 수 있는 곳이다. 오래전 필자가 섬기던 교회 공동체 중 하나는 서울 방배동 골목에 작은 카페 겸 소그룹 공간을 운영한 적이 있다. 그곳에서 100미터도 채 떨어지지 않은 산자락에는 스무 채 남짓의 무허가 판자촌이 있었다. 우리는 내부적 필요와 함께 카페 앞 대학생들을 염두에 두고 이 공간을 열었지만 자연스럽게 판자촌 어르신들과도 얼굴을 익히며 인사를 나누는 사이가 되었다.

특이했던 점은 절기와 기념일마다 판자촌 어르신들을 찾아가 선물을 드리고 계절 용품을 전하는 구제 사역을 열심히 했음에도 불구하고 그 분들은 결코 우리 카페 안으로 들어오지 않았다는 것이다. 언제나 유리문 밖에서 필자를 불러내 이야기를 나누었고 안으로 들어오시라는 권유에는 미안하다는 말만 남기셨다.

그러던 어느 날 우리는 판자촌의 한 무허가 공간을 사용하게 되었고 우여곡절 끝에 필자가 며칠간 그곳에 머물게 되었다. 한겨울 방 한 텐트와 라꾸라꾸 침대에서 지내는 것은 상상을 초월한 추위와의 싸움이었다. 며칠 후 새벽 추위를 견디다 못해 카페로 돌아가려던 순간, 한 할머니가 놀란 표정으로 물으셨다. "목사님, 정말 여기서 주무셨어요?" 그렇다고 말한 후 카페로 돌아와 몸을 녹이고 있는데 그날 아침 판자촌 할머니 세 분이 카페 문을 열고 들어와 커피 세 잔을 주문하시더니 나를 앉혀놓고 판자촌에서 겨울 나는 비법을 전수해주셨다.

그때 깨달았다. 내가 그 분들에게 들어가야 그 분들도 내게로 들어온다는 것을. 이것이 곧 선교이며 성육신이다. 콘크리트 건물 안에서 아무리 멋진 공간을 꾸민들 특별한 영성을 느낄 수 있는 것도 아니고, 어설프게 대형 교회 흉내를 내는 소형 교회가 인정받을 수 있는 것도 아니다. 오히려 예배당 문을 열고 여름에는 혹서기(酷暑期) 대피소로, 겨울에는 따뜻한 녹차 한 잔을 나눌 수 있는 사랑방으로 바꿔보자. 그것이 부담스럽다면 평일에 마을 커뮤니티나 지역사회보장협의체에 참여해 마을의 이슈를 들어보자. 그렇게 마을 안에서 성육신의 삶을 살아갈 때 기존의 목회에서는 만나지 못한 새로운 대상을 만날 수 있다.

청빙, 비욘드 콘테스트

청빙은 한 교회의 흥망성쇠를 이끈다. 청빙 과정에서 교회가 분열하기도 하고 연합하기도 한다. 청빙 과정에서 다툼이 생겨 어려움이 빚어지기도 하고 교회 리더들 간에 감정이 상해 목회자를 세우고도 더 큰 분열을 맞기도 한다.

반면 어떤 교회는 청빙 과정을 잘 통과해 축제로 만들기도 한다. 그런 점에서 청빙은 교회가 연합하고 부흥하는 계기가 되기도 한다. 청빙이 이렇게 한 교회의 미래를 좌우하는 빅이벤트가 되다보니 교회마다 더욱 신중할 수밖에 없다.

청빙의 모양은 시대에 따라 변해왔다. 과거엔 은퇴하는 담임목사가 목회자를 지명하거나 소속 교단이나 노회, 지방회 등이 파송하는 형태였다. 하지만 이제 청빙은 성도들의 참여가 더욱 활발해졌다. 후보자를 공개 모집해 복수의 후보 혹은 단수 후보의 설교를 청취한 후에 전 성도의 투표로 결정하는 경우가 다수를 차지하게 됐다.

그러다보니 청빙이 한 교회의 목회자를 모시는 것임에도 불구하고 목회자에게 필요한 덕목 가운데 하나인 '설교'를 누가 누가 잘하나를 겨루는 경연 대회와 같이 진행된 것이 현실이다. 목회자는 설교자 그 이상이다. 그래서 목회자에게 필요한 덕목들, 즉 설교, 영성, 성도에 대한 사랑과 섬김, 인성 등등을 종합적으로 고려해야 한다는 목소리가 커지고 있다. 즉 청빙이 설교 경쟁을 넘어서 목회자의 총체적인 면을 고려하는 방식이 관심을 얻고 있다.

현재 인구 연령 분포에 따르면 앞으로 10년 내에 한국 교회 목회자 30%가 은퇴한다고 한다.[1] 교회는 이제 본격적인 청빙 시즌이 도래한 것이다. 실제로 청빙을 준비하는 교회들이 많아졌다. 하지만 정해진 모범 답안이나 원칙이 없으니 교회마다 청빙 규칙을 만들고 그 과정을 고민한다. 다양한 사례와 자료를 찾는다. 그렇게 청빙이라는 주제는 하나의 트렌드를 형성하고 있다. 새롭게 대두되는 청빙 트렌드에 귀기울여 청빙이 교회의 새로운 장을 여는 계기가 되기를 기대한다.

"이럴 줄 몰랐다."

청빙을 마친 한 교회의 핵심 리더 이야기다. 교회는 청빙을 위해 많은 준비를 했다. 절차도 훌륭했고 과정도 좋았다. 그런데 청빙된 새 목사가 담임목사가 되더니 태도가 바뀌었다. '을'의 입장에서 '갑'의 입장이 됐다. 수백 대 일의 경쟁을 치르는 과정에서 그가 보인 태도는 온화하고 수용적이었다. 그런데 담임이 되더니 달라졌다. 아니 달라진 게 아니라 본성이 나왔다. 잠재되어 있던 그의 본성이 청빙 과정에서 드러나지 않았을 뿐이다. 그러면 목사가 거짓말을 한 것인가. 아니다. 그도 자신의 본성을 몰랐을 것이다. 부목사로 지내야 했던 기간에는 이러한 본성이 나오지 않았다. 그런데 환경이 바뀌고 나니 본성이 모습을 드러냈다. 그래서 그를 담임목사로 만나보니 그의 다른 모습을 보게 된 것이다.

청빙은 결혼처럼 신비한 과정을 거쳐야 한다. 교회와 새로운 목사가 만나는 것이다. 그리고 실제로 만나 하나가 될 때까지 그 결과가 어떠할지는 알 수 없다. 그래서 리스크를 줄이기 위해 철저하게 청빙을 준비한다. 그러나 철저한 준비가 오히려 독이 되기도 한다. 목사를 모신다는 것은 객관적이고 공정한 방법으로만 되는 것이 아니기 때문이다. 영적 지도자를 모시는 것인데 어떻게 점수로만 정리될 수 있겠는가.

그러기에 기도로 준비하는데 결과가 틀어지는 경우도 있다. 기도가 부족해서가 아니다. 어떤 교회가 담임목사 청빙을 앞두고 기도를 소홀히 하겠는가. 오히려 기도를 많이 했다는 분들에 의해 객관성을 잃어버리기도 한다. 누군가 하나님의 뜻을 발견했다고, 꿈을 꾸었다고, 응답을 받았다고 하면 객관적 논의는 무너지기 마련이다. 그래서 청빙은 신비한 과정이라 할 만하다.

청빙에서 어긋나면 하나님의 백성인 교회가 무너진다. 잘못된 청빙으로 인해 수십 년 쌓아온 은혜의 제단이 무너지기도 한다. 그래서 청빙은 중요하다.

등장 배경

은퇴와 청빙은 교회의 축제와도 같아야 한다. 그동안 교회를 위해 수고한 목사의 은퇴는 영광스럽고 감사한 일이다. 또한 새로운 목사의 취임은 교회의 새로운 변화와 도약을 위한 축복이다. 그런데 부흥의 상징이었고 견고했던 한국 교회는 현재 이런 축제가 사라지고 있다.

많은 교회들이 청빙으로 인한 갈등과 후폭풍을 겪고 있다. 문제는 베이비부머로 상징되는 1955년생 이후 세대가 은퇴를 시작한다는 점이다. 베이비부머 세대는 1955년부터 1963년생까지로 통계청 자료에 의하면 695만 명이다. 이는 전체 인구의 13.6%를 차지한다. 목사 은퇴 연령을 만 70세를 기준으로 한다면 2025년부터 이들의 은퇴가 시작된다. 사회에서도 이들 세대의 은퇴가 파장을 던지지만 한국 교회 입장에서는 더 큰 파장이 예상된다.

대한예수교장로회(예장) 합동 교단에서 발표한 자료를 보면 2025

대한예수교장로회 총회(합동) 사무국

년부터 2035년까지 7,848명의 목회자가 은퇴할 것으로 예상한다.[2] 이는 앞으로 10년 사이에 무려 66%의 교회가 청빙에 나서야 한다는 말이다. 이는 비단 예장합동 교단만의 일은 아닐 것이다. 한국 교회 전체로 확대해도 비슷한 양상이다.

문제는 청빙의 매뉴얼이 없다는 것이다. 한국 교회는 거의 모든 교단이 개교회에 의한 청빙제도를 실행해왔다. 즉 교단의 권위로 각 교회에 담임목사를 임명하거나 파송하는 제도를 시행하지 않고 있다. 과거 감리교단의 경우 목사 파송 제도를 유지했고 현재도 그 흔적이 남아 있으나 개교회의 청빙을 인정하고 있다. 이 외에 구세군이나 성공회를 제외하고 대부분 교회는 청빙을 통해 새로운 담임목사를 세운다. 그런데 교단에서도 명확한 청빙 지침이나 제도가 부재한 상황이다.

청빙은 공개 모집을 통해 이루어지는 경우(공모제)와 교회 안팎의 인사들에게 추천을 받는 경우(추천제), 은퇴하는 목사가 자신의 권한을 사용해 지명하는 경우(지명제), 그리고 자녀 세대가 목회를 대물림(세습)하는 형태가 있다. 그러니 어떤 방식을 선택할 것인지부터가 고민이다.

대부분 교회가 청빙위원회를 구성하는데 그 구성원을 꾸리는 것도 쉬운 일이 아니다. 각 교회와 교단의 배경이 이런 곳에서도 작용하기 때문이다. 기본적으로는 장로들을 중심으로 구성된다. 여기에 권사와 안수집사, 남녀전도회 등의 대표가 참여하게 되고 청년들을 참여시키는 경우도 있다. 이후 청빙 절차나 과정을 정하고 진행하게 된다. 물론 이 절차를 정하고 청빙 절차를 진행하는 것도 현실적으로 너무나 많은 변수를 가지고 있다.

이렇게 복잡한 청빙 절차와 과정을 겪어야 하는데도 딱히 정해진 원칙이나 제도가 없다. 각 교회가 자체적으로 정해야 한다. 문제는 이를 알고 진행해줄 사람도 없다는 것이다. 요즘은 은퇴하는 목사는 청빙 과정에 참여하지 않는다. 참여 정도가 아니라 관심도 보일 수 없을 정도로 배제된다. 그런데 성도 입장에서는 자신의 세대에 청빙을 처음 경험해보는 사람들이 대부분이다. 과거에 경험을 했어도 그때는 주체가 아니어서 어떻게 진행됐는지 모른다. 아무도 청빙은 이렇게 하는 것이라고 주장할 수 없는 상황이다. 그러니 정답이 없다. 그래서 자료를 살피고 타교회의 사례를 연구하는 것이다. 그런데 한국 교회는 개교회 중심이기에 그런 자료나 사례가 맞아떨어지지 않는다. 우리 교회는 그 교회와는 다르기 때문이다. 그래서 각 교회의 청빙 과정이 혼란스러울 수밖에 없다.

이제 한국 교회에서 청빙 과정이 어떻게 이루어지고 있는지를 알아보고자 한다. 그리고 그 과정에서 교회는 어떤 경험을 하고 있는지도 살피고자 한다. 정답을 제시할 수는 없지만 적어도 어떤 길이 있고 우리 교회에는 어떤 가능성이 있는지 알 수 있을 것이다.

이런 목사를 원한다

청빙이 대세

"부목사 경험을 잘하면서 청빙을 위해 기도하고 있습니다."

"동기 목사가 개척했는데 너무 고생하더라고요. 저는 그냥 청빙 받고 싶네요."

> **청빙**
> 청빙은 한 교회의 흥망성쇠를 이끈다. 청빙 과정에서 교회가 분열하기도 하고 연합하기도 한다. 청빙 과정에서 다툼이 생겨 어려움이 빚어지기도 하고 교회 리더들 간에 감정이 상해 목회자를 세우고도 더 큰 분열을 맞기도 한다.

목사가 교회 담임으로 부임하는 방법은 두 가지가 있다. 하나는 청빙이고 다른 하나는 개척이다. 이번 '한국 교회 트렌드 2026 조사'에서 담임목사가 부임하게 된 계기를 조사한 결과 '청빙'이 58.1%였고 '개척'이 41.9%였다. 6 대 4 정도의 비율인데 현시대 상황이 반영된 것으로 볼 수 있다. 과거에는 신학을 공부하고 목사가 되

청빙은 결혼과 같다. 결혼이 한 사람의 행복을 좌우하고 자기의 영속성을 가능하게 하는 것이라면 청빙은 교회와 교인의 행복을 좌우하고 교회의 영속성을 가능하게 하는 것이다.

기 전에도 교회를 개척한 이들이 있었다. 그렇게 개척을 해도 당연하게 받아들였다. 그런데 요즘은 개척이 쉽지 않기 때문에 부교역자 생활을 하다가 다른 교회로 청빙을 받는 것을 선호한다.

실제로 2023년 5월 부목사들을 대상으로 실시한 '한국 교회 트렌드 2024 조사'에 따르면 부목사의 향후 진로를 '교회 개척'으로 응답한 경우는 14.0%였던 데 비해, '담임목사 청빙'을 응답한 경우는 50.4%로 나타나 교회 개척보다 거의 4배 가까이 많았다. 이번 '한국 교회 트렌드 2026 조사'에서도 60세 이상 담임목사의 경우 자신이 '청빙 받았다'가 49.7%였으며, 49세 이하와 50대에서는 각각 61.6%와 60.0%로 조사되었다. 개척보다는 청빙으로 담임목사가 되는 것이 큰 흐름이 되고 있음을 보여준다.

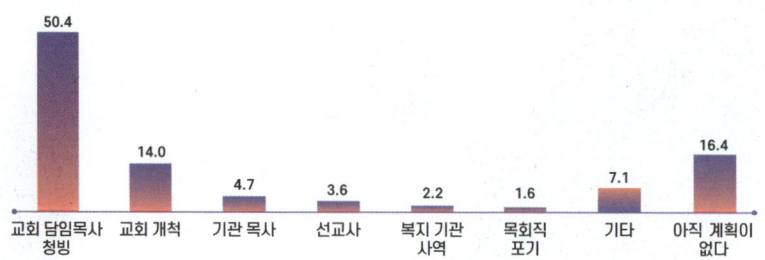

청빙 방식은 추천제 선호

"우리 교회는 다양한 분들의 추천을 받아 교인 투표로 목사님을 모셨어요."

그러면 현직 담임목사들은 어떤 방식으로 청빙이 됐을까. 이들이 담임목사가 될 때 '교회 내외부의 추천'(50.2%)이 가장 많았고 이어 '신문 공고 등을 이용한 공개 모집'(28.8%), '은퇴하는 목사의 지명 및 승계'(16.1%) 등의 순으로 나타났다. '공개 모집'보다 '추천'이 두 배 가까이 높았다. 이 역시 현시대의 흐름을 반영한다.

이제 목회자와 성도들이 생각하는 바람직한 청빙 방식을 살펴보자. 목회자와 성도 모두 바람직한 청빙 방식으로 '추천'(목회자 60.0%, 성도 58.3%)을 가장 선호했으며 그다음으로 '공개 모집'(목회자 27.0%,

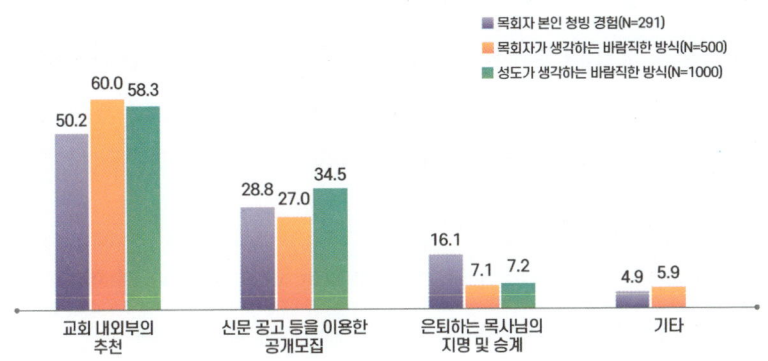

성도 34.5%), '지명 및 승계'(목회자 7.1%, 성도 7.2%) 순이었다. 현직 담임목사가 청빙될 때보다 '추천' 선호 비율이 10%p 더 높았다. 대신 '지명 및 승계'는 10%p 더 낮았다. 즉 '지명 및 승계'가 줄면서 '추천'에 대한 선호도가 증가한 것이다.

여기서 주의 깊게 살펴볼 점이 있다. '지명 및 승계' 방식이 낮은 이유는 성도들의 의견을 반영하지 못한 비민주적 방식이기 때문이라고 해석할 수 있는데, 비민주적 방식을 거부하는 목회자와 성도들이 왜 '추천'을 '공개 모집'보다 더 선호하는가 하는 점이다.

여기에 세 가지 이유가 있는 것으로 보인다. 첫째는 공개 모집이 투명하고 민주적인 방식이기는 하지만, '좋은 목사님'을 모시는 데는 '추천' 방식이 더 효율적이라고 보기 때문으로 분석된다. 둘째는 '추천'을 할 수 있는 추천인을 폭넓게 개방하면서 추천받은 목회자를 대상으로 교인 투표 등의 과정을 거친다면 청빙의 민주성을 충분히 담보할 수 있다는 생각이 반영된 결과라고도 볼 수 있다. 셋째는 공개 모집을 할 경우 청빙 과정의 처음부터 끝까지 경쟁을 해야 하는데, 목회자가 그런 경쟁 과정에서 탈락했을 경우 실망감이 크고, 특히 최종 후보에 오르게 되면 경쟁 면접을 보는 과정에서 스트레스가 극심해 추천제를 선호하는 것으로 추정된다.

이처럼 목회자와 성도 모두 추천제를 선호하는데 추천의 성패는 누가 추천하는가에 달려 있다. 그래서 성도들에게 교회 내외부에서 담임목사 후보자를 추천받는다면 누구로부터 추천받는 것이 좋은지 2명을 응답할 것을 요청했다. 그 결과 '외부 목사/교수'(41.0%), '우리 교인 누구나'(40.2%), '우리 교회 출신 외부 교회 목사/교수'(39.4%) 등의 의견이 비슷하게 나타났다. 그런데 현재 담임목사들이 과거 청빙 당시 교회는 누구에게 후보를 추천하도록 했는지 물었을 때는 '외부 목사/교수'(51.0%), '교회 장로 등 중직자'(48.4%)가 비슷하게 나타났고 '교회 교인'은 29.3%로 낮았다.

주목할 점은 우리 교회 사람이 아닌 외부 전문가가 가장 높은 추천인으로 조사되었다는 점이다. 이는 우리 교회만의 주관적 판단과 외부 전문가들의 의견을 합쳐 공정하고 객관적인 평가가 이뤄지길 바라는 성도들의 바람이 반영된 결과라 하겠다. 또 실제 청빙에서는 교회 일반 성도 추천 비중을 더 높일 것을 원하고 있었다. 이 역시 민주적 의사 결정 과정의 일환이라고 볼 수 있다.

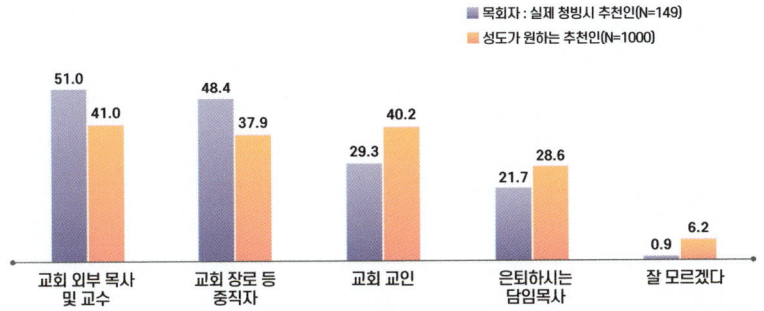

성품이 훌륭한 목회자라야

"새로운 목사님은 스펙보다는 성품과 영성이 훌륭하신 분이면 좋겠어요."

"공부를 너무 많이 한 목사님은 성도들이 부담스러울 것 같아요."

대부분 목사를 청빙한다면 성도 입장에서 원하는 목회자상이 있기 마련이다. 교회는 이를 충분히 고려해 새로운 목사를 청빙한다. 성도들에게 청빙에서 가장 중요하게 여기는 요인이 무엇인지 2가지를 선택하도록 질문했다. 조사 결과(1+2순위) 성도들은 '성품/인성/도덕성'(54.4%)을 가장 많이 선택했다. 그다음이 '목회 철학과 비전'(36.2%), '성도들과의 소통 능력'(30.5%), '충만한 영성'(30.0%), '설교 능력'(25.8%) 순이었다.

조사 결과를 볼 때 성도들은 새로운 목사를 맞을 때 공동체를 어떻게 이끌어가는지에 대한 관심이 많다는 것을 알 수 있다. 리더로서의 품성, 철학과 비전, 소통, 영성 등을 우선순위로 꼽고, 무엇보다 '품성'을 높게 고려했다는 점이 이를 방증한다.

눈에 띄는 부분은 '성도들과의 소통 능력'에 대한 평가가 1순위 응답과 1+2순위 응답의 차이가 크다는 점이다. '소통 능력'을 1순위로 선택한 사람들은 9.4%로, 순위로 치면 5위에 자리하고 있다. 그런데 1+2순위 응답에서는 30.5%(3위)로 올랐다. 이를 보면 성도들은 '소통 능력'을 절대적인 요소는 아니지만 담임목사로서 갖추어야 할 중요한 덕목으로 보고 있는 셈이다.

실제 교회 현장에서 발생하는 수많은 갈등은 목사와 장로 간의 관계에서 비롯되는 경우가 많다. 그 갈등이 장로에게 책임이 있는 경우도 있지만 담임목사가 권위적이고 일방적으로 당회를 운영하고 목회를 하려고 하는 데서 비롯된 경우도 있다. 그래서 소통 능력을 중요하게 여기는 것이라 할 수 있다.

흥미로운 것은 담임목사의 객관적 기준이라고 할 수 있는 학력(0.6%), 나이(1.0%), 대형 교회 사역 경험(1.6%), 목회 경험(6.0%) 등의 요소는 매우 낮게 선택했다는 점이다. 대부분 교회들은 청빙 요건으로 이 같은 '스펙'을 중요하게 보고 평가의 핵심 요소로 꼽는다. 그런데 성도들은 이런 부분에 대해서는 그다지 관심이 없다. 상대적으로 관심이 없는 것이 아니라 아예 무시해도 될 정도로 낮게 평가하

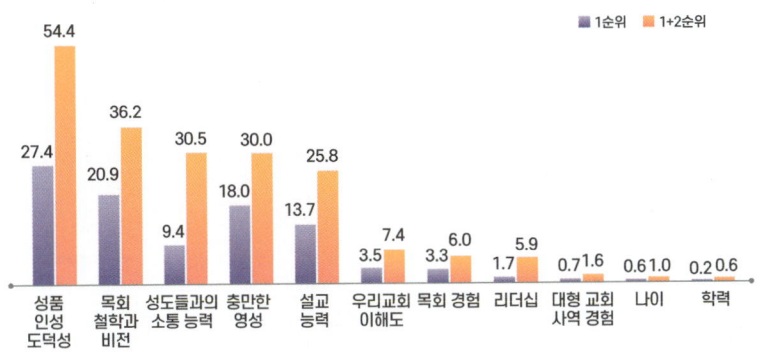

고 있다. 스펙보다는 인성과 영성, 소통 능력을 절대적으로 중시하고 있다.

이를 검증하기 위해 더 구체적으로 질문했다. 먼저 학력에 대한 기대 수준을 물었을 때 성도의 79.0%는 '학위는 상관 없다'고 답했다. '박사 학위를 소지해야 한다'는 입장은 11.2%에 머물렀다. 보통 부목사들은 청빙을 기대하면서 신학 석사(Th.M.)와 신학 박사 학위를 따기 위해 노력한다. 부목사의 업무 상황이나 재정 상태를 고려하면 학위 과정의 공부를 한다는 것은 쉬운 일이 아니다. 그러나 청빙을 받기 위해서 박사 학위는 가지고 있어야 한다는 생각이 짙게 깔려 있는 것이 현실이다. 그런데 성도들은 의외로 목사의 학력에 큰 관심이 없다. 그렇다면 목사들의 학력 인플레이션은 심각하게 고려해봐야 한다.

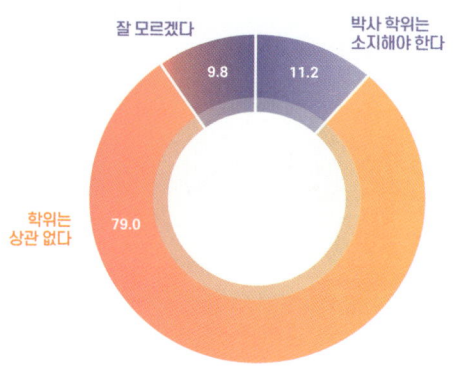

목회데이터연구소/기아대책, '한국 교회 트렌드 2026 조사'
(전국의 만 19세 이상 교회 출석자 1,000명, 온라인조사, 지앤컴리서치, 2025.05.15.~05.22)

50대 초중반 선호

"너무 젊지도 않고 나이가 많지도 않은 목사님이 오셔서 안정적인 목회를 했으면 좋겠네요."

"예전엔 30대에도 담임목사로 갔지만 요즘엔 거의 없죠."

앞서 청빙 후보자 평가시 주요 고려 요인에서 밝혔듯 목사의 연령에 대해서도 성도들은 거의 중요하게 생각하지 않았다. 성도의 99%는 목사 연령을 청빙의 주요 요인으로 생각하지 않았다. 그럼에도 불구하고 새 담임목사의 적정한 연령대에 대한 생각은 갖고 있었다. 응답자 38.0%는 '50대 초중반'을 적정 연령대라고 답했다. 그다음이

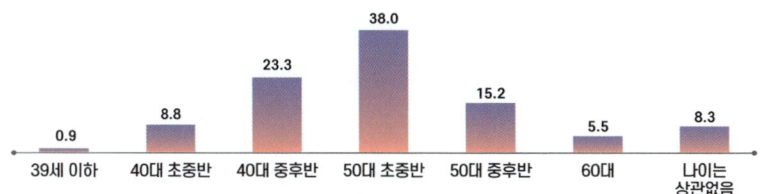

'40대 중후반'(23.3%), '50대 중후반'(15.2%) 순이었다.

비교할 수 있는 데이터는 없지만 확실히 교회가 기대하는 목사의 연령대가 높아졌다는 것은 분명해 보인다. 과거에는 40대에 담임목사가 되는 것이 일반적이었다. 물론 그 이전에는 30대에 담임목사가 되기도 했다.

왜 성도들은 과거보다 높은 연령대의 담임목사를 원할까? 이는 성도들이 고령화되면서 나타난 현상이라고 볼 수 있다. 50대 초중반 목사를 가장 선호하는 연령대는 70대 이상(49.9%)이었다. 20대(26.1%)와 비교해 2배나 높은 수치다. 40대 초반 목사를 선호하는 것은 20대가 가장 높았다(20.2%). 반면 70대 이상에서는 3.9%에 머물렀다. 약 5배 차이다. 이는 성도들의 연령대에 따른 선호도 차이라고 분석할 수 있다. 교회의 다수를 차지하는 60대 이상 성도들이 50대 이상 목사를 확고히 원하는 것이라고 할 수 있다. 보통 청빙 공고를 보면 만 45세에서 55세 사이가 지원 대상이다. 성도들은 연령을 고려하지 않는다고 하지만 현실에서는 50대 이상 목사들이 청빙에 유리하다는 것을 알 수 있다.

설교 경연은 지양

"성품이 훌륭하신 목사님이 되기를 바랐는데 장로님들은 설교 한 편 듣고 최종 결정을 하셨네요. 어떤 권사님은 목사님이 키가 크다고 좋아하시네요. 이럴 거면 뭐하러 청빙위원회를 구성하셨는지 모르겠습니다."

또 눈에 띄는 부분은 '설교 능력'에 대한 순위이다. 일반적으로 목사를 청빙할 때 가장 많이 고려하는 것이 설교라고 흔히 생각한다. 그런데 실제로 성도들은 '설교 능력'을 '성품/인성/도덕성', '목회 철학과 비전', '성도들과의 소통 능력', '충만한 영성' 다음의 5번째(25.8%)로 꼽았다. 그것도 1위에 자리한 '성품'(54.4%)에 비해 절반에도 못 미쳤다.

청빙 과정을 보면 마지막 최종 후보자를 놓고 교회에서 설교를 하게 한다. 이번 조사를 보면 목사들은 청빙 받을 때 1인(29.6%), 2인(18.7%), 3인(30.8%) 등이 마지막에 남아 최종 투표를 했다고 한다. 심지어 19.2%는 4인을 두고 경쟁 투표가 이루어졌다는 경험이 있다고 답했다. 이런 투표는 대부분 최종 청빙 후보를 순서대로 불러 설교를 시켜보고 진행한다. 실제로 청빙된 목사의 61%가 성도들이 '후보자의 설교 청취 후 투표'를 했다고 응답했다. 특히 나이가 젊을수록

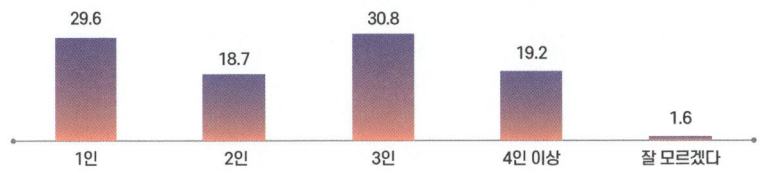

이런 방식으로 청빙을 받은 사람이 많은 것으로 보아 이런 경향이 최근 대세인 것으로 알 수 있다.

그런데 이 같은 방식은 조사 결과에 비추어볼 때 모순적이라 할 수 있다. 성도들은 성품이나 목회 비전 등을 중시하고 설교 능력은 낮게 생각한다고 응답했으면서 정작 실제 청빙에서는 한 번의 설교를 듣고 새로운 목사를 선택하고 있는 것이다. 즉 30분 정도의 설교와 거기서 보이는 목사의 외모와 태도를 통해 자신들의 영적인 리더를 선택하고 있는 것이다. 성품이나 목회 비전에 대한 부분은 고려되지 않는다. 과연 이러한 선택 방식이 합리적인지 심각하게 생각해볼 필요가 있다.

따라서 현재 청빙을 진행하는 대부분의 교회가 시행하는 최종 후보 대상 설교 경연 방식은 지양할 필요가 있다. 설교 하나만으로 목사를 선택하는 것은 합리적이지 않고, 거기 참여하는 목사들의 입장을 고려해서라도 설교력 하나로만 평가하는 것은 공정하지 않을 수 있다.

다만 여기서 짚고 넘어가야 할 부분이 있다. 현재 한국 교회에서 행해지는 청빙 과정은 최종 설교 평가로 판가름하는데 이번 조사 결과에서는 설교 평가 못지않게 성품과 도덕성을 평가하는 이른바 '평판 조사'가 핵심으로 떠올랐다는 사실이다. 이는 청빙 시 후보 목사의 평판 조사 가중치를 매우 크게 부여해야 하는 이유가 된다.

절차의 투명성

이번엔 청빙 과정에서 성도들이 가장 중요하게 고려할 점이 무엇인지 물었다. 2가지를 선택하는 질문(1+2순위)에 '청빙 절차의 투명성'(53.8%)이 가장 많았고, '객관적 기준 설정과 평가'(42.6%), '목회자 평판 및 검증 조사 강화'(41.9%)가 비슷하게 나왔다. 그다음은 '전 교인의 의견 수렴'(36.1%), '전문성 있는 청빙위원회 구성'(25.2%)이었다. 이런 결과를 볼 때 성도들은 절차의 투명성과 함께 모두가 납득할 수 있는 객관적 기준을 세우기 원하고 있었다. 이번 조사에서 발견된 중요한 지점은 '절차 투명성'이 '전 교인 의견 수렴'보다 훨씬 중요하다는 것이다.

서울 A교회는 담임목사 청빙 절차 개시에 앞서 전 성도에게 청빙 단계와 일정을 설명했다. 교회는 청빙 공고를 시작으로 지원 서류 마감 후 지원자 수와 심사 단계, 심사 항목 및 배점, 심사 방법 등 구체적인 내용과 향후 일정을 전 성도에게 PPT로 설명해 성도 전체가 청빙 과정을 신뢰할 수 있도록 했다.

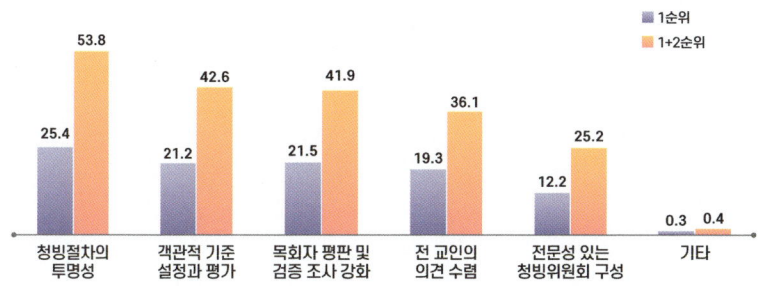

평판 조사

"그 목사님 평판이 궁금한데 조사하기가 쉽지 않습니다."

주목할 부분은 '목회자 평판 및 검증 조사'에 대한 의견이 41.9%나 됐다는 점이다. 이 부분은 목회자의 성품과도 연관될 것으로 본다. 즉 목회자의 성품을 검증하는 방법으로 평판을 알아보고자 하는 것이다. 문제는 실제로 이러한 평판 조사가 쉽지 않다는 점이다. 특정 목회자의 지원 상태를 밝히지 않으면서 해당 목사의 평판을 알아보는 것이 전문성을 가지고 있지 않은 교회 입장에서는 어려운 일이다.

대부분 평판 조사는 주변 동료 교역자들에게 묻거나 신학대 교수 등을 통해 알아보게 된다. 하지만 그런 사람들이 객관적인 평가를 내

려줄지에 대해서는 의문이다. 그렇다고 이것을 후보자가 시무하는 교인들에게 물어볼 수도 없다. 객관성과 비밀 유지를 담보하는 것도 문제이지만 그 여파도 고려해야 하기 때문이다. 따라서 많은 교회들이 이 부분에 어려움을 겪고 있다.

'성품'은 이번 조사에서 청빙 후보자 평가 시 중요 고려 요인 1위에 응답될 정도로 매우 중요한 요소다. 외부에 좋은 목사로 알려져 있더라도 교인들과의 관계나 언행 등에서 문제가 있을 수 있고 밝혀지지 않은 도덕적 문제가 있을 수도 있다. 특히 재정이나 이성 문제 등은 외부에 쉽게 노출되지 않기 때문에 충분한 조사가 필요하다. 따라서 이 부분을 보완할 수 있는 방법을 찾는 것이 청빙에서는 아주 중요하다. 그 대안으로 공신력 있는 청빙 전문 기관이나 업체에게 평판 조사를 의뢰해 더 객관적이며 심층적인 조사가 이루어질 수 있도록 하는 것도 방법이 될 수 있다.

전 교인 참여를 위한 설문 조사

청빙 시 고려할 요소 세 번째는 '전 교인의 의견 수렴'(36.1%)이었다. 지금까지는 청빙위원회가 후보를 선정하고 당회가 최종 1인을 결정한 후 교인 투표에 붙이면 거의 100% 통과되는 것이 관례였다. 하지만 최근에는 당회가 결정한 담임목사 후보를 교인 투표에서 거부한 사례가 종종 들려온다. 뿐만 아니라 임시목사로 온 후 일정 기간이 지나 위임 투표를 했는데 부결된 사례도 심심치 않게 나타난다. 이런 경우는 여러 이유가 있겠지만 대부분은 청빙위원회와 당회 등 교회 리더들이 교인들의 뜻을 고려하지 않고 청빙 절차를 진행했기 때

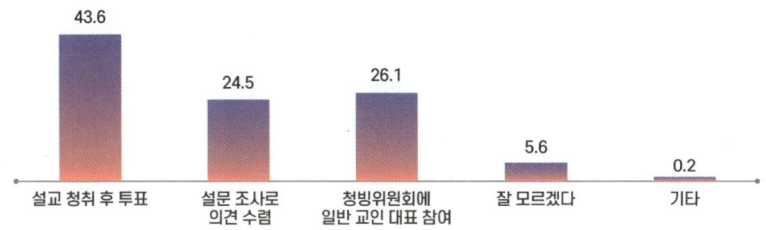

문이다.

그러면 청빙 과정에서 전 교인이 참여할 수 있는 방법은 무엇일까? 가장 선호하는 것은 '설교 청취 후 투표'(43.6%)였다. 그다음이 '청빙위원회에 일반 교인 대표 참여'(26.1%), '설문 조사로 의견 수렴'(24.5%)이 비슷한 비율로 뒤를 이었다. '설교 청취 후 투표'는 가장 전통적이고 일반적인 방법이다. '청빙위원회에 일반 교인 대표 참여'는 새롭게 요구되고 있으며, 의미 있는 진전이기는 하지만 교인 대표만으로는 전 성도를 대변하지 못한다는 단점이 있다.

'설문 조사로 의견 수렴'은 교회를 구성하는 다양한 연령대와 배경을 가진 성도들의 목소리를 공정하게 들을 수 있는 방법이다. 설문 조사를 통해 성도들이 원하는 목회자상이나 조건 등을 파악할 수 있다. 실제로 서울 B교회와 경기도 C교회는 담임목사 청빙을 시작하기에 앞서 성도들이 원하는 목회자상(image)과 자격 기준 등에 대한 설문 조사를 전문 기관에 의뢰하여 성도들의 의견을 수렴하였다.

청빙위원회 구성

"청빙위원회가 중직자 위주로 되어 있어서 청년들은 소외감을 느낍니다."

"담임목사님 은퇴가 2년 정도 남았는데 아직 교회는 조용하네요. 어떻게 하려고 그러는지 모르겠어요."

그러면 청빙 과정에서 가장 중요한 역할을 하는 청빙위원회 구성은 어떻게 진행될까. 우선 위원회 구성 시기가 중요한데 성도들에게 청빙위원회를 언제 구성하는 것이 좋은지를 물었다. '담임목사 은퇴 전 1년~6개월이 좋다'(31.1%)가 가장 많았고 그다음이 '담임목사 은퇴 1년 이전'(27.1%), '담임목사 은퇴 1년 된 시점'(18.5%), '담임목사 은퇴 전 6개월~3개월'(16.5%) 순으로 답했다. 이 같은 결과를 보면 청빙위원회는 담임목사 은퇴 1년 전후로 운영하는 것이 적절해 보인다.

그런데 청빙위원회를 구성하는 시점은 민감한 부분이 있다. 아직 담임목사가 현직에 있는데 후임 청빙 과정을 1년여 진행한다는 것이 쉽지 않기 때문이다. 하지만 실제 청빙 과정에 들어가면 1년이란 시간도 부족하다. 얼마 전 모 교회는 담임목사 은퇴 7년 전부터 청빙 준비를 시작하고 청빙위원회를 포함한 관련 위원회들을 설치했다. 이렇게 오랜 시간을 들이는 것은 청빙의 규정을 마련하고 교인 의견을 수렴

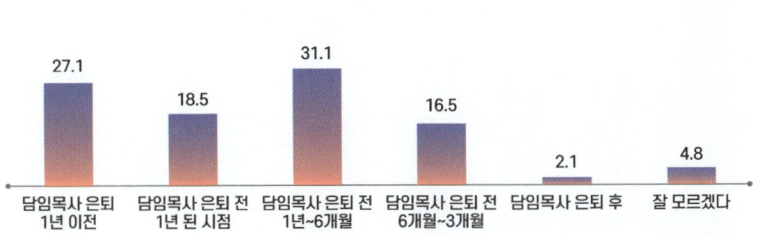

하며 청빙위원들을 세우고 논의하는 과정이 길기 때문이다. 특히 교인들이 더 민주적이고 투명한 방식을 요구하는 상황에서는 준비 시간이 길 수밖에 없다. 이런 시간적 여유가 없다면 결국 교회 내 소수가 주도하게 되고 그 결과에도 영향을 줄 수밖에 없다. 따라서 시간적 여유를 가지고 준비하는 것이 공정하고 투명한 청빙을 만드는 첫 걸음이 될 수 있다.

그러면 청빙위원회는 어떻게 구성하는 것이 좋을까. 현직 담임목사가 청빙 받을 때 '청빙위원회 구성원 가운데 장로가 있었다'는 비율은 85.9%를 차지했다. 그다음이 '여자 권사'(50.0%), '안수집사'(41.0%) 순이었고 '집사'(28.2%), '청년'(10.5%)도 있었다. 이번엔 성도들을 대상으로 청빙위원회 위원으로 누가 되는 것이 좋겠는가를 질문하면서 해당하는 사람을 모두 선택할 수 있도록 했다. 그 결과 '장로'(75.1%), '안수집사'(53.4%), '여자 권사'(51.1%) 순으로 나타났다.

실제 구성과 원하는 구성을 비교하면 두 가지 시사점을 얻을 수 있

다. 첫째는 현재보다 청빙위원회 구성이 다양해져야 한다는 점이다. 어느 교회나 청빙위원회에 장로가 들어가는 것은 당연하게 여겨진다. 실제로 장로는 청빙 과정에서 가장 큰 영향력을 끼치는 집단이기도 하다. 그런데 그 비중이 과도하기에 교회 구성원 모두의 의견을 반영하기 위해서는 현재보다 청빙위원회 구성을 다양화해야 한다는 점이다.

둘째는 청년을 포함한 젊은 사람들을 청빙위원회에 참여시켜 그들의 의견을 반영시켜야 한다는 의지가 엿보인다. 사실 새 담임목사가 세워지면 그와 함께 신앙생활을 가장 오래 할 사람들은 청년층과 젊은 집사들이다. 그런데 이들의 의견이 반영되지 않는다면 공동체와는 동떨어진 청빙이 될 수 있다.

여기에 한 가지 문제를 추가한다면 청빙위원회에 목회자들이 참여하는가의 여부이다. 아무래도 목회자들은 목사 관점에서 보는 방식이 있다. 목회 전문가라고 할 수 있는 목회자들을 청빙위원회에서 배

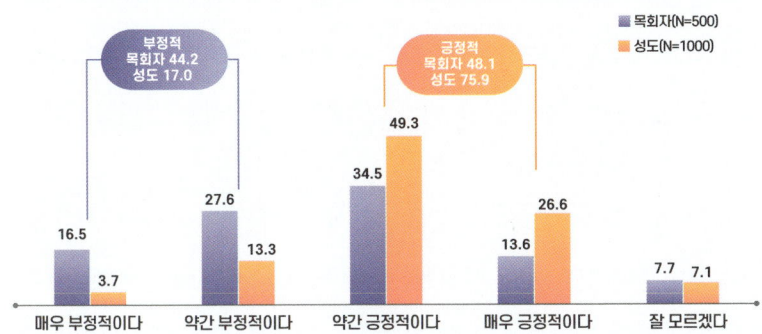

제하는 것은 모순으로 보인다. 그러나 많은 이들이 현 담임목사를 포함한 목회자를 참여시키는 것은 객관성에 문제가 있다고 판단하고 있다. 그럼에도 교인들이 볼 수 없는 부분들이 분명 존재한다. 따라서 목회자들의 참여에 대해 깊이 고민하면서 그 방식을 만들 필요가 있다.

외부 전문가 참여는 긍정적

이와 관련해 성도들과 목회자들에게 식견과 전문성을 가진 외부 인사를 참여시키는 것에 대한 의견을 물었다. 이에 목회자는 '긍정적'이 48.1%, '부정적'이 44.2%였는데, 성도는 긍정적 75.9%, 부정적 17.0%로 나타나 목회자에 비해 긍정적 의견이 27.8%p나 더 높았다. 이는 상당히 특이한 응답으로 보인다. 왜냐하면 실제 교회 청빙위원회에 외부 인사를 참여시키는 경우는 들어본 적이 없다. 청빙위원회는 교회의 구성원들로 구성된다. 그런데 외부 인사 참여에 대해 이렇게 높은 비율로 답한 것은 교인들의 입장에서는 전문성을 가진 인사의 참여로 청빙 과정을 좀 더 전문적이고 객관적으로 만들고자 하는 의지가 반영된 것으로 보인다.

여기서 더 나아가 외부 전문기관을 활용하는 것에 대해서도 물었더니 성도들의 75.7%가 찬성했다. 반면 목회자는 44.0%가 찬성해 성도와 목회자의 의견 차이가 컸다. 이는 후보 추천부터 선정까지의 절차 그리고 평판 조사와 같은 부분을 외부 전문기관으로부터 도움을 얻고자 하는 성도들의 요구가 높다는 것을 알 수 있다. 이를 통해 교회가 청빙 과정의 객관성과 공정성, 전문성이 담보된 전문 기관의 도움에 대해 상당히 열려 있음을 알 수 있다.

청빙의 경향을 볼 수 있었던 이번 조사에서는 기존의 인식과는 상당히 다른 측면이 도출됐다. 예를 들어 선호하는 목회자상의 일반적 인식에서는 학력과 나이, 목회 경력 등이 중요한 부분으로 여겨졌지만 실제 조사에서는 성품과 목회 비전을 더 중시하는 것으로 나타났다. 특히 이 부분에서 설교 중요도는 높지 않았다.

그러나 실제 청빙 과정에서는 목사의 학력과 나이, 목회 경력, 설교 등의 요소가 청빙을 결정한다고 봤다. 청빙 공고만 살펴봐도 나이 제한 요건이 뚜렷한데다 학력에 대해서도 분명하게 명시하고 있기 때문이다. 그래서 청빙을 기대하는 수많은 목사들이 이런 조건에 부합하기 위해 시간과 돈을 들여 박사 학위를 취득하고 있다.

그런데 정작 교인들은 이런 스펙에는 관심이 적었다. 또 설교 능력

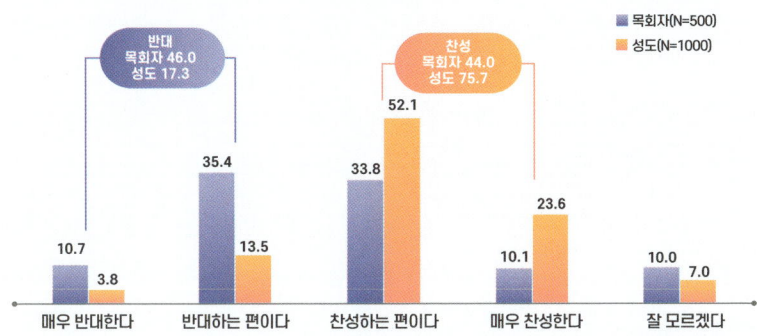

에 대해서도 그다지 높은 관심을 두지 않았다. 그러면서도 청빙 과정의 최종 단계에서는 후보자들의 설교를 경연대회처럼 진행하고 교인들이 투표하는 방식을 택했다. 이번 조사는 이 같은 괴리가 여실히 존재하고 있음이 드러났다.

청빙위원회에 대한 교인들의 의견도 아주 구체적이었다. 교인 3명 중 1명 이상이 청년과 집사 층도 청빙위원회에 참여해야 한다고 답했다. 또 외부 인사나 기관의 참여에 대해서도 개방적이었다. 하지만 이런 부분 역시 실제 청빙 과정과는 다른 모습이어서 적극적인 대응이 필요해 보인다. 즉 교회는 청빙위원회를 더 민주적이고 개방적인 형태로 구성할 필요가 있다.

트렌드 전망 및 시사점

과거 청빙이라고 하면 은퇴하는 목사가 후임을 지명하는 것이었다. 또 교단이 중앙집권적인 체계를 갖고 있다면 교단에서 임명하는 방식이 대부분이었다. 장로 교단의 경우 담임목사를 포함하는 당회, 즉 목사와 장로가 모이는 최고 의결기관에서 청빙을 담당했다. 당회에서 결정하면 그 목사를 찾아가 청빙(請聘)이라는 말 그대로 부탁하여 모셔왔다.

그런데 이 방식은 장로를 중심으로 한 소수가 청빙 과정을 독점하면서 전체 성도들의 의견을 무시하게 되고, 또 사사로운 정이나 관계에 이끌려 청빙을 하는 폐단을 낳게 됐다. 그러다가 목사가 많아지고 교인들의 의식이 높아지면서 청빙은 점차 민주적으로 바뀌었다. 은밀하고 조용하게 시행하던 청빙 과정이 공개 모집으로 변했다.

그러나 공개 모집 방식에는 몇 가지 한계가 있다. 첫째, 지원자 풀(pool) 가운데서만 결정해야 하므로 지원자의 수준이 떨어지는 경우 원하는 담임목사를 모실 수 없다는 점이 있다. 그래서 어떤 교회는 1차 과정에서 적정 담임목사 후보자가 없다고 판단해 재차 공고를 내다시 청빙 과정을 거친다. 서울 D교회는 무려 1차, 2차 청빙을 무산시키고 3차에 가서야 결정했다.

둘째는 공개 모집의 경우 학력, 경력 등 이른바 스펙을 기준으로 후보자를 거르고 최종적으로 설교를 평가해 선정하게 되는데, 이럴 경우 성도들이 담임목사 후보자 평가에서 가장 중요하게 고려하는 성품이나 소통 능력 등 정성적 요인을 제대로 평가하기 어렵다. 또 해당 교회의 고유한 문화나 성도들의 특성 등 상황과 맥락에 적합한 목회자를 찾기 어렵다.

셋째는 교회가 목회자를 '고용'하는 분위기가 조성될 가능성이 있다. 마치 회사에서 사원을 채용하는 방식처럼 목회자를 회사(고용주)와 직원(노동자) 간의 계약 관계로 느끼도록 만들어 교회와 목회자 간의 신뢰 관계 형성에 어려움을 줄 수 있다.

그렇기에 이번 조사 결과에서 보듯이 '추천제'가 관심을 모으고 있다. 서울 E교회는 공개 모집으로 청빙을 진행했으나 결국 적정 후보가 없다고 판단해 공개 모집을 취소하고 추천제로 전환했다. 하지만 추천제는 공개 모집의 단점은 보완할 수 있으나 소수가 청빙을 주도하면서 성도들의 참여를 배제하는 결과를 초래한다. 그래서 추천제와 공개 모집을 적절하게 혼용하는 경우도 있다.

목사 청빙 6대 원칙

베이비부머 세대 목사가 은퇴하는 향후 10년은 목회자들이 대거 교체될 전망이다. 이에 따라 청빙에 대한 관심은 커질 수밖에 없다. 청빙 결과에 따라 성장하는 교회, 불화하는 교회가 나타날 것이다. 그러므로 교회는 목사 청빙에 사활을 걸어야 한다. 이에 다음과 같은 원칙을 고려해볼 것을 제안한다.

첫째, 총체성으로 전환한다. 교회가 청빙 공고를 내면 교회 규모에 맞춰 대개 비슷한 스펙을 가진 지원자들이 몰린다. 그래서 스펙 차이는 그렇게 크지 않다는 것을 알 수 있다. 그러다보니 설교 위주로 평가가 편중되어왔다. 물론 목회에서 설교의 비중은 비교할 수 없을 정도로 크다. 하지만 우리가 목사를 '설교자'라 하지 않고 '목회자'라고 부르는 것은 담임목사에게 필요한 능력이 설교만 있는 것이 아니기 때문이다. 오히려 리더십과 성품, 성실함, 비전 제시 등의 종합적 능력이 필요하다. 그러므로 후보자를 평가할 때 종합적 판단이 필요할 것으로 보이며 이를 위한 실질적인 수단을 고민해야 한다.

둘째, 적합성이다. 한국 교회는 해방 후 1960년대 성장기를 거쳐 70~80년대에 급성장기를 거쳤다. 최소 40년 이상의 역사를 가진 교회가 많다는 뜻이다. 긴 역사를 거친 교회에는 그 나름의 문화와 특성이 존재한다. 교회 문화를 이해하지 못하거나 반대 성향을 가진 목회자가 청빙될 경우 불화와 갈등의 원인이 된다.

예를 들어 평신도 사역이 강한 교회에 권위적 목사가 올 경우 목사와 성도 간 갈등은 끊이지 않는 경우를 심심치 않게 볼 수 있다. 그러므로 교회는 우선 청빙 절차에 나서기 전에 자기 교회의 역사와 문화, 주변 지역 특성, 교인 구성, 교회가 계승할 점과 개선할 점, 교인이 원하는 목회자상 등을 먼저 정립해야 한다.

장신대 이상조 교수는 이를 '교회 프로필'이라 명명하고 먼저 지원자에게 교회 프로필을 공개하고 지원자는 이를 이해하고 지원서를 작성하는 독일 교회 사례처럼 한국 교회도 이를 도입할 것을 권했다.[3] 교회 프로필은 외부에 후보자 추천을 의뢰할 때도, 목회자를 평가할 때도 그 기준이 된다. 그러면 해당 교회에 적합한 목회자를 청빙할 가능성이 높아질 것이다.

셋째, 민주성 지향이다. 우리 사회 모든 구성원들이 공동체의 의사결정에 참여할 권리를 갖는 것은 이제 거부할 수 없는 흐름이다. 이는 교회도 마찬가지이다. 경기도의 F교회는 청빙은 아니지만 당회가 성도들의 의사에 반하는 결정을 한다고 해서 당회 불필요론까지 나올 정도로 성도들의 자의식이 크게 성장했다. 그러므로 청빙 과정에서는 성도들의 참여를 확대하는 방향으로 가야 한다. 청빙에 관한 성도들의 생각을 사전에 수렴하고 중간 단계에서 성도들의 생각을 점검하면서 교인들의 의견을 모아가는 과정은 필수적이다. 그렇다면 언제 어떤 방식으로 민주적 참여를 보장할 것인가를 고민해야 한다.

넷째, 투명성 확대이다. 청빙에 관한 사항들을 청빙위원회나 당회에서만 논의하고 최종 후보 1인 혹은 2~3인만 전체 성도들의 투표에 붙이는 방식은 절차의 투명성을 담보하지 못한다. 교회는 구체적인 청빙 절차와 기준 등을 상세하게 담은 청빙 매뉴얼을 제작해 이를 성도들에게 승인을 받고 청빙 절차에 나서야 한다. 또 중간 단계마다 상세하게 설명하고 교인들의 동의를 구해야 한다. 다른 의견이 나오면 토론 과정을 거쳐 설득하면서 온 성도가 한 마음이 되도록 해야 한다. 그래야 청빙 결정 이후에도 절차 문제 갈등으로 인한 혼란을 피할 수 있다.

다섯째, 객관성 추구이다. 청빙 과정에서는 많은 잡음이 발생한다. 그 가운데는 청빙 절차와 과정에서 누가 주도한다더라, 어떤 후보는 누가 민다더라 하는 식의 잡음이 나온다. 이는 청빙 절차와 결과의 신뢰성을 떨어뜨린다. 따라서 청빙 과정의 설계부터 청빙 방식, 청빙 규정, 후보자 추천, 교인 의견 수렴 등에서 객관성을 높이는 것이 중요하다. 이번 조사에서 성도들은 외부 인사나 기관이 청빙에 관여하는 것을 바라고 있었다. 따라서 외부 인사나 기관의 도움을 받은 것도 객관성을 높이는 방법 가운데 하나가 될 것이다.

여섯 번째는 가장 중요한 부분이며 절대 잊지 말아야 할 사항이다. 교회에 적합한 담임목사는 하나님이 보내주신다는 사실이다. 그래서 기도해야 한다는 점이다. 이 점을 망각한다면 청빙은 한낱 '인간의 조직'에 책임자를 '고용'하는 것에 불과할 것이다. 그러므로 기도에 전념하면서 어떻게 하나님의 뜻에 부합하는 후보자를 선정할 것인지에 집중해야 한다.

청빙은 결혼과 같다. 결혼이 한 사람의 행복을 좌우하고 자기의 영속성을 가능하게 하는 것이라면 청빙은 교회와 교인의 행복을 좌우하고 교회의 영속성을 가능하게 하는 것이다. 그러므로 청빙은 중차대하다. 청빙의 목적은 설교자를 모시는 것이 아니다. 하나님의 교회를 책임지는 목회자를 모시는 것이다. 이 목적을 잊지 않으면서 6가지 원칙을 준수할 때 청빙 과정은 민주성을 포함해 합목적적 실천으로 나아갈 수 있을 것이다. 그것이 민주를 넘어 합리를 추구하는 청빙이다.

05

호모 스피리추얼리스

현대는 비종교 또는 무종교 시대라 불린다. 기독교 역시 이른바 '탈기독교' 시대로 접어들며 신자들의 감소가 두드러진다. 코로나 팬데믹은 그 분기점이었다. 종교를 가지고 있던 많은 사람들이 자신의 종교를 떠났고 종교 인구는 줄었다. 기독교뿐 아니라 가톨릭, 불교 할 것 없이 종교 인구가 감소했다. 그런데 흥미롭게도 무속 인구는 증가 추세다. 제도 종교 인구는 줄었지만 영적인 것에 대한 호기심과 관심은 줄지 않은 것이다.

2010년 이후 이성적이며 성경에 입각한 신앙 분위기를 강조해왔던 기독교 안에서도 다른 흐름이 감지되고 있다. 말씀 너머 영적인 무엇인가를 갈망하게 되었다. 물론 기독교 신앙은 말씀과 함께 기도생활도 중요하다. 말씀과 기도가 균형을 이루어야 함에도 기도는 줄고 성경공부나 말씀 위주의 신앙생활을 해온 것이 사실이다. 그렇다고 과거 일부 예언 기도를 받는 것처럼 자신의 앞날을 알려주는 기도를 원하지는 않는다. 그보다는 뭔가 충족되지 않은 영적 갈급함에 처해 있다.

'한국 교회 트렌드 2026 조사'에서는 이 같은 영적인 측면을 다뤘다. 이를 통해 과거와는 다른 양상을 띠는 기독교 영성의 한 흐름을 살펴보고자 한다. 또 현대 기독교인들이 지향하는 지적인 신앙으로 드러나는 미묘한 갈등과 그 이면의 영적 갈망도 조명해본다. 그 갈망은 교회를 떠나 있고 기도를 하지 않더라도 마음속 깊은 곳에 머물러 있는 갈증이다.

이 장에서는 이 현상을 '호모 스피리추얼리스'라고 명명한다. 호모 스피리추얼리스는 '영적 인간'이라는 라틴어 표현이다. 인간은 이성적인 존재 같지만 그것만으로는 설명되지 않는 부분이 있다. 현대 기독교인들은 과학의 시대에도 여전히 영적인 것을 갈구하고 있다.

요즘은 기도하는 시간이 많이 줄었어요. 그런데 유튜브에서 설교도 듣고, 교회에서 전 교인 대상 성경 통독을 하고 있어서 매일 성경을 읽고 있습니다.

"큐티를 매일 하려고 해요. 목사님이 큐티를 강조하셔서 우리 교회는 시중에 나오는 말씀 묵상집으로 성도들이 같이 큐티를 하고 있어요."

1980~90년대까지 대학생 선교회 활동이 활발했고, 많은 대학생 선교회는 성경공부에 중점을 뒀다. 하지만 그때까지 장년들의 신앙생활에는 성경을 분석하고 공부하기보다는 기도를 더 중시하는 경향이 있었다. 각 교회 성도들은 새벽기도, 수요예배, 금요철야기도회에 빠지지 않고 참석하면서 기도에 열중했다. 한국 교회 전체가 기도에 열심을 냈고, 2000년대 초반까지 전국 기도원 수는 약 800개로 추산될 만큼 기도하러 온 사람들로 북적였다.

하지만 2010년을 전후해 한국 교회의 영적 지형이 차츰 달라지기 시작했다. 대학생들뿐 아니라 장년들도 성경에 대한 지적 호기심이 많아졌다. 단순히 성경을 읽는 차원이 아니라 성경에 대해 더 깊이 알고자 하는 열망이 생겼다. 신학생이 아니라도 성경의 역사적 배경에 대해 공부하고, 전 교인 대상으로 성경 필사를 실시하는 교회도 늘었다.

그런데 그동안 발표된 설문조사 등을 종합하면 코로나 이후 교인 수가 감소했을 뿐만 아니라 기독교인들의 교회 활동도 줄어들었다. 코로나 이후에는 주중 성경공부를 한다고 해도 사람들이 많이 오지 않았고, 성경공부 자체가 시들해졌으며 기도하는 사람 역시 줄었다. 주중 수요예배나 금요철야기도회 참석률도 현저히 줄었다. 무엇인가 변화가 일어난 것이다.

반면 역설적이게도 영성과 관련된 신앙 서적을 찾는 사람들은 더 늘었다고 한다. 성경공부 관련 유튜브도 높은 조회 수를 보인다. 코로나 시절 영상으로라도 예배를 드리기 위해 사용하기 시작한 유튜브는 이제 전 세대 기독교인들에게 친숙한 매체가 되어, 성도들은 유튜브에서 다른 교회 목사님들의 설교를 듣기도 하고 성경을 공부하기도 한다.

찬양도 유튜브에서 듣는다. 간증을 비롯해 평소 궁금했던 신앙 내용도 모두 유튜브나 인공지능(AI)을 통해 해결한다. 이처럼 인터넷 공간에서의 활동이 늘어나고 개인적 영성 추구가 활발해지면서 기독교인들의 영성생활 방식도 달라졌다. 그렇다면 지금 한국 교회 성도의 영적인 흐름은 과연 무엇이며 어떻게 달라진 것일까?

'한국 교회 트렌드 2026 조사'에서는 한국 기독교인들의 영적인 삶의 변화를 살펴보고 이를 '호모 스피리추얼리스'(Homo Spiritualis), 즉 '영적 인간'이라는 뜻의 라틴어로 명명했다. 호모 스피리추얼리스는 '호모 사피엔스'와 대비되는 개념이다. 호모 사피엔스가 사고하고 이성적으로 판단하는 존재라면 호모 스피리추얼리스는 인간을 영적 존재로 보는 표현이다.

'호모 스피리추얼리스'라고 할 때 어떤 이들은 이 단어가 시대에 역행하는 개념이라고 비판할지도 모르겠다. 왜냐하면 최근 10년간 종교계나 신학계에 지속적으로 부각된 단어는 '무종교 시대', '비종교 시대', '종교 인구 감소' 등이기 때문이다. 물론 통계적으로 보면 제도권 종교 인구가 줄어든 것은 사실이다.

기독교만 해도 정점을 찍었던 2010년 어간에 비하면 교단과 상관없이 교회 출석 인구가 줄었다. 2021년 한국 갤럽 조사에 의하면 종교 인구 비율은 1984년 조사를 시작한 이래 가장 낮은 수치를 기록했다. 기독교인 비율은 1984년에는 증가하는 추세였다가 2004년을 정점으로 감소 추세로 돌아섰고, 2021년에는 1984년과 동일한 17%대로 떨어졌다. 목회데이터연구소의 조사 결과는 2023년 말 기준 기독교인이 16%대까지 하락한 것으로 나타났다.[1]

이러한 상황을 생각하면 호모 스피리추얼리스는 분명 현 시대를 표현하는 말은 아니다. 하지만 종교는 제도 종교만 있는 것이 아니다. 문화심리학자 한민 교수는 전통 주류 종교는 줄었지만 한국 무속인 수는 급증했다고 말한다. 그는 2000년대 초반 20만 명이던 무속인이 2023년에 네 배 가까이 늘어 80만 명에 이르고, 신당을 열고 무업(巫業)에 종사하는 사람이 40~60만 명에 달한다고 추정했다.[2]

일반 국민 사이에서도 무속(巫俗)에 대한 관심이 높아지고 있다. 목회데이터연구소가 2024년에 개최한 '목회데이터 포럼'은 무종교인의 종교성을 주제로 다뤘는데, 무종교인을 대상으로 한 조사에서 스스로 '종교적'이라고 응답한 사람은 5%에 불과했지만 '영적인 사람'이라는 데에는 24.1%가 동의했다.[3]

이와 비슷한 현상으로 'SBNR'을 주목할 필요가 있다. 《한국 교회 트렌드 2023》에서는 SBNR 현상, 즉 Spiritual But Not Religious(영적이지만 종교적이지는 않은)를 트렌드로 지목한 바 있다. 그러면서 한국

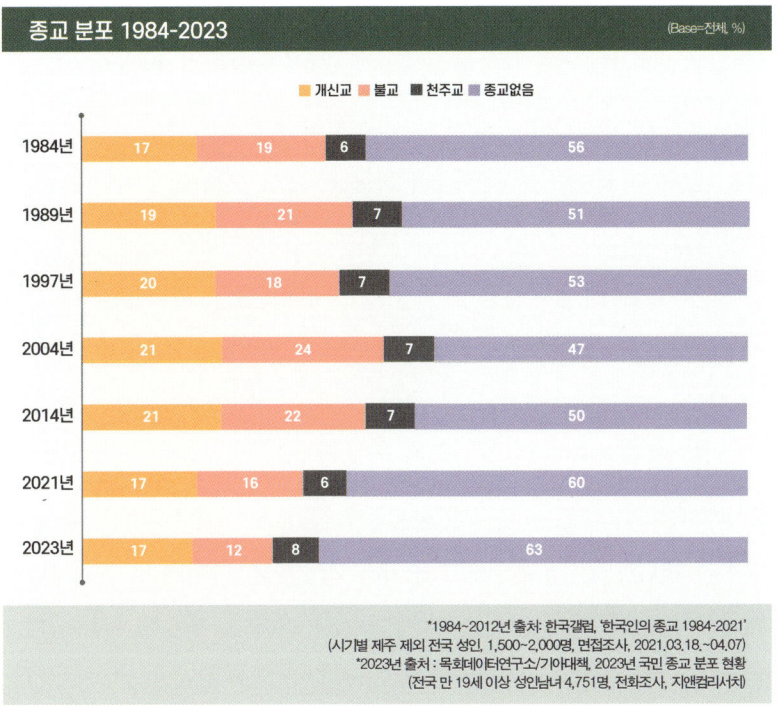

크리스천들은 여전히 영성에 대한 욕구가 많다고 분석했다.

등장 배경

한국 교회에서 '영성'이라는 단어의 사용 빈도가 증가했다. 하지만 이 단어가 무엇을 의미하는지는 신학을 공부한 사람조차도 명확하게 설명하지 못하는 경우가 종종 있다. 영성이라는 말은 기독교뿐만 아니라 타종교 또는 종교 밖에서도 두루 사용하는 용어이기 때문이다. 미국의 유명한 영성 신학자인 산드라 M. 슈나이더스(Sandra Schneiders)는 영성을 "인간 존재가 궁극적 의미, 진리, 초월과 관계 맺는 총체적인 방식이며, 기독교 영성은 이러한 삶의 방식이 예수 그리스도 안에서 계시된 하나님과의 관계 안에서 구현되는 것"이라고 정의한다.[4]

학문적 기준에서의 비판을 무릅쓰고 이해를 돕고자 단순하게 말하면 기독교 영성이란 "하나님과 깊이 만나고 그 깊은 만남에 근거해 삶을 사는 것"이라고 정의할 수 있다. 영성은 전통적인 용어인 '경건'이나 '거룩함'이라는 말보다 관계를 더 강조하는 용어이다. 경건이나 거룩함이 정적인 측면이 부각된 용어라면 영성은 더 총체적이고 관계 중심적인 개념이다. 영성이라는 용어가 대중성을 가지게 된 것은 이 시대가 관계적 측면에 관심을 갖기 때문일 것이다. 영성이 하나님과의 깊은 관계적 측면에 초점을 두는 것이라면 깊은 영성을 가지고 싶은 성도들이 많을 것이다.

호모 스피리추얼리스
(Homo Spiritualis)

인간은 이성적인 존재 같지만 그것만으로는 설명되지 않는 부분이 있다. 현대 기독교인들은 과학의 시대에도 여전히 영적인 것을 갈구하고 있다. 사람들은 하나님을 깊이 만나고 싶어하는 영적 갈급함을 갖고 있다.

사회적 불확실성과 불안 증가

1977년 경제학자인 존 케네스 갤브레이스(John Galbraith, 1908~2006)가 현대 사회를 '불확실성의 시대'라고 규정한 이래 현대 사회는 불확실성이 줄어들기는커녕 커져만 갔다. 요즘 우리나라에서는 '트렌드'를 제목으로 하는 책이 넘쳐난다. 모 온라인 서점에서 '트렌드'를 키워드로 입력

기독교 영성이란 하나님과 깊이 만나고 그 깊은 만남에 근거해 삶을 사는 것이다. 경건이나 거룩함이 정적인 측면이 부각된 용어라면 영성은 더 총체적이고 관계 중심적인 개념이다.

하면 국내도서만 1,690종이 검색된다. 그 유명한 '트렌드 코리아'를 필두로 AI 트렌드, K뷰티 트렌드, 마이크로 트렌드, 머니 트렌드, 미국 주식 트렌드, 미래 교육 트렌드, 교육 트렌드 등 온갖 분야의 트렌드 책이 나와 있다. 트렌드 책이 넘쳐난다는 것은 그만큼 변화가 빠르고 다양해서 시대 흐름을 따라가기 어렵다는 것을 의미한다.

 빠른 시대 변화 가운데 처해 있는 개인은 불안할 수밖에 없다. 과학 기술이 발전해 경제는 풍요로워졌지만 사회적 불평등 심화, 국가 간의 전쟁과 분쟁 그리고 무역 갈등, 코로나와 같은 전염병의 잦은 출현 등으로 개인은 고립감과 우울, 불안 증세를 더 많이 겪고 있다. 기독교인도 예외가 아니다. 《한국 교회 트렌드 2025》에서 한국 교회 성도들(교회 출석자) 상당수가 지난 2주간 '우울'(23.0%), '불안'(21.9%), '중독'(7.3%) 순으로 정신적 문제를 겪고 있으며, 심지어

자살을 생각한 경우도 11.0%나 있는 것으로 나타났다.

불확실성이 높은 상황에서 사람들은 현실보다는 초월적인 것, 외적인 것보다 내적인 것에 더 관심을 둔다. 이를 통해 내적 안정감과 현실에 대한 긍정과 확신을 추구한다. 이것이 종교적 영성 추구로 나타나기도 하지만 명상이나 심리 상담, 성찰 등으로 나타나기도 한다. 최근 영혼, 귀신, 퇴마 등 영적인 내용을 다룬 드라마나 영화가 관심을 모으는 것도 같은 맥락에서 이해할 수 있다.

신앙 수단화에 대한 반성

2000년대 초까지 자주 언급된 기독교에 대한 비판 중 하나는 '기복주의' 신앙이었다. 기독교 안의 무속적 요소에 대한 강한 비판이 신학계와 교계 안에 있었다. 이를 위해 목회자들은 기복적 신앙 제거를 강조했다. 기독교가 비이성적이며 비합리적인 무속적 요소를 가지고 있다는 것이다. 기독교 지도자들은 이 무속적 프레임을 극도로 경계했다. 광적인 분위기, 무조건적 맹목적으로 믿는 것, 비이성적인 신앙 행위까지 따라 하는 것 등에 대한 비판이 이어졌다.

기복주의 신앙의 가장 큰 문제는 신앙을 '하나님과의 관계' 측면에서 바라보는 것이 아니라 자신에게 나타나는 결과 중심으로 바라본다는 점이다. 기독교 신앙의 본질은 창조주이자 구원자이신 하나님과 인격적 관계를 맺고 그분과 함께하는 것이라고 할 수 있다. 따라서 하나님 자체를 추구하는 것이 신앙의 목적이어야 함에도 기복주의는 하나님을 도구 삼아 자신의 세상적 유익을 추구하는 것을 목적으로 삼았다. 기복주의 신앙을 가진 사람은 신앙인으로서 자신의 가치관이나 개인적 일상, 사회적 존재로서의 태도 등에는 큰 관심이 없다. 그러니 신앙을 통한 자기 존재의 변화와 확장이 일어나지 않게 되는 것이다.

이 기복주의적 신앙을 비판하면서 하나님과의 관계 맺음과 그분에게 순종하는 제자로 살아가는 것을 강조한 것이 '제자훈련'이다. 하지만 제자훈련도 공부와 훈련을 통해 진정한 하나님과의 만남과 교제에 중점을 두기보다는 일종의 학교 수업처럼 주요 커리큘럼 과정으로 여기게 되고, 그 결과 제자도를 실천하기보다는 교회의 충성된 일군을 길러내는 데 그쳤다는 비판도 제기된다.[5]

신앙의 수단화에 대한 반성적 흐름에서 신앙의 본질, 즉 하나님과의 관계를 추구하자는 움직임이 나타났는데 이것이 영성에 대한 관심이 높아진 배경 중 하나가 될 수 있다. 그렇다면 이런 상황과 배경 속에서 교회 안의 성도들은 어떤 생각을 하고 있고, 어떤 영적인 삶을 지향하고 있는가? 이 장에서는 교회 밖에서, 그리고 기독교인들에게서 나타나고 있는 영적인 부분의 변화가 오늘날 교회에게 던져주는 메시지가 무엇인지 살펴본다.

한국 교회 성도들의 영적 양상들

영성에 대한 관심은 여전히 높다

"큐티(QT)는 기본이고 요즘엔 스터디바이블도 열심히 읽어요."

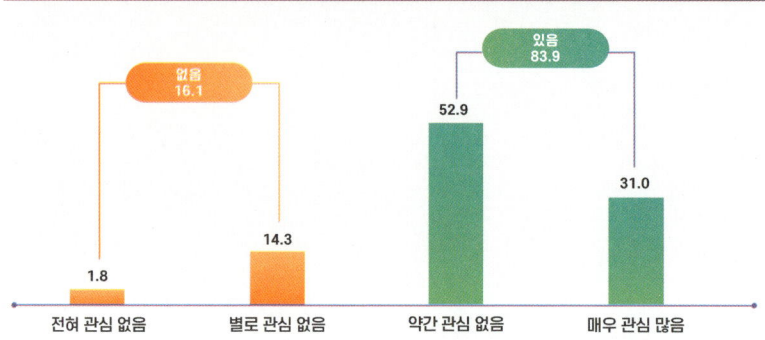

목회데이터연구소/기아대책, '한국교회 트렌드 2026 조사'
(전국의 만 19세 이상 교회 출석자 1000명, 온라인조사, 지앤컴리서치, 2025.05.15.~05.22)

"교회에는 잘 안 나가지만 신앙 관련 유튜브는 꼭 찾아봅니다."

이번 조사에 따르면 한국 교회 성도들은 영성생활에 관심이 많았다. 조사 결과 83.9%의 성도들이 영성에 관심이 '있다'고 응답했고, 관심이 '없다'고 응답한 성도는 16.1%에 불과했다. 연령별로 보면 40대 이후는 80% 후반대의 관심을 보이는데 20대와 30대는 각각 60.5%와 78.0%만 관심을 보여서 40대 이후보다 약 10%p 정도 더 낮았다. 이 가운데 '매우 관심 있다'는 응답은 30대에서 20.9%였는데 20대에서는 7.9%로 나타나 20대의 영성에 대한 관심은 크게 낮았다.

영성생활에 대한 관심도 늘어났다. 지난 2~3년과 비교해 현재 영성생활에 대한 관심도를 묻는 질문에 '많아졌다'(23.6%)와 '적어졌다'(18.7%)로 조사되었다. 큰 차이는 아니지만 영성생활에 대한 성도

영성생활에 대한 관심도 변화 (전체+연령별) (Base=교회 출석자, N=1000, %)

구분		사례수	영적인 생활(영성생활)에 관심이 더 적어졌다	비슷하다	영적인 생활(영성생활)에 관심이 더 많아졌다	계
전체		(1000)	18.7	57.7	23.6	100.0
연령	19~29세	(84)	33.8	50.5	15.6	100.0
	30대	(105)	19.6	54.3	26.1	100.0
	40대	(161)	17.3	58.9	23.7	100.0
	50대	(202)	15.4	54.0	30.6	100.0
	60대	(239)	18.5	58.7	22.8	100.0
	70세 이상	(209)	16.5	63.8	19.7	100.0

목회데이터연구소/기아대책, '한국 교회 트렌드 2026 조사'
(전국의 만 19세 이상 교회 출석자 1,000명, 온라인조사, 지앤컴리서치, 2025.05.15.~05.22)

들의 관심도가 증가하고 있는 것을 볼 수 있다. 앞서 언급했듯이 교회생활 활동은 줄어든 반면 영성생활에 대한 관심도는 늘어나고 있는 점이 주목된다. 연령별로 보면 30대 이상에서 '많아졌다'가 '적어졌다'보다 높았는데, 유독 20대에서만 '적어졌다'(33.8%)가 '많아졌다'(15.6%)보다 높게 나타났다.

이는 '교인들이 과거와 비교해 영성이 깊어진 것 같다'는 목회자들의 응답에서도 확인할 수 있다. 목회자들은 시무하는 교회 성도들의 영성이 과거에 비해 '깊어졌다'(33.1%), '줄어든 것 같다'(25.5%)로 응답해 교인들의 영성이 깊어졌다는 응답이 더 우세했다.

마음의 평안 추구

"자영업자인데 신앙마저 없었으면 견디기 힘들었을 겁니다."

"취업하기 어렵네요. 주님만 의지하고 있습니다."

이 시대에 영성에 대한 관심이 높아진 이유는 무엇일까? 앞서 등장 배경에서도 살펴봤지만 일상의 삶이 곤고하고 불안하기 때문이라고 추정할 수 있다. 둔화된 경제 성장, 무한 경쟁 사회에서의 피곤함, 개인주의 심화로 인한 우울감 등으로 인해 불안함이 커졌다. 시대의 불확실성은 높아졌고 미래는 점점 예측하기 어려워졌다. 이런 상황 속에서 사람들은 내적 안정과 삶의 의미를 찾으려고 한다. 이런 불안한 환경이 영성에 대한 관심으로 이어진 것이다.

이번 '한국 교회 트렌드 2026 조사'에서 영성생활로 인한 변화를 묻는 질문에 한국 교회 성도 4명 중 3명은 '마음이 평안해진다'(72.3%), 그다음으로 '어려움을 극복할 힘을 준다'(54.8%), '삶의 목표와 의미를 갖게 한다'(48.2%) 순으로 나타났다. 이 같은 결과는 앞서 언급한 시대적 불확실성 속에서 내면의 평안과 삶의 의미를 찾으려는 노력이 반영되었다고 추정할 수 있다. 또한 성도들은 영성생활을 통해 자기 자신을 발견하고 이를 통해 자신을 고양하기보다는 개인적 평안을 추구하려는 성향을 보이는데 이 역시 불안감을 해소하려는 노력의 일환이라고 할 수 있다.

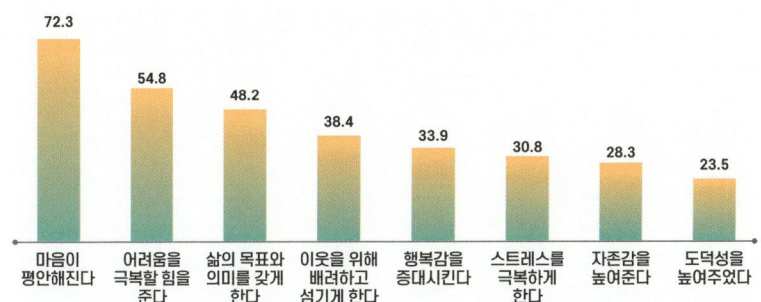

성경 중심의 영성

"온 가족이 성경을 필사해 성경을 만들었어요. 우리집 보물입니다."

"목사님께서 말씀에 입각한 신앙생활을 강조하셔서 올해는 꼭 성경 일독을 해보려 합니다."

"성경 중심", "말씀 중심", "하나님은 말씀이시다." 언제부터인가 한국 교회 강단에서 자주 강조되는 문구이다. 신앙생활의 기초는 말씀 중심이어야 한다. 그래서인지 성경과 관련된 프로그램과 활동이 늘었다. 대표적으로 새해가 되면 대부분의 교회가 성경 통독을 실시한다. 최근에는 성경 필사 프로그램이 일종의 유행처럼 번지기도 했다. 특정 성경을 선택해 가족끼리 쓰기도 하고 개인이 혼자 필사하기도 한다.

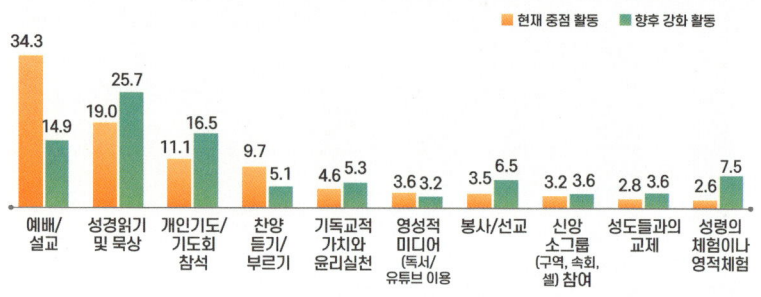

어떤 교회는 전 교인이 교회 홈페이지에 접속하여 성경 구절을 입력할 수 있는 온라인 필사 프로그램을 만들기도 했다.

교회만 그런 것이 아니다. 개인의 영적 활동에서도 설교를 듣거나 예배에 참석하거나 성경을 읽는 비중이 많아졌다. 이번 트렌드 조사에 의하면 일반 성도들이 영성생활을 위해 가장 중점적으로 하는 것이 '예배에 참석하거나 설교를 듣는 것'(34.3%)이었다. 그다음이 '성경 읽기 및 묵상'(19.0%)이었다. 이러한 결과는 한국 교회 성도들이 영성생활에서 예배와 설교, 그리고 성경 읽기와 묵상을 가장 중요하게 여긴다는 사실을 보여준다.

이에 반해 '개인기도나 기도회 참석'(11.1%)은 3순위를 차지했다. 성경과 관련된 '예배/설교'와 '성경 읽기 및 묵상'을 합치면 53.3%인 반면, 기도 활동인 '개인기도/기도회 참석'은 그에 미치지 못하며 큰 격차를 보였다.

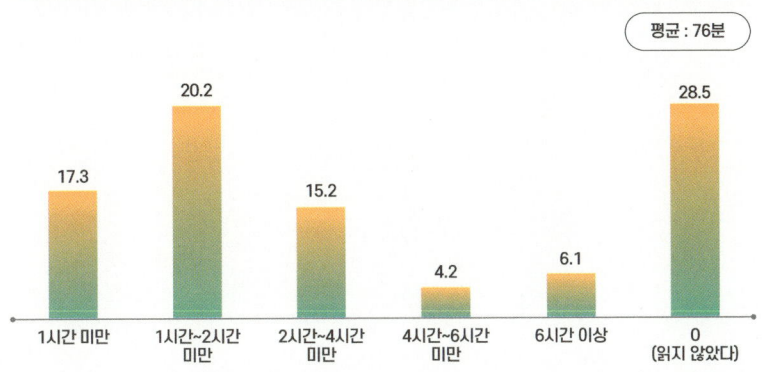

연령별로 '예배/설교'는 50대(42.5%)가, '성경 읽기 및 묵상'은 60대(24.9%), '개인기도/기도회 참석'은 60대(14.2%)와 70대(14.7%)가 다른 연령대보다 더 많았다. 즉 성경 중심의 영성생활은 50대 이하에서 더 강하게 드러났다.

한편 앞으로 영성생활을 위해 강화하고 싶은 활동을 질문했을 때도 비슷한 결과를 보였는데, 현재 활동에서 2위였던 '성경 읽기 및 묵상'이 앞으로 강화하고 싶은 활동 1위(25.7%)로 나타나, 성도들이 '성경 읽기 및 묵상'에 얼마나 진심인지 알 수 있다. 각 교회에서 성도들을 대상으로 한 '성경 읽기 및 묵상'에 좀 더 집중해서 사역을 펼쳐 나가면 성도들의 긍정적인 반응을 이끌어 낼 수 있을 것으로 판단된다.

한편 성경은 일주일에 평균 76분, 즉 1시간 16분을 읽는 것으로 조사됐는데 연령대별로 보면 50대(평균 1시간 15분)를 기준으로 60대는

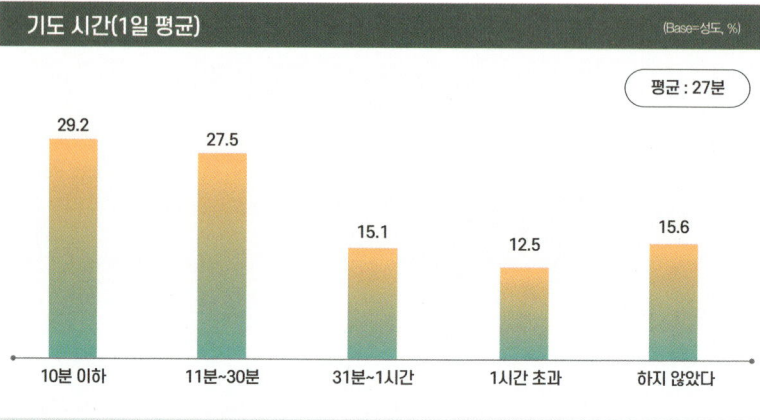

평균 1시간 25분, 70대는 1시간 42분이었다. 반면 40대는 52분, 30대는 65분, 20대는 51분으로 나타나 60대 이상에 비해 성경을 덜 읽는 것으로 나타났다.

반면 기도 시간은 1일 평균 27분으로 조사됐는데 연령별로 편차가 심했다. 50대 29분, 60대 32분, 70대 33분 등 50대 이상 1일 평균 기도 시간은 30분 내외였다. 하지만 50대 미만에서는 20대 18분, 30대 21분, 40대 19분으로 모두 20분 내외였다.

1일 평균 기도 시간 역시 시계열 분석 결과를 보면 2012년 24분에서 2017년 22분으로 다소 떨어졌다가 2023년에 24분으로 다시 상승했는데 이번 조사에서는 27분으로 또다시 상승했다. 성경 읽기처럼 가파른 상승은 아니어도 기도 시간 역시 상승한 것으로 나타났다. 이처럼 성경 읽기나 기도 시간이 코로나를 전후로 증가하는 현상을 보면 개인 영성생활 활동이 교회생활과 관계없이 활발해지고 있음을 알 수 있다.

온라인 영성

"요즘 저희 나이대 사람들은 모두 성경 찬송을 앱으로 봐요."

"교회에서는 현장 예배에 나오라고 하지만 저는 온라인 예배가 좋네요."

시대가 변하면서 인간의 삶은 점점 더 편리해졌다. 이 편리함은 신앙생활에도 그대로 스며들었다. 오늘날 많은 성도들이 영적인 생활을 추구할 때도 아날로그적인 것보다는 간편하고 부담 없는 디지털 방식을 선호한다. 예배를 드릴 때도 굳이 무거운 성경책을 들고 다니지 않는다. 스마트폰 속 성경 앱과 찬송가 앱으로 언제 어디서나 쉽게 접근할 수 있기 때문이다. 성경 앱은 그 날의 말씀을 자동으로 보여준다. 바빠서 성경을 읽지 못하는 날은 그 말씀 한 구절로 하루를 시작하기도 한다. 출근 준비 시간에는 성경을 읽어주는 유튜브를 틀어놓고, 식사 시간에는 배경음악처럼 찬양이 흘러나온다. 신앙생활이 일상 속에 스며들되 훨씬 편리한 방식으로 이루어지고 있는 것이다.

실제로 《한국 교회 트렌드 2025》에서는 가장 자주 이용하는 유튜브 콘텐츠가 설교(37.9%)로 나타났다. 이어서 찬양(26.5%), 성경 읽기(10.2%), 성경공부(7.8%) 순으로 조사되었다. 현대의 성도들은 유튜브를 통해 설교를 듣고 찬양을 즐기며 성경을 읽고 공부하는 등 다양한 방식으로 신앙을 실천하고 있다. 일부는 유튜브뿐 아니라 성경 앱을 통해 성경을 '듣는' 형태로 말씀을 접하기도 한다. "믿음은 들음에서 나며 들음은 그리스도의 말씀으로 말미암았느니라"(롬 10:17)라는 말씀처럼 유튜브나 앱을 통해 말씀을 듣는 것 자체를 비판할 수는 없다. 다만 이처럼 신앙생활 전반이 편리함 중심으로 변하고 있다는 사실은 오늘날 기독교인의 영성에 대해 다시 한번 성찰하게 만든다.

그런데 이 신앙의 편리함과 편안함은 다른 영역에도 영향을 미치고 있는 것으로 보인다. 코로나 이후 본격화된 온라인 예배는 이제 많은 성도들의 일상적인 예배 형태가 되었다. 이번 조사에서도 출석하는 교회 온라인 예배와 타교회 온라인 예배를 합쳐 온라인 예배 비율이 11.0%를 차지했다. 코로나 당시 일시적 현상으로 여겨졌던 온라인 예배 참여는 이제 온라인 역시 공예배라는 인식이 자리 잡으면서 여전히 10%대의 참여율을 유지하고 있다. 온라인 예배는 교회에 갈 준비를 하지 않아도 되고, 이동 시간을 줄일 수 있으며, 교회 내 봉사나 소모임 참여에 대한 부담도 줄여준다. 1시간 정도면 예배에 대한 의무감이나 욕구를 충족시킬 수 있어 그만큼 편리하고 부담이 적다.

교회에서 드리는 예배나 모임뿐 아니라 시간과 노력이 요구되는 개인기도 시간 역시 편리함의 영향을 받고 있다. 기도는 교회 모임에서 하든 개인적으로 하든 편리하고 편안한 환경에서 쉽게 실천할 수 있는 영역이 아니다. 특정 공간을 확보하고 시간을 들여 집중해야 가능한 신앙 행위이기 때문이다. 따라서 성경을 듣거나 설교를 시청하는, 비교적 수동적이고 편안한 종교 행위와는 구별된다.

앞서 살펴본 것처럼 현대의 성도들이 성경 읽기 및 묵상에 비해 상대적으로 기도가 약한 것은 신앙생활 전반에 스며든 편안함과 편리

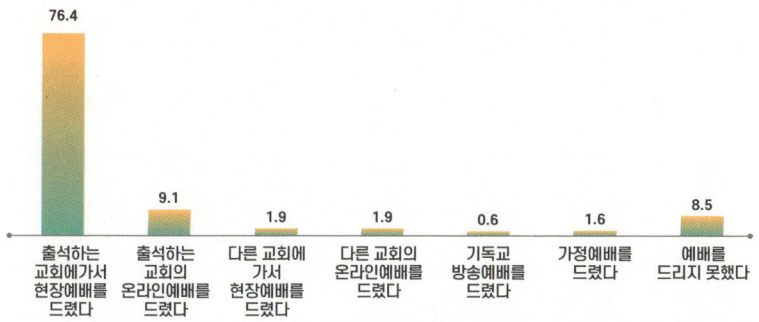

함 중심의 성향 때문일 수 있다. 기도를 하지 않고 성경 앱이나 유튜브를 통해 성경을 듣는 것만으로도 개인 신앙을 충분히 실천하고 있다는 안도감이 드는 것이다. 그러나 이 같은 신앙 방식은 기도라는 본질적인 신앙 행위의 가치와 의미가 점차 약화되고 있음을 보여주는 단면일지도 모른다.

개인주의 영성

"저는 혼자 성경 읽고 유튜브로 말씀 듣는 게 좋아요."

"목장 모임에 가면 기도제목이나 자기 얘기를 꺼내놔야 하는데 저는 그게 싫어요."

이처럼 온라인에 기반한 편안한 신앙생활에 익숙해진 탓인지 사람들은 공동체적 영성보다는 개인주의적 영성생활에 치중하고 있다. 개인주의는 계몽주의 이후의 대표적인 현대 사조 가운데 하나이다. 현재는 개인주의가 너무나 강화되어 '핵개인주의' 혹은 '원자화'라고 할 정도로 개인이 공동체로부터 벗어나 자기 취향을 극대화하려고 한다. 이들에게 공동체는 자신을 속박하는 집단이거나 혹은 불필요한 조직일 뿐이다. 현대인들에게 공동체는 자기 신념이나 취향에 부합하거나, 혹은 자기 이익과 관련이 있을 경우에만 존재한다. 이는 신앙 영역에서도 재현된다. 온라인에 기반한 신앙생활이 편리성을 추구한 결과이기도 하지만 그 심층은 개인주의가 영향을 끼친 결과일 수 있다.

이번 '한국 교회 트렌드 2026 조사'에 따르면 소그룹이 있는 교회 성도 가운데 정기적으로 소그룹에 참석하는 비율은 49.4%로 나타나 응답자 절반만 소그룹 활동을 하고 있는 것으로 나타났다(소그룹 운영을 하지 않는 교회까지 포함해서 환산하면 한국 교회 성도 40.7%가 소그룹 활동을 하고 있다고 할 수 있다). 이렇게 현대의 많은 성도들은 기도회나 소모임, 성경공부 모임 등 공동체 중심의 신앙 활동에 소극적인 경향을 보이고 있다.

한편 성도들은 소그룹 활동을 아예 영성 활동으로 생각하지 않는 경향이 있다. 앞서 살펴본 '영성생활을 위한 활동'에서도 '신앙 소그룹' 혹은 '성도들과의 교제'가 현재 중점 활동에서 그리고 향후 강화 활동 모두 3% 내외의 낮은 비율로 나타났다. 이는 성도들이 소그룹이나 성도 간 교제를 영성생활로 간주하지 않는 경향을 드러낸 것이

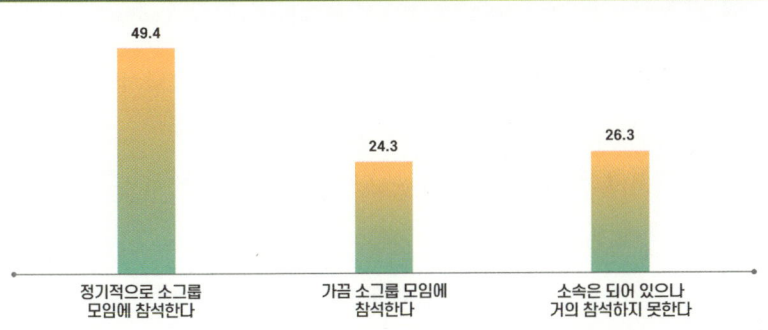

출처: 목회데이터연구소/기아대책, '한국 교회 트렌드 2026 조사'
(전국의 만 19세 이상 교회 출석자 1,000명, 온라인조사, 지앤컴리서치, 2025.05.15.~05.22)

라고 할 수 있다.

이처럼 현대 신앙인들의 영적 추구가 점차 개인화되면서 신앙생활의 중심도 공동체에서 개인으로 이동하고 있다. 예배와 설교가 중요하다는 인식이 여전히 남아 있지만, 그것도 유튜브로 쉽게 대체되면서 굳이 교회 공동체 모임에 일일이 참여할 필요성을 느끼지 않는 것이다. 공동체에 적극적으로 소속할 이유도 약화되었다. 교회가 강조해온 '예배 중심', '말씀 중심' 신앙조차 유튜브 하나로 충족되는 시대가 되었기 때문이다. 신앙생활을 반드시 교회 공간에서 해야 할 필요성이 과거보다 약해졌고 깊은 기도 없이도 성경 앱으로 말씀을 듣고 유튜브로 설교를 시청하는 것으로 최소한의 신앙을 유지했다는 심리적 안정과 위안을 얻을 수 있다.

이 같은 개인주의적 영성생활이 가능하게 된 것은 디지털 기술의 발전에 힘입은 바가 크다. 디지털 기술의 발달로 개인화된 생활이 가능하게 된 것은 종교뿐만 아니라 사회 각 분야에서 나타나고 있다. 체계적인 운동을 하고 싶은 사람은 헬스장 등에 나가 트레이너의 지도를 받으며 운동해야 하지만 헬스장 이용이 부담스럽거나 시간 제약이 있는 사람들은 집에서 혼자 운동을 한다. 소위 '홈트'(home+training)인데 홈트가 가능한 것도 디지털 기술 덕분이라 할 수 있다. 요즘에는 줌(zoom)을 통해 실시간 운동 지도까지 할 수 있다.

인터넷, 유튜브, 인스타그램, 팟캐스트에 보면 종교를 불문하고 영성 지도자의 강연이나 경험담과 같은 영성적 콘텐츠가 넘쳐난다. 종교적으로도 기독교, 불교 등 제도 종교를 비롯해 비제도적 종교 혹은 전통 신앙, 탈종교적 명상 등의 영성적 흐름 등 종교의 경계를 불문하고 영성과 관련된 콘텐츠에 쉽게 접근할 수 있다. 그래서 굳이 교회를 가지 않아도, 집단적 종교 활동을 하지 않아도 자기 취향에 맞는 영성을 추구할 수 있게 되었다.

영적 갈증 심화

"성경을 읽고 필사도 하지만 왠지 공허한 느낌이 들 때가 있어요."

"교회에서 기도 모임을 만들어주면 어떨까요? 조용한 가운데 하나님을 체험하고 싶어요."

이번 '한국 교회 트렌드 2026 조사' 결과에 따르면 성도 76.2%가 영적인 갈급함을 느낀다고 응답했다. 그 가운데 26.5%는 '크게 느

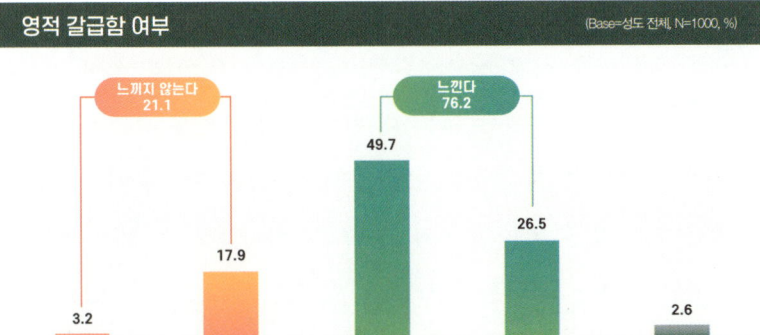

목회데이터연구소/기아대책, '한국 교회 트렌드 2026 조사'
(전국의 만 19세 이상 교회 출석자 1,000명, 온라인조사, 지앤컴리서치, 2025.05.15.~05.22)

낀다'고 답했고, 49.7%는 '어느 정도 느낀다'고 응답했다. 이 결과는 과거 조사와 거의 유사한 수준이다. 한국 교회 성도 4명 중 3명은 여전히 영적인 갈급함을 느끼고 있다. '갈급함'이란 사전적으로 몹시 조급하게 바란다는 의미이지만, 응답자들이 말한 갈급함은 목마름에 가까운 영적 갈증을 뜻한다. 즉 그들은 무엇인가 영적인 것을 간절히 바란다는 의미에서 이 항목에 응답했을 가능성이 크다.

이 지점에서 흥미로운 질문이 제기된다. 한국 교회 성도들은 성경을 많이 읽고, 많이 듣고, 많이 필사하고 있으며 성경공부에도 진심이다. 그럼에도 불구하고 여전히 영적 갈증을 느낀다고 응답한 것이다. 영적 갈증을 느끼는 사람들을 분석해보면 매주 현장 예배에 참석하고, 코로나 이전보다 신앙이 더 깊어지고, 소그룹 활동을 잘하고, 신앙 단계가 가장 높은 계층에서 더 많이 응답한 것으로 조사되었다. 이는 아이러니한 결과가 아닐 수 없다. 그렇다면 이들이 갈망하는 것은 과연 무엇일까?

이에 대한 답은 다음 설문에서 힌트를 얻을 수 있다. 이번 조사에서 "귀하가 영적인 생활을 하는 데 있어 교회가 도움을 주었으면 하는 것은 무엇인가?"를 물었다. 그 결과 성도들이 교회에 가장 기대하는 것은 '기도할 수 있는 분위기 조성'(27.1%)이었다. 그 뒤를 이어 '영적인 생활을 위한 교육 훈련'(22.6%), '영적인 나눔을 할 수 있는 공동체/소그룹'(19.8%)을 응답했다. 흥미롭게도 이 결과는 목회자들이 성도들의 영성생활을 위해 중점을 두는 항목과는 차이를 보인다. 같은 문항에 대해 목회자들은 성도들의 영적 성장을 위해 가장 필요하다고 생각하는 항목으로 '영적인 나눔을 할 수 있는 공동체/소그룹'(38.1%)을 꼽았다. 그 뒤를 이어 '성경공부/제자훈련'(18.9%), '기도할 수 있는 분위기 조성'(17.5%)으로 나타났다.

이러한 결과는 성도들의 실제 영적 욕구와 목회자들이 인식하는 욕구 사이에 차이가 있음을 보여준다. 목회자들은 성도들이 영적 나눔이 가능한 공동체나 소그룹에 대한 갈증이 크다고 판단하지만, 실제 성도들은 기도할 수 있는 공간과 분위기를 더 원하는 것으로 나타났다.

또 하나 주목할 점은 '소그룹'에 대한 중요도는 목회자가 성도보다 2배 더 높은 인식을 가진다는 것이다. 소그룹은 《한국 교회 트렌드 2023》과 《한국 교회 트렌드 2024》에서 연속으로 다룬 바 있을 정도로 한국 교회의 뜨거운 관심을 모은 주제이다. 또 목회데이터연구소가 조사 통계 방식을 사용해 부흥하는 교회와 쇠퇴하는 교회의 특징을 분석하여 발간한 《부흥하는 교회 쇠퇴하는 교회》[6]에서도 언급했

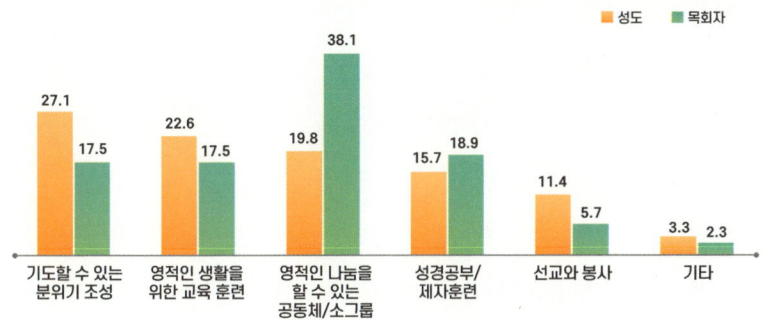

듯이 소그룹은 교회 성장의 핵심 요소로 부각했다. 그만큼 요즘 목회에서 중요한 키워드는 소그룹이며, 그래서 목회자들은 교회에서 소그룹을 살리려고 노력하고 있다.

반면 성도들은 소그룹에 대해 목회자만큼 중요하게 생각하지 않는다. 따라서 소그룹을 강화하기 위해서는 성도들의 개인주의적 성향을 이해하면서 접근하는 것이 필요하다. 만약 소그룹이 성도 개인의 자율성과 개인성을 존중하지 않고 과거 방식을 답습하거나 조직체 중심으로 운영된다면 그 소그룹은 안착하기 쉽지 않을 것이다.

트렌드 전망 및 시사점

한국 교회 영성 공백기

깊은 영성에 대한 갈구가 영성 신학이 지향하는 방향이라면 생각해 볼 것이 있다. 지난 수십 년간 한국 교회의 큰 영적 흐름을 주도한 것은 기도원(부흥회), 찬양 집회, 대학생 선교회 정도라고 말할 수 있다. 1990년대 말부터 2000년대 초반까지도 한국 교회에서 인기 있던 흐름은 기도원과 부흥회였다. 부흥사들은 지역 교회의 초청을 받았고, 담임목사가 주지 못한 깊은 영성과 카타르시스를 제공했다. 장년 성도를 중심으로 부흥회라는 집회 문화가 있었다면, 젊은 층에서는 경배와 찬양 같은 찬양 집회와 대학생 선교 단체를 중심으로 한 성경공부 모임들이 있었다.

한국 교회는 어느 교파나 교회 할 것 없이 이런 집회와 모임들에 영향을 받았다. 이 영적 트렌드는 당시 성도들의 필요에도 어느 정도 부응했다. 하지만 2010년을 전후하여 이것이 급속히 약화되었다. 시대가 달라졌고 성도들의 영적인 욕구 또한 달라졌기 때문이다. 문제는 현재 교회 문화를 지배하는 뚜렷한 영적 트렌드가 없다는 것이다. 지금은 이 시대를 주도하는 강력한 영적 트렌드라고 할 만한 것이 없다.

영성 트렌드의 부재는 신앙의 실천을 개인화하게 만든다. 기도원, 찬양 집회, 성경공부 모임은 모두 공동체성을 띠고 있다. 하지만 지금은 그 공동체성을 유지시켜줄 영적 운동이 부재한 상황이다. 한때 신앙 열정이 뜨거웠던 40~50대는 형식적 신앙을 소유한 채 교회 공동체의 피상적 멤버로 남아 있는 경우가 많다. 집회에서 찬양으로, 말씀으로 하나님을 깊이 경험했던 사람들은 더 이상 공동체에서 그런 영적 충전을 받지 못한다. 성도들의 영적 갈망은 바로 이런 한국 교회의 영적 공백 속에서 양산된다.

지적이고 이성적인 신앙 트렌드

이번 조사에서 확인한 것처럼 한국 기독교 영성의 특징 가운데 하나는 '기도'보다 '말씀' 중심의 영성이다. 이렇게 된 것은 강단의 변화도 무시할 수 없다. 한국전쟁 이후 교회를 개척했던 1세대 목회자들은 6.25 전란을 겪은 세대이자 가난해서 제대로 교육받지 못했다. 그러나 열정적 헌신과 기도만큼은 그들의 강점이었다. 그 시대 유명 설교가들의 설교에는 언제나 자신이 체험한 하나님을 기반한 설교들이 많았다.

하지만 그 세대 이후 청빙된 목회자들은 신학에 기반한 논리적인 설교를 중시했다. 목사들은 말씀을 강조했고, 규모 있는 교회의 당회는 박사 학위를 가진 목회자를 담임목사로 청빙했다. 그들은 국내외 신학교에서 배운 대로 지적이고 신학적인 설교를 했다. 합리적이고 이성적인 설교를 했다. 말씀을 강조하며 성경공부에 집중했다. 한국 교회 대부분의 흐름이 그렇게 흘러갔다. 목회자들은 말씀 중심, 성경 중심의 가치를 추구하는 데 열심을 냈고, 성경 세미나 관련 프로그램에 목회자의 참여율이 높았다.

이러한 교회적 흐름이 성도들에게도 그대로 옮겨갔다. 성도들은 성경을 읽고 큐티를 하며 성경공부를 하는 데 열심을 냈다. 원래 기독교는 종교개혁 이후 성경을 가장 중요하게 여기기도 했으나 '경전'을 중요시하는 것은 어쩌면 한국인에게 내재된 원형과 같은 것인지도 모른다.

성경 중심의 영성을 가속화한 것은 코로나 팬데믹이다. 코로나로 인해 예배와 같은 정상적인 교회 모임을 하지 못하는 상황에서 교회는 성도들의 신앙을 관리하기 위해 여러 수단들을 강구했다. 가장 일반적인 것이 성경통독이었다. 성경통독은 수십 년을 신앙생활 했으면서도 성경 전체를 제대로 읽어보지 못한 성도들에게 밀린 숙제를 한 것 같은 시원함과 성취감을 주었다.

말씀 중심의 거대한 영성의 흐름 속에 기도나 체험, 초자연적 치유에 대한 강조는 상대적으로 약화되었다. 하나님의 역사를 부인하거나 중요하지 않다고 말하지는 않았지만 신비롭고 초월적인 신앙은 부차적인 것이 되었다. 이에 따라 기도의 내용도 달라졌다. 과거에는 기도를 들으시는 하나님, 기도하면 내 문제를 해결해주시는 하나님이라는 단순한 공식이 주를 이뤘다. 문제가 있는 사람들은 밤새 철야를 하며 기도를 드렸고 실제로 기도 응답에 대한 간증들이 여기저기 들렸다. 그들은 기도에 응답하는 하나님을 만났고, 교회는 그 신비하고 놀라운 하나님에 대한 내러티브가 있었다. 하지만 지금은 이것이 사라졌다.

균형 잡힌 영성의 필요성

어느 순간부터 교회 설교에서는 하나님께 '이것 주세요', '저것 주세요' 하는 식의 뭘 달라는 기도에 대해 경계와 주의를 요청하는 메시지가 많아졌다. 그런 기도는 어린아이 같은 기도라는 것이다. 하나님의 임재를 경험하며 그분에게 헌신을 다짐하고 무한한 사랑을 표현하는 것이 성도들이 지향해야 할 기도인 것처럼 가르쳤다. 그러면서 고상하고 형이상학적인 기도가 강조되었다.

그래서 아이러니한 상황이 벌어지고 있다. 어떤 교인들은 자신의 삶에 문제가 없어서 기도하지 않고, 또 어떤 교인들은 삶의 문제 해결을 위한 기도는 하면 안 된다고 생각해서 기도하지 않는다. 그러나 세세한 기도 제목을 들어보면 하나같이 개인적인 수준의 것들이다. 하지만 교회 분위기상 암묵적으로 삶의 문제를 해결하기 위한 기도는 유아적이고 낮은 수준의 기도라고 여겨진다. 그렇다고 하나님의 임재를 바라는 '수준 높은' 기도도 하지 못한다.

당면한 삶의 문제를 두고 기도할 수 없는 분위기는 결국 성도들로 하여금 빠른 응답을 제시하는 점집이나 확실한 문제 해결을 보장하는 다른 종교를 찾게 만든다. 결국 어느 때가 되면 교회에는 삶이 비교적 평온한 사람들만 모이게 될지도 모를 일이다.

기독교의 지적이고 이성적인 지향성은 초월적이고 신비한 영적 영역과 균형을 맞춰야 한다. 그러므로 말씀과 함께 기도는 이 시점에서 가장 빨리 회복해야 할 영성이다. 기도는 가르치고 실습되고 훈련되어야 한다.

현재 한국 교회가 받아들일 수 있는 것은 과거 부흥회 스타일의 기도도, 서구 신비주의 영성의 기도 스타일도 아니다. 부흥회 스타일의 기도는 내 소원을 말하면 무조건 이루어지는 마법 같은 하나님을 추구하는 것 같고, 서구의 영성 기도는 너무 고상하고 예전적이어서 일상적인 바람을 구하면 안 될 것처럼 보인다. 그런 기도를 받아들이기는 버겁다. 깊이 있는 기도훈련과 기도생활은 새로운 영적 풍성함을 제공할 것이 분명하다. 하지만 아직 이 시대가 받아들일 만한 기도에 대한 대안이 나오지 않고 있다. 교회는 말씀뿐 아니라 기도에 관심을 가져야 하고 이 시대에 맞는 기도 운동을 창출해야 한다.

교회는 또한 기도 공간을 마련해야 한다. 교회 안에서도, 교회 밖에서도 그런 공간이 필요하다. 자기 삶을 돌아보고 하나님과 깊은 대화를 나눌 수 있는 장소면 충분하다. 많은 프로그램이나 예배는 필요하지 않다. 현대인들은 빡빡하게 짜인 수많은 예배에 피로감을 느낀다.

영적 갈증에 대한 응답

한국 교회 교인 수가 줄고 있다. 감소의 원인을 종교적이며 영적인 것에 무관심해서라고 한다. 하지만 무속 인구는 늘고 있다. 모순된 현상이다. 교회는 이 시점에서 다시 생각해야 한다. 놓치고 있는 것은 없는지를 말이다. 사람들은 영적인 것, 즉 하나님을 깊이 만나는 것을 원한다. 그런 영적 갈급함을 교회가 채워야 한다.

만약 이 영적 욕구를 채우지 못한다면 교회는 바람 빠진 풍선처럼 힘없는 종교가 되고 말 것이다. 종교의 중요한 기능을 회복하지 못한 기독교는 개인의 삶에서도 힘을 발휘하지 못한다. 분석 심리학의 창시자 칼 구스타프 융(Carl Jung, 1875~1961)은 '살아 있는 기독교'는 사람들을 변화시킬 만큼 강력한 영향력을 미칠 수 있지만, '화석화된 종교'는 종교의 형식을 가지고 있어도 사람들의 내면을 변화시킬 수 없다고 생각했다.[7] 교회는 종교가 가진 본연의 가치와 이성으로는 다 이해되지 않는 신비로움을 회복해야 한다. 성도들에게는 지적 욕구를 채워주는 프로그램도 중요하지만 그들이 가장 중요하게 생각하는 것은 어쩌면 가장 본질적인 영적 충만감일지도 모른다.

무속에 빠진 그리스도인

최근 우리 사회에서 무속이 확산하고 있다. 이전부터 무속과 관련된 내용들이 방송에 등장하기도 했는데, 최근엔 지상파나 종편 방송에서 무당, 신점, 귀신 등을 소재로 하는 콘텐츠가 적지 않게 등장하고 있다. 이른바 MZ 점술인이 출연하는 프로그램도 나왔다. 지난해 개봉해 1,000만 명 이상의 관객을 동원한 영화 '파묘'는 기독교인이 만든 오컬트 영화로 관심을 끌기도 했다.

젊은이들의 핫플레이스라 불리는 서울의 '연트럴파크'(연남동 경의선 숲길)에는 타로와 사주를 보는 집들이 즐비하다. 또 인터넷에도 무속인들이 적극 홍보에 나서고 있고 대중매체에도 무속 관련 정보가 넘쳐나고 있다. 인터넷과 유료 전화 등 정보통신의 발달로 과거와 달리 굳이 점집을 찾지 않아도 무속인들과 연결될 수 있게 되었다. 인터넷 포털사이트에는 운세, 궁합, 토정비결을 보는 역술 서비스가 큰 인기를 끌고 있다. 요즘에는 무속이 단순한 미신적 의미를 넘어 심리적 치유와 엔터테인먼트 요소로까지 다가가고 있을 정도이다.

이러한 무속 신앙은 한국인들에게 생소하지 않다. 이미 오래전부터 한국인들의 심성에 자리 잡아 왔고 종교학자들은 무속을 한국 종교성의 원형으로 보기도 한다. 일제강점기에는 무속을 미신이라 규정했고, 이후 대한민국 정부에서도 무속에 대한 억압 정책들을 펼쳤으며 무속을 혹세무민하는 잡신으로 치부했다. 하지만 무속은 생명력을 잃지 않고 그 명맥을 이어 왔고 최근에는 더 활개를 치며 확산하고 있다.

문제는 기독교인조차 무속에 빠지고 있다는 점이다. 신앙의 대상이나 행위로써가 아니라 심리적 요인 때문인 것으로 풀이된다. '한국 교회 트렌드 2026 조사' 결과 일부 기독교인은 무속을 통해 마음의 안정까지 얻는 것으로 나타났다. 교회와 목회자, 동료 신자들이 주지 못하는 것을 무속인 등을 통해 해결하고 있는 것이다. 이에 따라 교회의 대책이 요구된다.

"무속을 꼭 믿는 것은 아니지만 인생에 대해 알려준다고 하니까 궁금하더라고요."

"일이 잘 안 풀리고 미래가 불확실하니까 한 번쯤 보게 됩니다."

선거 때나 입시 철마다 점집이 문전성시를 이룬다. 결혼 전 궁합을 보고 '손 없는 날'을 찾아 이사 하고, 건물을 짓거나 이전할 때는 으레 고사떡과 돼지머리가 등장한다. 몇 년 전 봉준호 감독이 외국인 배우들이 등장하는 '설국열차'의 촬영에 들어가면서 한국식으로 고사를 지냈다는 이야기는 유명하다. 돼지머리를 구할 수가 없어서 태블릿PC에 돼지머리를 띄워놓고 고사를 지냈다고 한다. 한국인들에게는 다소 우스꽝스러운 모습이었지만 서양 배우들은 매우 진지했고 한 주연 배우는 눈물을 흘리기도 했다. 구글 트렌드에 따르면 유튜브에서 한국어로 된 '무당'과 '운세' 검색이 지난 5년간 거의 두 배로 늘었다.

요즘은 유튜브 이용자들이 크게 늘면서 무속인 가운데서도 유튜브를 활용하는 이들이 적지 않다. 젊은 무당들은 SNS를 활용해 고객들을 유치하고 있다. 29세의 한 무당은 수십만 명의 팔로워를 보유한 소셜 미디어 계정을 통해 현대적인 방식으로 고객에게 다가간다고 말한다.

'올해 결혼하는 사주', '취업 언제 될까요' 등과 같이 젊은 세대의 고민을 상담해주는 무속인 채널도 인기다. 유튜브에는 실시간 사주풀이, 무속 상담, 무당 브이로그까지 관련 콘텐츠가 넘쳐난다. 콘텐츠 집계 플랫폼인 플레이보드에 따르면 유튜브에 '무당' 관련 채널은

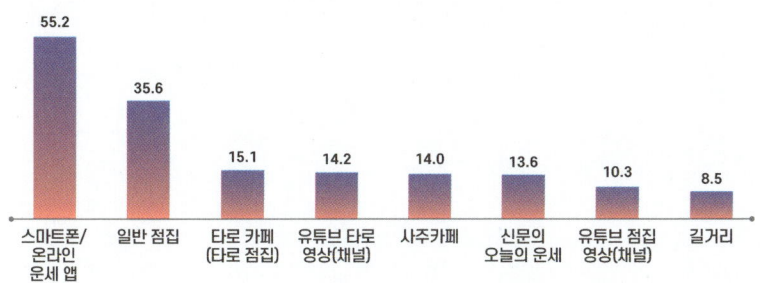

1,364개, '사주'는 673개, '타로'는 1,641개에 달한다. SNS에는 '오늘의 사주', '타로' 등을 봐준다는 광고도 넘쳐난다.

실제로 목회데이터연구소가 일반 국민을 대상으로 한 설문조사 결과에 따르면 최근 3년 내 운세를 본 비율은 32.6%였다. 그들에게 어떤 방법으로 알아보았는지 물으니 '스마트폰/온라인 운세 앱'(55.2%)이 가장 많았고, '유튜브 타로 영상(채널)'(14.2%)과 '유튜브 점집 영상(채널)'(10.3%)도 주요 순위에 올랐다. 따라서 온라인과 모바일을 통해 손쉽게 무속을 이용할 수 있는 환경이 갖춰진 것이 무속 이용자들이 증가하는 요인이 되었다고 볼 수 있다.

통계청의 '전국사업체조사'(2023)에 따르면 '점술 및 유사 서비스업' 사업체 수는 9,391개, 종사자는 10,194명으로 집계되었다. 이는 2년 전에 비해 각각 5% 증가한 숫자다. 정식 사업체 등록을 하지 않은 경우도 훨씬 많아 실제 사업 규모는 더 클 것으로 보인다. 대표적 무속

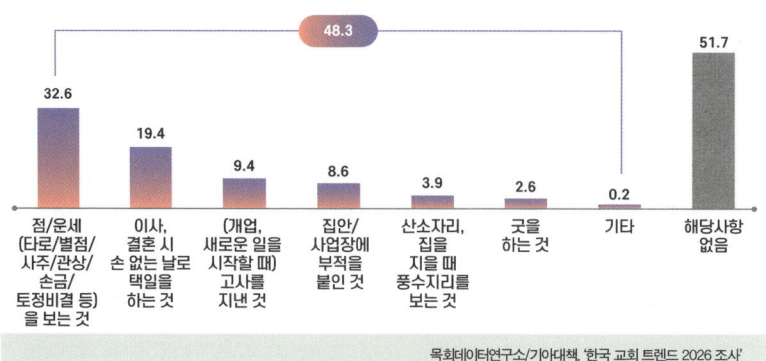

단체인 '대한경신연합회'와 '역술인연합회'에 가입한 무속인 수도 약 80만 명에 달하는데, 이는 2000년대 초반에 비해 4배가량 늘어난 수치다.[1]

10만여 명으로 추정되는 기독교 목사 수와는 비교가 되지 않는다. 이를 근거로 전문가들은 엄밀하게 무당과 신도의 관계를 유지하지 않더라도 굿, 점사, 치성 등의 무속 행위를 하는 사람이 줄잡아 100만 명을 웃돌 것으로 추정한다. 이는 웬만한 신흥종교 소속 신자 수보다 많은 숫자이다.

굿을 하는 비용은 최소 수십만 원에서 최대 수천만 원에 이른다. 이에 따라 무속 역술 산업의 시장 규모도 어림잡아 수조 원에 이를 것으로 추정한다. 영국 '이코노미스트'는 2018년 "한국에서는 운세 산업이 37억 달러에 이른다"고 보도하기도 했다. 이에 대해 다소 과장된 수치라는 견해도 있지만 적어도 수천 억 시장 규모라는 데에는 이견

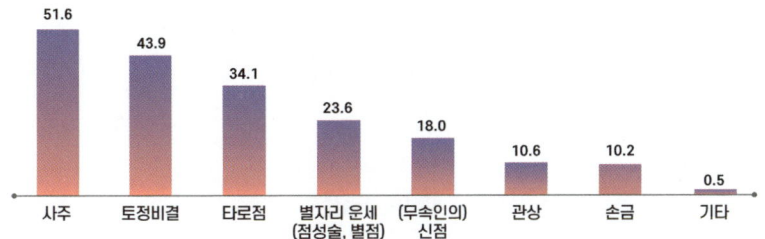

이 없어 보인다.

실제로 무속을 이용하는 사람들은 적지 않다. 이번 '한국 교회 트렌드 2026 조사'에 따르면 주변 사람들이 무속을 이용하는 것을 보거나 들은 경험은 91.6%에 달했다. 본인이 최근 3년 사이에 무속을 이용한 경험은 48.3%로 국민 절반 가까이 됐다. 무속 가운데서도 '점/운세'를 보는 것(32.6%)이 가장 많았고 '택일을 하는 것'(19.4%), '고사를 지내는 것'(9.4%), '부적을 붙인 것'(8.6%) 등의 순으로 나타났다.

최근 3년간 무속을 이용한 횟수는 2.7회로 대략 1년에 1번 꼴로 이용하는 것으로 나타났다. 가장 많이 이용한 운세 종류는 '사주'(51.6%)였고 다음으로 '토정비결'(43.9%), '타로점'(34.1%) 순으로 나타났다. 20대는 '사주'(61.2%)와 함께 '타로점'(61.4%)이 가장 많았는데 요즘 젊은이들 사이에 타로점이 유행이라는 것을 알 수 있다.

운세 내용은 '신년 운세'(52.8%)가 가장 많은 것으로 나타나 연초에 운세를 보는 사람들이 상당한 것으로 해석된다. 다만 20대에서는 '진로/취업운'(61.1%)이 가장 많아 취업이 쉽지 않은 상황을 반영한 것으로 보인다.

등장 배경

"무속은 미신이지만 점이나 운세 보는 것 정도는 괜찮은 것 같아요."

"앞날을 대비한다는 점에서 마음의 안정을 줍니다."

우리 사회에서 무속은 오랫동안 미신이라고 여겨졌다. 그렇게 된 연원은 멀리 조선 시대에 유교가 국가 종교로 자리 잡으면서 무속 억압 정책을 편 것에서 찾을 수 있다. 그 후 일제 강점기에 당국은 무속을 원시적이고 속된 미신으로 분류해 강압적으로 다뤘다. 일제는 풍기 문란을 방지하고 치안을 유지한다는 명분으로 무속을 처벌 대상으로 취급하고 억압하는 정책을 펼쳤다. 이것은 무속을 통한 조선 사람들의 결속을 두려워하여 무속을 '혹세무민의 미신'으로 몰아가 말살시키려 하거나, 미개한 원시 문화로 간주하고 이를

크리스천 인 샤머니즘

기독교 신자들 대부분은 무속에 대해 부정적으로 생각하지만, 젊은 세대는 무속에 대해 관대한 태도를 보이는 경우가 많다. 무속에 대해 이렇게 긍정적인 생각을 가지고 있기 때문에 젊은 신앙인들이 무속을 행하는 것에 거부감이 없는 것이다.

기독교 신앙은 예수 그리스도의 십자가 희생과 사랑을 강조해야 하지만, 세상의 복을 지금 누리는 것이 좋은 신앙의 결과로 받아들여지면서 무속을 끊어내지 못하고 있다.

극복해 일본의 지배를 순순히 받아들여 동화시키려는 술책이었다는 것이 일반적인 해석이다.[2]

이때부터 무속은 비과학적이고 불합리한 미신이며 문명화된 새로운 사회 건설을 위해 부정해야 할 폐습으로 간주되었다. 박정희 정권 때는 산업화가 이루어지면서 조국 근대화 과정에서 미신 타파 운동을 전개했다. 그러나 무속을 비롯한 민간 신앙은 한국인의 삶에 중요한 구성 요소 가운데 하나이기 때문에 한국인의 삶과 무속은 떼려야 뗄 수 없는 관계라고 보는 전문가들도 많다.

우리말 표현에도 '단골'이나 '액땜'처럼 무속에서 유래된 단어들이 적지 않다. 그래서 무속은 정부의 탄압에도 쉽게 사라지지 않고 최근 들어서는 더욱 급속히 퍼지는 양상이다. 유명 정치인들은 중요한 정치적 결정을 하거나 선거에 출마하면서 조상의 묘지를 옮긴다든지 유명한 무당을 찾아 점을 친다는 이야기가 심심치 않게 들릴 정도이다.

실제로 무속에 대한 사람들의 거부감은 크게 줄어들고 있다. 국민을 대상으로 한 이번 조사 결과를 보면, 무속에 대한 평가 자체는 부정적(43.4%)이라는 응답이 긍정적(8.0%)이라는 응답보다 훨씬 많았다. 하지만 구체적으로 들여다보면 긍정적 견해가 적지 않은 것을 알 수 있다. '점이나 운세를 통해 마음의 안정이나 희망을 얻을 수 있다면 이용하는 것도 나쁘지 않다'는 데 국민 10명 중 7명(69.0%)가량이 동의했다. '점, 관상, 풍수지리 같은 것이 어느 정도는 맞는다고 생각한다'에도 절반 이상(52.7%) 동의하고 있으며, '왠지 운세를 보면 근심 걱정이 어느 정도 해소될 것 같다'(48.3%), '미래에 대한 대비를 위해서 어느 정도 운세를 보는 것도 필요하다'(40.3%)에도 절반 가까이 동의하고 있다. 이런 결과는 무속에 대한 일반적 인식은 여전히 부정적인 면이 적지 않지만 실제로는 긍정적인 기능을 하고 있음을 부인하지 않는 이중적인 성격을 드러내고 있다.

무속 행위에 대해서도 국민들은 '할 필요는 없지만 굳이 반대하지는 않는다'거나 '해도 문제 없다'는 의견, 즉 무속 행위가 '가능하다'는 의견이 다수였다. 풍수지리와 점/운세에 대해서는 국민 80% 이상이 가능하다고 응답했고, '손 없는 날을 고르는 것'과 '고사를 지내는 것'도 70% 이상이 가능하다고 생각했다. 특이한 것은 20대와 30대에서도 굿에 대해 가능하다는 입장(58.8%)이 과반이었고 부적에 대해서도 평균보다 더 개방적인 태도(76.0%)를 가지고 있었다.

이는 우리 사회에 무종교인이 크게 늘고 있는데 이들이 종교에 전혀 무관심한 것은 아니라는 사실과도 관계가 있다. 2015년 통계청

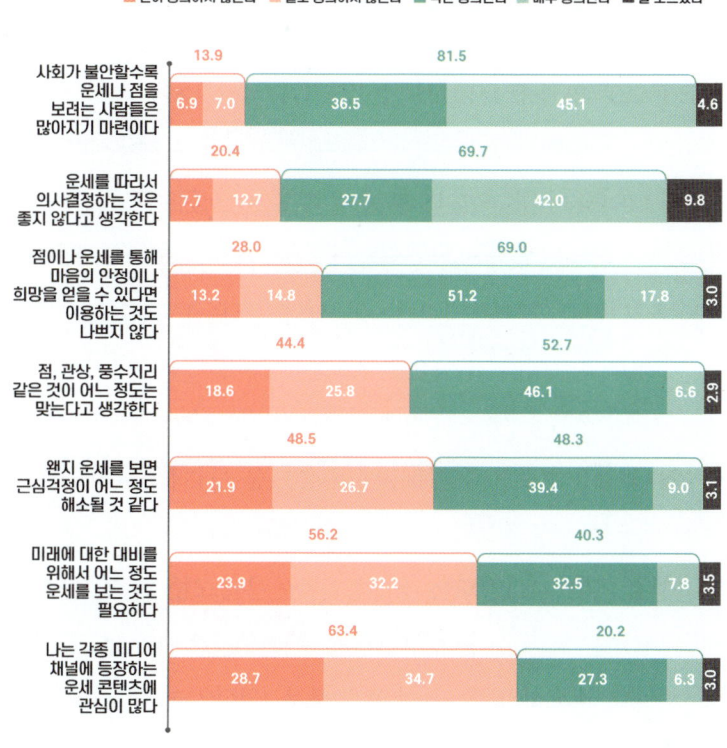

의 인구주택총조사(센서스)에서 '종교가 없다'고 응답한 국내 인구 비율은 전체의 56.1%로 나타나 '종교가 있다'(43.9%)고 답한 비율보다 10%p 이상 많았다. 또 목회데이터연구소가 2023년 말 일반 국민 5,000명을 대상으로 한 종교분포조사에서는 무종교인이 63%까지 치솟은 것으로 나타났다.

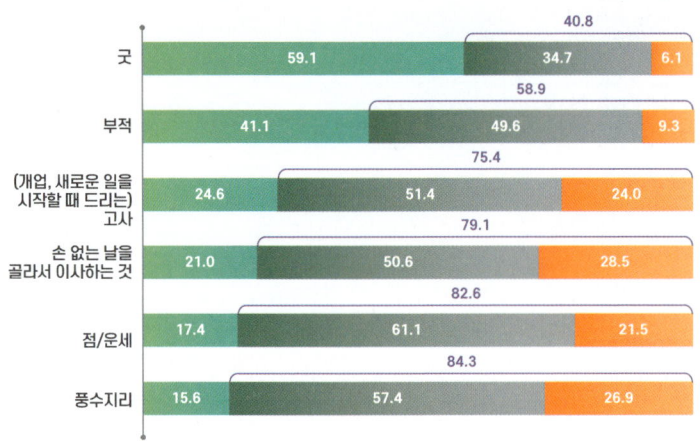

필자가 목회데이터연구소와 공동으로 실시한 무종교인 관련 조사에서는 무종교인 스스로 '종교적'이라고 인식한 비율은 5%에 그쳤다. 그런데 '스스로 신성한 것이나 초자연적인 것에 관심 있는 영적인 사람'이라고 응답한 비율은 24%에 달했다.[3]

이것은 무종교인이라고 해서 종교 자체에 관심이 없는 것이 아니라 기성 종교나 제도 종교에 관심이 없다는 것을 의미한다. 또 무속이나 마음 수련, 명상 등을 통해 나름의 영성을 추구하고 있다는 것을 방증한다. 기성 종교를 떠나거나 거부하는 사람들이 이와는 다른 차원

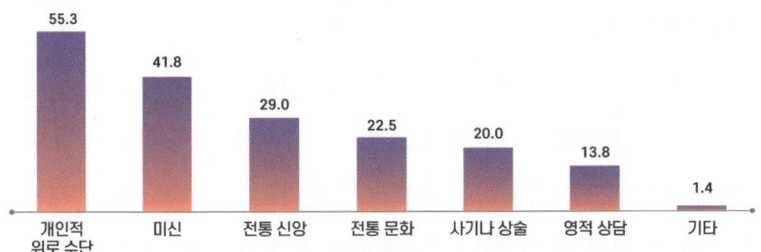

에서 종교적인 욕구를 채우려 하고 있는 셈이다.

사람들은 누구나 일정 정도 종교적 관심이나 영적인 욕구를 가지고 있다. 그래서 기성 종교나 정통 종교에서 만족을 얻지 못하면 다른 방법으로라도 이를 채우려고 하는 심리가 작용하는 것이다. 이처럼 과거 미신으로 치부하던 무속이 오히려 현재 세대에게 호감을 주고 있다면 그 이유를 따져볼 필요가 있다.

무속의 영향

국민들은 무속의 성격에 대해 '미신'(41.8%)이라고 생각하는 경우도 적지 않지만 '개인적인 위로 수단'(55.3%)이라고 생각하는 경우가 가장 많았다. 무속에 대해 어느 정도 긍정적으로 받아들이는 것이다. '전통 신앙'(29.0%)이나 '전통문화'(22.5%)라는 응답도 나왔다. 50대 이상 기성세대에서는 '개인적 위로 수단'이라는 응답이 더 많았는데

2030세대에서는 '전통 신앙'이나 '전통문화'라는 응답이 더 많았다. 이 같은 결과는 앞서 언급한 것처럼 굿이나 부적에 대해 젊은 세대가 더 개방적인 태도를 보이는 이유를 설명해준다.

최근 MZ세대가 무속에 빠져들고 있는 이유 가운데 하나는 무속에 대한 부정적인 인식이 강하지 않고 오히려 전통문화나 전통 신앙으로 받아들이면서 요즘 유행하는 레트로 감성과도 통한다고 보기 때문이다. 무속과 가장 친화성이 높은 불교에 대해 MZ세대가 호감을 보이는 것도 같은 이유로 설명될 수 있다.

무속을 통해 얻고자 하는 것 역시 '마음의 위안/걱정의 감소'(68.4%)가 가장 많아서 심리적 효과가 적지 않음을 알 수 있다. 적극적으로 '미래를 위한 준비'(6.3%)를 하거나 '긍정적 에너지'(7.5%)를 주는 것은 아니지만 '불확실성을 해소'(16.5%)하고 마음의 위안을 주는 심리적 기능을 한다고 생각한다. 무속에 대해 긍정적으로 보는 사람들은 그 이유로 '심리적 위로와 정서적 안정'(48.9%), '미래에 대한 불안 해소'(28.0%)를 가장 많이 꼽았다. '액운을 막거나 운을 좋게'(8.9%) 한다든지, '죽은 사람과의 교감 및 한을 풀어준다'(1.4%)는 등의 종교적이거나 미신적 내용을 지지하는 사람은 매우 적었다.

무속이 일종의 심리적인 치료 효과가 있다는 것은 널리 알려진 사실이다. 어느 사회나 개인과 개인, 개인과 집단, 집단과 집단 사이에 갈등이 있다. 그래서 불화, 부적응, 알력 등이 생기며 때로는 원한 관계로 번져 사회 문제를 일으키기도 한다. 특히 우리 민족은 외세의 침략과 전쟁을 거치면서 '한'(恨)이라는 사회적 심성이 자리 잡고 있는데 무속은 이러한 개인적 원망과 원한을 해소하는 역할을 한다는

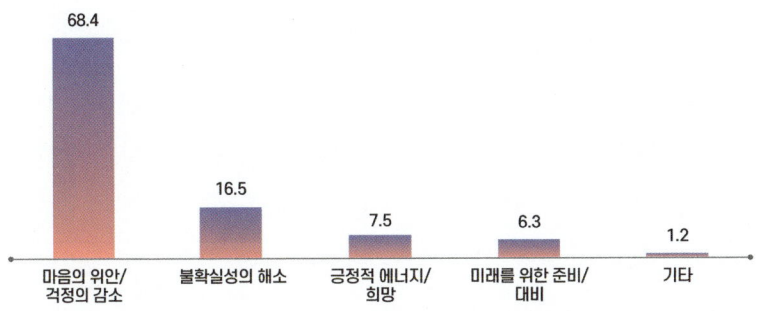

것이다.[4]

이러한 현상은 서양 역시 마찬가지다. 다양한 가치관이 충돌하고 경쟁이 심한 현대 사회에서 적지 않은 사람들이 심리적인 불안을 호소하고 있다. 그때 점술가를 찾아가 대화를 나누는 것이 일종의 상담 기능을 하면서 결과적으로 심리 치료 효과까지 얻게 된다.[5]

그런데 이번 조사에서 60대 이상은 '마음의 위안/걱정의 감소'라는 응답이 상대적으로 더 많았고, 2030세대는 '불확실성의 해소'가 조금 더 많았다. 이는 젊은 세대들이 그만큼 자신의 미래에 대해 불안해하고 염려하는 마음이 크다는 것을 방증한다. 젊은 세대들이 여러 무속 관련 콘텐츠에 노출되면서 그 영향으로 재미 삼아 점을 보는 경우도 있지만, 삶의 불안함과 불확실성, 현실적 어려움 속에서 지푸라기라도 잡는 심정으로 무속에 의지하려는 심리도 작용하고 있다고 분석된다. 무속에 대한 의견을 묻는 질문에 '사회가 불안할수록 운세나 점을 보려는 사람들은 많아지기 마련이다'(81.5%)에 가장 많은 사람들이 동의한 것도 같은 맥락이다.

흔히 사람들은 재미나 호기심으로 운세나 점을 본다고 말하지만 그 이면을 들여다보면 그렇게 단순하지는 않다. 운세 결과에 대해 3명 중 2명(66.6%)이 '신경 쓰인다'고 응답했고 절반은 의사 결정에 '어느 정도 영향을 준다'(49.0%)고 응답했기 때문이다. 마찬가지로 무속을 부정적으로 보는 사람들은 '무속에 대한 의존성과 심리적 중독'(28.5%), '합리적 사고력 저해'(20.2%)를 가장 큰 문제로 생각하고 있었다.

또한 우리 사회에서 무속의 영향력이 '있다'는 의견이 74.5%로 많았고 정치적 결정에 무속을 이용하는 것은 '문제가 있다'는 의견은 84.6%로 매우 높았다. 이처럼 국민 대부분이 정치적 결정에 무속 이용에 대해 부정적 견해를 밝혔는데 정치 영역도 불확실성이 높기 때문에 무속이나 주술에 의존하는 경향이 강한 것이 사실이다. 그러나 국민 여론이 그렇듯 정치인이나 정책 결정자들이 무속에 기대 주요 의사를 결정하는 것은 바람직하지 않다. 국민들의 삶과 직결되는 국가의 정책을 무속이나 무속인에게 의지한다는 것은 용인될 수 없는 일이기 때문이다.

무속에 빠지는 그리스도인

"크리스천인데 점 보러 가도 되나요?"

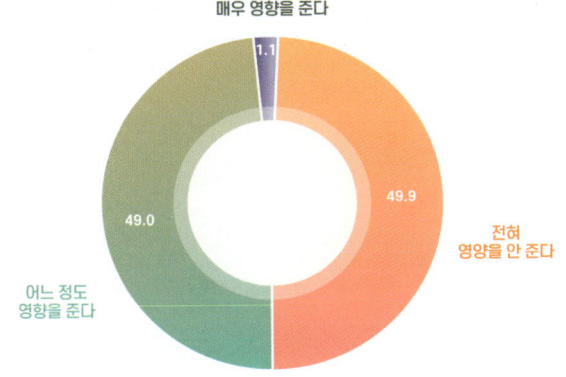

목회데이터연구소/아이대책, '한국 교회 트렌드 2026 조사'
(전국의 19세 이상 성인남녀 1,000명, 온라인조사, 지앤컴리서치, 2025.05.23.~05.27)

"기독교인 20%가 무속 이용…2030세대는 30% 넘어"

 유명세를 타고 있는 한 무속인은 자신의 유튜브 채널에서 점집 예약하는 기독교인들이 많다고 이야기한다. 또 기독교인인데 점을 보러 가도 되겠냐고 묻는 질문도 많다고 한다. 해당 영상은 수만 회가 넘는 조회 수를 기록했고 댓글도 수백 개가 달렸다. 실제로 유튜브 창에 '크리스천', '무당', '점집' 등을 검색하면 기독교인이 점집을 찾았다는 내용의 동영상이 많이 뜬다. 무속인으로 살다가 회심한 어느 교회 집사는 "과거 무속인 시절 찾아온 손님의 40%는 기독교인이었다"면서 "청년이나 일반 성도부터 사모, 권사는 물론 항존직까지 다양한 직분이 분포해 있었다"라고 말하기도 했다.[6]
 그렇다면 실제로 기독교인들은 점을 많이 볼까? 기독교인(교회 출석자)을 대상으로 한 '한국 교회 트렌드 2026 조사'에 의하면 주변 기독교인들이 무속을 이용한 것을 보거나 들은 경험이 있느냐는 질문에 3명 중 2명(66.7%)꼴로 '있다'고 응답했다. 가장 많은 응답은 '점/운세를 보는 것'(46.3%)과 '이사, 결혼 시 택일을 하는 것'(43.9%)이었고, '풍수지리'(22.1%), '고사를 지낸 것'(21.3%)도 적지 않았다.

목회자 역시 38.3%가 교회 성도들이 무속 행위를 하는 것을 보거나 들은 적이 있다고 답했다. 따라서 비기독교인들만큼은 아니지만 기독교인들도 무속과 매우 가깝다는 것을 알 수 있다. 조사에서는 기독교인들에게 최근 3년간 무속을 이용했는지도 물었는데 5명 중 1명꼴(20.3%)로 무속을 이용한 것으로 나타났다. 일반 국민의 무속 이용률(40.3%)에 비해 절반의 수치였지만 기독교인으로서는 충격적인 비율이다. 더욱이 같은 조사에서 20대의 33.9%, 30대의 33.5%가 3년 이내에 무속을 이용한 적이 있다고 응답해 젊은 기독교인들 역시 무속에 대해 개방적이라는 점을 알 수 있다.

기독교인이 최근 3년 이내에 무속을 이용한 횟수는 평균 2.7회로 국민 전체 조사(2.7회)와 같았다. 20대 기독교인은 4.3회로 평균보다 두 배 가까이 높았고, 10회 이상도 10명에 1명꼴(9.1%)로 나타났다. 전체 국민 대상 조사에서 20대의 무속 이용 횟수가 2.9회임을 감안하면 20대 기독교인들이 유독 무속에 더 많이 빠지는 것으로 나타났다. 최근 기독교사회문제연구원이 19~34세 기독교인을 대상으로 한 조사에서도 '점/사주/타로'의 경험이 있다고 응답한 사람이 절반(45.4%)에 가까웠다.

무속의 성격에 대해서 기독교 신자들은 '미신'(65.4%), '사기나 상

술'(33.6%)이라고 응답해 부정적인 견해가 많았다. 그러나 20대와 30대에서는 '사기나 상술'(20대 28.5%, 30대 28.0%)이라는 응답보다 '전통 신앙'(20대 33.6%, 30대 31.5%)이라는 생각이 더 많았고, '전통문화'(20대 21.8%, 30대 18.8%)라는 생각도 적지 않았다. 특히 20대에서는 '전통 신앙'(33.6%)과 '전통문화'(21.8%)를 합하면 '미신'(48.4%)이라는 응답보다 더 많아 무속에 대해 다소 긍정적으로 생각하고 있었다.

전체적으로는 무속에 대해 '신앙적으로 금지해야 한다'(60.7%)는 의견이 많았지만, 20대와 30대에서는 금지해야 한다는 의견이 절반에 미치지 못했다. 특히 20대에서는 '신앙적으로 특별한 문제는 없다고 생각한다'(26.5%)와 '문제는 있지만 상황에 따라서 무속을 이용할 수 있다'(24.4%)는 응답을 더한 수용적인 입장이 '신앙적으로 금지해야 한다'(29.6%)는 불수용 입장보다 훨씬 많았다. 절반이 넘는 수가

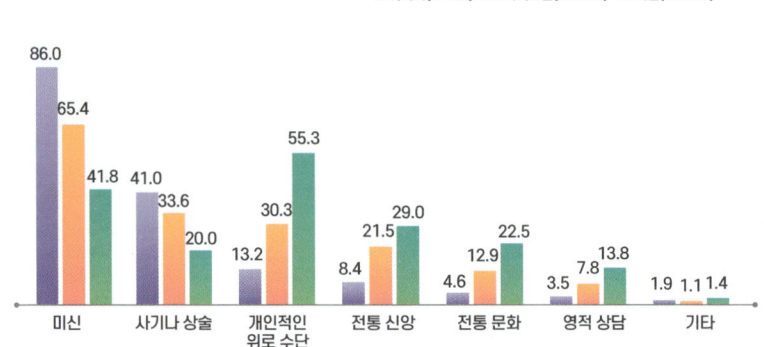

무속에 대해 관대한 태도를 보이고 있는 것이다. 무속에 대해 이렇게 긍정적인 생각을 가지고 있기 때문에 젊은 신앙인들이 무속을 행하는 것에 거부감이 없는 것이다.

무속 행위에 대한 입장을 살펴보면 '풍수지리'에 대해서는 '해도 문제없다'(10.2%)와 '할 필요는 없지만 굳이 반대하지 않는다'(44.6%)를 합해 절반 이상(54.8%)이 수용적인 태도를 보였다. '택일을 하는 것'(50.5%)과 '점/운세 사주 등'(50.2%)에 대해서도 금지 입장보다 수용 입장이 더 많았다. 반면 '고사', '부적', '굿'에 대해서는 금지 의견이 많았다. 이런 행위는 미신적 성격이 더 강하다고 보기 때문이다. 그런데 20대는 굿을 제외하고는 나머지 무속 행위에 대해 금지보다 수용의 태도를 보인다는 점에서 매우 개방적이었다.

기독교인들이 이용한 운세 종류(최근 3년간)는 '사주'(53.4%)가 가

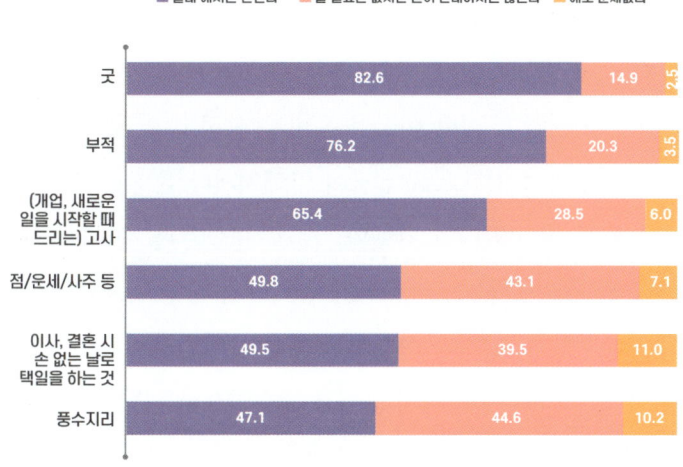

장 많았고, 다음으로 '타로점'(35.5%), '토정비결'(31.0%), '별자리 운세'(29.16%) 등의 순이었다. 일반 국민과 비교하면 '토정비결'과 '신점' 비율은 낮았지만 '별자리 운세'와 '손금'은 더 높았다. 반면 20대에서는 전체 국민 조사에서와 같이 '타로점'(67.6%)이 가장 높게 나와 비기독교인 젊은이들과 같은 결과가 나왔다. 더구나 무속을 이용한 기독교 신자들은 신앙적으로 크게 갈등하지 않은 것으로 나타났다. 즉 42.6%는 갈등이 '없었다'고 응답했고 57.4%만 갈등이 '있었다'고 응답했는데 그 비율이 높지 않았다. 특히 갈등이 '매우 있다'가 11.6%에 불과해 전반적으로 신앙적 갈등은 크지 않은 것으로 볼 수 있다.

목회자들은 무속이 여러 가지로 성도들에게 부정적인 영향을 끼친다고 생각한다. 구체적으로는 무속이 '무의식 중에 성도들에게 영향을 미친다'(85.9%)고 생각하고 '무속이 교인들의 신앙에 혼란을 준다'(81.0%)고 우려하고 있다. '일부 교인은 무속과 신앙을 혼합하고 있다'(60.5%)는 생각도 절반 이상의 목회자가 하고 있었다. 또 목회자 53.4%는 무속의 영향으로 신앙이 약해지거나 혼란을 겪는 성도를 보거나 들은 적이 있다고 답했다. '무속은 신앙과 무관한 문화로 존중할 수 있다'에 대해서는 90.2%가 동의하지 않았다. 따라서 무속과 신앙은 공존할 수 없다는 목회자들의 확고한 인식을 확인할 수 있었는데 성도들이 무속에 빠지지 않도록 교회적으로 각별한 노력이 필요하다고 하겠다.

그리스도인이 무속에 빠지는 이유

그렇다면 기독교 신자들이 왜 무속에 빠지는 걸까. 그것은 앞서 살펴본 바와 같이 일반 국민들이 무속에 빠지는 이유와 크게 다르지 않다. 젊은 기독교 신자들도 비신자들과 마찬가지로 취업이 어렵고 미래가 불확실하기 때문에 무속에 기대어 불안감을 해소하고자 하는 것이다. 문제는 이런 어려움을 겪을 때 왜 교회 성도나 목회자를 찾지 않고 성경에서도 금하고 있는 무속을 의지하느냐이다. 그것은 교회 안에서 이런 문제를 해결하기가 쉽지 않다고 보기 때문이다.

적지 않은 신자들이 교회 안에서도 외로움을 느끼고 있다. 《한국

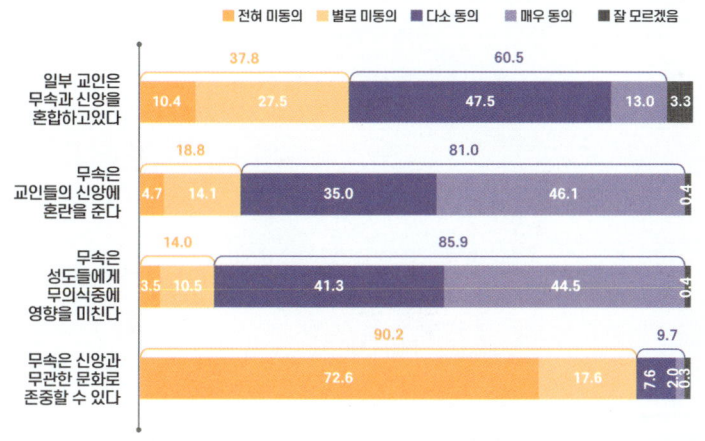

《교회 트렌드 2024》에서는 교회를 다니면서도 외로움을 느끼는 교인들(36%)에게 주목한 바 있다. 이번 '한국 교회 트렌드 2026 조사'에서도 기독교인을 대상으로 한 질문에 신자의 절반(47.9%)은 교회에서 마음속 깊은 고민을 터놓을 상대가 없다고 응답했다.

특히 신앙 단계[7]가 낮을수록 '없다'는 응답이 많았는데 가장 낮은 단계인 1단계에서는 3명 중 2명 이상(68.0%)이, 2단계에서는 절반(50.6%)이 '없다'고 답했다. 목회자에게 자주 고민을 털어놓거나 상담을 하느냐는 질문에는 80.9%가 '아니오'라고 답했는데, 신앙수준 1단계에서는 91.6%가, 2단계에서는 82.0%가 아니라고 응답했다. 신앙 단계가 낮을수록 목회자와는 상담하지 않고 있었다.

특히 교회 안에서 고민을 털어놓을 상대가 없다고 응답한 신자들

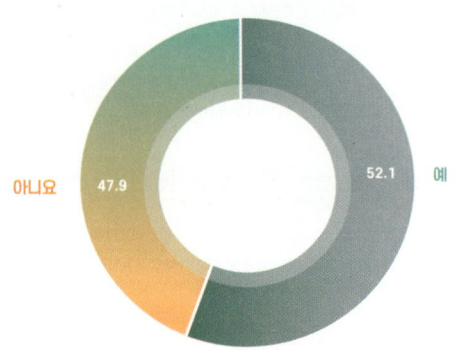

교회 내 마음을 터놓을 대상 유무(기독교인) (N=1000, %)
아니요 47.9
예 52.1

목회데이터연구소/기아대책, '한국 교회 트렌드 2026 조사'
(전국의 19세 이상 교회 출석자 1,000명, 온라인조사, 지앤컴리서치, 2025.05.15.~05.28)

의 96.6%가 목회자와 상담하지 않는다고 답했는데, 74.7%는 삶을 나눌 수 있는 소그룹에 거의 참석하지 않고 있는 것으로 나타나 이들은 교회 안에서 고민을 해결할 기회가 거의 없는 것으로 조사되었다. 이런 신자들이 교회 밖에서 고민을 털어놓거나 해결하려고 하는 방법 가운데 하나가 무속의 힘을 빌리는 것이다. 기독교인들이 최근 3년간 무속을 이용한 횟수가 평균 2.7회였는데, 교회 안에 고민을 터놓을 상대가 '없다'고 응답한 신자들이 무속을 이용한 횟수(평균 3.0회)가 고민을 터놓을 상대가 '있다'고 응답한 신자들보다(평균 2.4회) 더 높게 나타났다.

신자들이 목회자에게 고민 상담을 하지 못하는 이유는 '목사님께 이야기할 내용이 아니라서'(34.5%)와 '목사님과 가깝지 않아서'(32.6%)가 가장 많았다. 마음속 깊은 고민을 이야기할 만큼 목회

목회자에게 고민 상담 여부(기독교인) (N=1000, %)

구분		사례수	예	아니요	계
전체		(1000)	19.1	80.9	100.0
신앙단계	1단계	(165)	8.4	91.6	100.0
	2단계	(302)	18.0	82.0	100.0
	3단계	(370)	20.1	79.9	100.0
	4단계	(163)	29.7	70.3	100.0
고민 나눌 상대 유무	있음	(521)	33.5	66.5	100.0
	없음	(478)	3.4	96.6	100.0

목회데이터연구소/기아대책, '한국 교회 트렌드 2026 조사'
(전국의 19세 이상 교회 출석자 1,000명, 온라인조사, 지앤컴리서치, 2025.05.15.~05.28)

자와 가깝지 않은 것이다. 필자가 몇 년 전 만난 한 신자는 점쟁이를 찾아가면 안 된다는 것을 알면서도 자신의 처지 때문에 여러 번 점집을 다녔다고 말했다. 자녀들이 장성해 더 이상 엄마의 도움을 필요로 하지 않고 관계도 이전 같지 않은데 남편과의 사이도 좋지 않았던 상황에서 자신의 이야기를 들어줄 사람이 점쟁이밖에 없었다는 것이다. 박사 학위 소지자였던 자신이 점집을 드나드는 상황에 스스로 자괴감이 들기도 했지만 점쟁이와 이야기를 나누고 나면 속이 후련해지는 느낌이 들어 한동안 점집을 드나들었다고 했다.

교회 안에서 마음속 깊은 고민을 터놓지 못하는 또 다른 이유는 교회가 안전한 공동체라는 확신이 들지 않기 때문이기도 하다. 간혹 동료 신자들에게 자신의 속마음을 털어놓았다가 온 교회에 소문이 퍼지는 경험을 하는 신자들이 적지 않다. 자신이 가정에서 당한 어려움을 소그룹 모임에서 꺼내놨는데 얼마 후 별로 가깝지도 않은 교인이 "요즘 이런 문제로 고민하고 있다면서요? 제가 기도하고 있습니다"라는 이야기를 듣고 소스라치게 놀랐다고 한다. 이런 환경이라면 성도들은 마음을 더 닫을 수밖에 없다.

트렌드 전망 및 시사점

기독교인들이 비성경적인 무속 행위를 시도하는 것은 바람직하지 않다. 성경에는 우상 숭배뿐만 아니라 "무당이나 점쟁이를 찾아가지 말라"(레 19:31, 쉬운성경)고 분명히 말씀하고 있다. 어떠한 어려움에 처하든지 기독교인들은 하나님께 나아가 은혜를 구해야 한다. 자신들의 미래를 무속인에게 물어보거나 결혼을 앞두고 궁합을 보며 배우자를 결정하는 것은 잘못된 신앙이다. 무속은 하나님의 섭리를 거스르는 우상 숭배이다.

기독교인들은 인생의 가장 큰 가치를 하나님의 말씀에 두어야 한다. 성경은 누구든지 그리스도 안에 있으면 새로운 피조물(고후 5:17)이라고 선언한다. 그럼에도 불구하고 성도들의 사고방식에는 운명론이나 조상의 음덕 등 무속적 요인이 깃들여 있다는 것이 목회자들의 판단이다. 이번 조사에서 성도들의 삶에 무속적 사고방식(운명론, 조상 탓)을 느꼈다는 목회자가 69.0%의 높은 비율을 보였다.

뿐만 아니라 무속에 의존하는 것은 합리적인 사고와 민주적인 의사 결정에도 장애가 된다. 최선의 노력을 통해 목표를 달성하는 것이

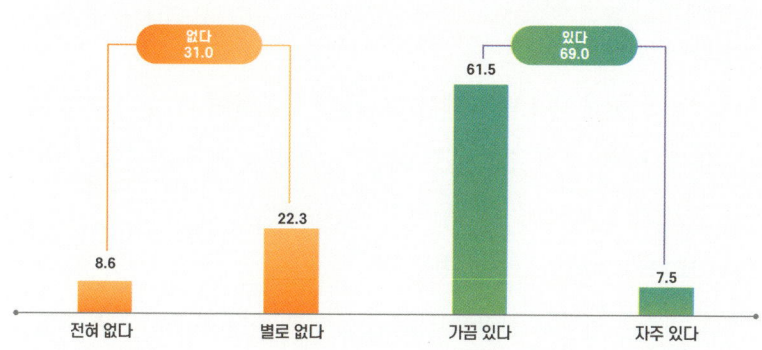

아니라 운명론적이고 비합리적인 사고를 하며 외부의 힘에 의존하는 것은 공동체에 큰 문제를 일으킬 수 있다. 요행을 바란다든지 결정론적인 사고가 횡행하면 타인을 존중하고 조화를 이루며 살기 어렵기 때문에 공동체 생활에 크게 저해가 된다.

그러나 이렇게 성도들이 무속에 빠지는 데에는 교회도 책임이 없다고 할 수 없다. 기복 신앙, 번영 신앙 등 현세에서의 성공을 지나치게 강조하는 행태가 무속과 일맥상통하기 때문이다. 기독교 신앙은 예수 그리스도의 십자가 희생과 사랑을 강조해야 하지만, 세상의 복을 지금 누리는 것이 좋은 신앙의 결과로 받아들여지면서 무속을 끊어내지 못하고 있다. 실제로 목회자 81.6%가 기독교 신앙에 무속적 요소가 들어와 있다고 응답했다.

기독교 신앙에 들어온 무속 요소에 대해 '헌금하면 복 받는다는 설교'(61.5%)가 가장 많았고, '담임목사 개인에게 과도하게 의존하거나 신격화하는 분위기'(50.6%), '믿음이 약해서 병이 낫지 않는다는 식의 판단'(48.2%), '예언, 병 고침, 귀신 쫓음 등에 대한 맹신'(47.3%), '축복기도를 주문처럼 반복하는 모습'(46.1%) 등에 대해 목회자 절반 정도가 무속적이라고 생각하고 있었다. 이렇게 기독교 신앙 안에 무속적 요소가 스며들어 있다면 성도들이 무속을 멀리하기는 더더욱 쉽지 않다.

목회자들은 기독교 신앙에 무속이 들어온 원인에 대해 '기복주의 신앙'(52.2%)을 꼽았다. 성경에서 말씀하는 복의 진정한 의미를 다시 생각해야 할 시점에 와 있다. 물질적인 복이나 육신의 건강 같은 것은 복의 결과일 뿐 그 자체가 복은 아니다. 성경에서 가르치는 복은 하나님과 함께하는 삶이고 어떠한 삶의 환경 속에서도 하나님만 의지하고 그분만 바라보는 것이다. 하나님을 잘 믿어도 부유하지 않고 건강하지 않을 수 있다. 고난과 고통에 대해 하나님의 섭리로 이해하고 받아들이는 것이 참된 신앙이다. 그러나 많은 성도들의 종교적 심성에 민족 고유의 무속 신앙이 자리 잡고 있기 때문에 기복과 기독교 신앙이 혼합해 있는 양상이다. 신자들은 기복 신앙에서 벗어나 하나님나라를 소망하며 사는 것이 기독교인들이 따라야 할 유일한 가치임을 명심해야 한다.

문제는 성도들 가운데 기독교 신앙에 무속적 요소가 있다는 인식이 부족하다는 점이다. 신자 26.4%만 알고 있으며 '잘 모르겠다'는 비율이 26.2%로 비교적 높았다. 즉 성도들은 신앙에서의 무속적 요소에 대한 관심과 인식이 낮았는데 이것은 건강한 신앙으로의 전환에

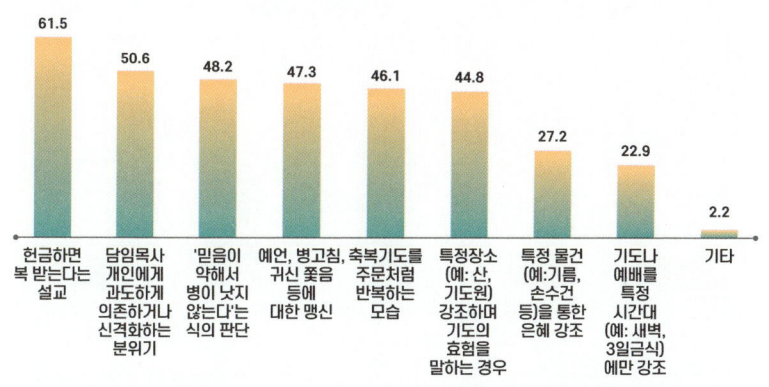

걸림돌로 작용할 수 있다.

성도들은 '무속에 대해 성경적인 가르침이나 안내가 필요하다'는 의견이 72.6%로 많았지만, '무속과 관련된 설교를 듣거나 교육을 받은 경험'은 47.8%로 절반이 되지 않았다. 목회자 67.5%는 '무속과 기독교 신앙의 차이에 대한 교육이 필요하다'고 생각하고 있었고 82.3%는 '한두 번 이상은 (교육) 한다'고 응답해 성도들과 인식 차이가 큰 것으로 나타났다.

그런데 무속을 이용한 경험은 무속 관련 설교나 교육을 받은 것과는 상관이 없었고, 오히려 설교나 교육을 받은 응답자들 가운데서도 무속을 이용한 경험이 27.3%로 나타나, 설교나 교육을 받지 않은 사람(14.0%)보다 무속을 더 많이 이용한 것으로 조사되었다. 설교나 교

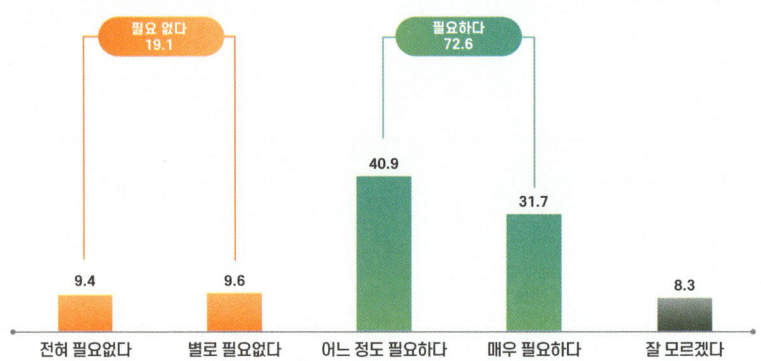

육이 실제적인 효과를 주지 못한다는 것을 보여준다.

한편 신앙 단계가 높은 성도들(3~4단계)에서는 무속을 이용한 경험이 더 적어 신앙 성숙도와 무속 이용률 간에 상관관계가 있는 것으로 조사되었다. 구체적으로 보면 무속을 이용한 경험이 4단계 신앙인에서는 7.8%, 3단계에서는 14.7%였다. 반면 2단계와 1단계는 각각 30.6%와 26.2%였다. 단편적인 무속 관련 교육보다는 전반적으로 신앙이 성숙해지면 무속으로부터 멀어진다는 것을 함축적으로 보여주는 결과이다.

또한 기독교 신앙이 무속의 영향을 받지 않도록 하기 위해 필요한 것에 대해 '성경 중심의 신앙 교육 강화'(44.2%)가 '무속과 기독교 신앙의 차이에 대한 구체적인 교육'(30.4%)보다 많았다. 목회자들도 '성경 중심의 신앙 교육 강화'라는 응답이 61.9%로 훨씬 더 많았다. 따라서 성숙한 신앙을 갖게 함으로써 자연스럽게 무속과 멀어지게 하는 것이 실질적인 방법으로 볼 수 있다.

마지막으로 교회가 안전한 공동체가 될 수 있도록 노력해야 한다. 교회 안에서 다른 신자가 어려움을 당하거나 신앙적으로 고민하는 이야기를 들었을 때 깊이 공감하기보다는 정죄하는 듯한 태도를 보이는 경우가 종종 있다. 특히 목회자들은 너무 쉽게 성경적인 답을 내놓거나 훈계하듯 답하는 경우도 많아서 목회자에게 고민을 털어놓기가 어려운 것도 현실이다. 목회자조차 상담자로서의 역할이나 방법에 대해 전문적인 교육을 받지 않은 경우가 많기 때문이다.

교회는 성도들이 속 깊은 이야기나 어려움을 토로하더라도 비밀을 지키고 함께 기도하며 문제를 해결할 수 있어야 한다. 또 소그룹이 안전한 지지 그룹(support group)이 될 수 있도록 노력해야 한다. 이것이 성도들이 무속에 빠지지 않고 교회 공동체를 신뢰할 수 있게 하는 방법이다.

서로 돌봄 공동체

고령화와 저출산 심화, 1인 가족 증가, 가족 관계 해체 등 여러 사회적 문제에 직면한 한국 사회는 코로나 팬데믹을 거치면서 그 어느 때보다 고립감, 소외감, 불안감이 깊어졌다. 지나친 경쟁, 비교, 과도한 스트레스, 경제적 불안정 등의 요소들도 심각하지만, 무엇보다 삶의 어려움을 지탱하고 극복할 수 있는 인간관계가 약화된 점이 가장 큰 문제로 지적된다. 돌봄이 필요한 대상은 사회 전반에 걸쳐 증가하고 있으나 그동안 돌봄의 핵심 역할을 감당해 왔던 가족 기능이 약화되면서 사회적 돌봄 체계 구축에 대한 요구가 커지고 있다.

급변하는 현대 사회에서 돌봄은 더 이상 개인이나 가족만의 책임이 아니라 모두 함께 감당해야 할 공동의 과제로 떠오르고 있다. 그러나 누구나 돌봄의 중요성을 인정하지만 그 무게를 실질적으로 감당하려는 이는 많지 않다. 지금까지 사회나 교회는 다양한 돌봄 실천을 해왔지만 특정 개인이나 집단이 '무엇인가를 해주는 봉사'로 한정된 돌봄 개념에만 머물며 재정과 헌신의 한계에 부딪혀 왔다. 하지만 이제는 '무엇을 얼마나 어떻게 줄 것인가'라는 형식적 차원을 넘어 '어떻게 함께, 그리고 서로 돌볼 것인가'라는 질문을 던져야 할 때다.

이러한 시대적 상황은 돌봄에 대한 이해를 관계 중심으로 재정립하고 모든 사람이 돌봄의 주체가 되는 새로운 실천 방식으로서의 전환이 필요함을 시사한다. 돌봄이 본질적으로 관계 속에서 이루어지는 실천이라면 그 자체가 관계 공동체인 교회는 돌봄에 있어서 더 특별한 책임과 가능성을 지니고 있다. 실제로 교회 안에는 다양한 형태의 돌봄과 돌봄 대상이 존재한다. 그렇다면 오늘의 교회는 어떤 방식으로, 어떻게 돌봄을 실천해 나갈 수 있을까.

등장 배경

세계적 의료 인류학자이자 정신과 의사인 아서 클라인먼(Arthur Kleinman)은 알츠하이머병에 걸린 자신의 아내를 10년 넘게 돌보며 이렇게 말했다. "돌봄은…도덕적이고 감정적인 관계다."[1] 그는 돌봄을 기술이나 서비스가 아닌 사람과 사람 사이의 관계로 보아야 한다고 강조했다.

비교적 최근까지 우리는 돌봄을 누군가를 직접 보살피는 일로만 이해해왔다. 교회 역시 주로 사회복지 관점에서 신체적인 도움이나 지역사회 저소득층을 위한 봉사 활동에 집중해왔다. 이처럼 돌봄을 '무언가를 해주는 행위'로만 인식하면 '주는 사람'과 '받는 사람'을 나누게 된다. 그 결과 돌보는 사람은 능력 있고 여유 있는 사람, 돌봄을 받는 사람은 의존적인 존재로 여기기 쉽다. 그러나 이런 구조는 돌보는 사람에게 과도한 책임과 부담을 지우고 정서적 소진을 초래할 수 있다. 또 돌봄을 받는 사람도 존엄성과 주체성이 약화되면서 점점 더 수동적인 존재로 머무르게 된다.

왜 최근 돌봄이 우리 모두의 과제가 되었을까? 그 배경에는 사회 전반에서 깊어지는 고립과 불안이 자리하고 있다. 한국 사회는 1인 가구 증가와 코로나 여파로 사람들 사이의 유대감이 약해졌다. 그로 인한 고립은 사회 문제로 부각했다. 게다가 치열한 경쟁, 심화되는 사회적 불평등, 일자리 불안정 같은 여러 상황은 한국인의 정신 건강을 위협하고 있다.

신앙이 있는 기독교인 역시 예외는 아니다. 《한국 교회 트렌드

2024》에 따르면 기독교인 46.2%가 외로움을 느낀다고 응답했으며 이는 국민 전체 평균(54.6%)보다 조금 낮지만 상당히 높은 수준이라고 할 수 있다.[2] 정신건강과 관련한 《한국 교회 트렌드 2025》의 조사 결과는 이를 더 분명하게 보여준다. 조사 실시 직전 2주 동안 기독교인들은 '우울'(23%), '불안'(21.9%), '중독'(7.3%) 문제를 겪었다고 응답했다.[3] 이처럼 고령화, 고립, 정서적 불안, 가족 해체, 정신건강 문제 등 사회 전반에 걸쳐 취약성이 높아지면서 돌봄에 대한 관심과 요구도 커지고 있다.

'해주는 행위'에서 '서로 돌봄'으로

돌봄의 필요가 사회 전반에 절실해지는 가운데 돌봄에 대한 인식도 점차 달라지고 있다. 재단법인 '돌봄과 미래' 조사(일반 국민 대상)에 따르면 응답자 85%가 돌봄의 책임 주체로 '국가'를 꼽았고 '본인'이라는 응답도 36%로 나타났다. 늙고 병들었을 때 요양보호사의 돌봄을 받겠다고 생각하는 사람(39%)이 배우자(35%)보다 많았고, 자녀에게 기대한다는 응답은 4%에 불과했다.[4] 이는 돌봄을 개인이나 가족만이 아닌 사회 전체의 책임으로 인식하고 있으며 자기를 스스로 돌봐야 한다는 인식도 높아지고 있음을 보여준다.

돌봄에 대한 인식 변화 속에서 교회는 어떤 생각을 가지고 있을까? 국민일보와 목회데이터연구소가 실시한 '한국 교회 돌봄 문화 조사'(2025)에 따르면 목회자 90.3%, 성도 81.4%가 한국 교회가 위기에 처해 있다고 응답했다. 이 위기를 극복하기 위해 가장 강화해야 할 부분으로, 예배를 제외하고 '이웃과 지역에 대한 소통과 돌봄'(목회

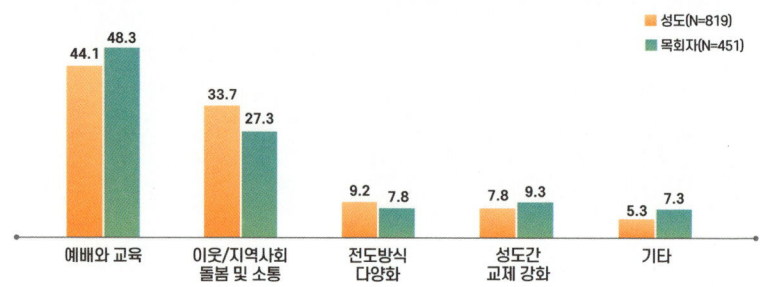

자 27.3%, 성도 33.7%)이 가장 많이 꼽혔다.[5] 이는 성도 간의 교제 강화나 전도 방식의 다양화보다 월등히 높은 수치로 교회 역시 돌봄의 중요성을 절감하고 있음을 보여준다.

이렇듯 돌봄의 필요성에 대한 공감은 커지고 있는데, 돌봄을 어떻게 이해하고 실천하느냐에 따라 교회 안에서도 온도 차가 드러난다. 앞선 조사에 따르면 '지역사회에서 어려움을 당한 사람들을 위해 봉사, 돌봄을 해야 하는가'라는 질문에 목회자 72%가 '그렇다'고 응답한 반면 성도는 56.2%만 동의했다.[6]

같은 질문에 대해 응답자의 신앙 성숙도(1~4단계별)[7]에 따라 차이를 보였다. 신앙 성숙이 가장 낮은 단계인 1단계는 31.9%, 가장 높은 단계인 4단계는 69.7%로 2배가 넘는 격차를 보였다. 이는 돌봄이 교회에 꼭 필요한 일이라는 데는 공감하면서도, 돌봄을 봉사 중심으로 이해할 경우 신앙 성숙도에 따라 실천 의지와 책임감에서 차이가 생길 수 있다는 것을 보여준다.

의료 인문학자 김준혁은 모두가 원하지만 정작 아무도 하고 싶어 하지 않는 것이 돌봄이라고 꼬집었다.[8] 지금까지 사회나 교회는 돌봄을 실천하기 위해 부단히 애를 써왔으나 '해주는 봉사'로서의 돌봄은 재정적 한계와 헌신의 한계에 늘 봉착해왔다.

그러면 무엇이 잘못된 것일까? 도서출판 마음대로 대표인 노수현은 "돌봄, 돌봄 외치지만, 정작 행위만 있고 내용이 빈약한 데 원인이 있다"고 말한다. 그는 '무엇을, 얼마를, 어떻게 줄까?'라는 질문 대신 '우리는 무엇을 하고 있는가?'라는 질문을 던져야 한다며 철학자 한나 아렌트(Hannah Arendt)의 말을 인용한다.[9] 이제 돌봄은 누군가에게 해주는 행위에서 모두가 함께 참여하고 나눠야 할 '관계적' 실천이어야 한다.

돌봄이 관계적 실천이라면 관계를 중심으로 모이는 교회는 이 돌봄을 실천하는 데 있어 특별한 책임과 가능성을 지닌다. 실제로 교회 안에는 다양한 돌봄의 필요와 실천이 공존한다. 대인관계에 어려움을 겪는 이들, 부부와 가족 갈등을 겪는 이들, 질병으로 고통받는 이들, 사별의 아픔을 딛고 다른 이들을 위로하는 이들, 일상에서 소그룹 식구들을 세심하게 돌보는 이들까지 그 모습은 다양하다. 그렇다면 교회는 과연 어떤 방식으로 돌보아야 할까?

한국 교회 돌봄의 현주소

"교회에 가면 다들 은혜받았다고 하는데 저는 여전히 외로워요."

"교회 출석만 해서 아는 사람도 없고 도움을 요청할 길도 없네요."

'한국 교회 트렌드 2026 조사'에서는 먼저 성도들에게 교회에서 돌봄을 받은 경험 여부를 물었다. 그 결과 영적, 정서적, 생활적 어려움을 겪었을 때 목회자나 다른 성도로부터 돌봄을 받은 경험이 있다고 응답한 비율은 38.1%에 불과했다. 교회에서 전혀 돌봄을 받아본 적이 없다고 응답한 이들도 33.0%에 달했다. 남성이 돌봄을 받은 경험은 30.2%로, 여성(44.6%)보다 크게 낮았다.

돌봄을 받았다는 성도들을 살펴보니 예배 참석률이 높을수록, 중직자일수록, 신앙 단계가 높아질수록 돌봄받은 경험도 증가했다. 주목할 부분은 매 주일예배에 꾸준히 참석하는 성도 42.6%가 돌봄을 받은 경험이 있다고 응답했으며, 이는 그렇지 않은 이들보다 약 20%p나 높은 수치였다. 이는 예배 공동체에 꾸준히 참여할수록 돌봄 관계망 안에 들어갈 가능성이 더 크다는 점을 시사한다.

직분별로는 '중직자'(43.7%), '집사'(38.9%), '일반 성도'(33.3%)가 돌봄받은 경험이 있다고 응답했다. 이는 목회자나

서로 돌봄 공동체

지금까지 교회는 다양한 돌봄 실천을 해왔지만 한정된 돌봄 개념에만 머물며 재정과 헌신의 한계에 부딪혀 왔다. 하지만 이제는 '무엇을 얼마나 어떻게 줄 것인가'라는 형식적 차원을 넘어 '어떻게 함께, 그리고 서로 돌볼 것인가'라는 질문을 던져야 할 때다.

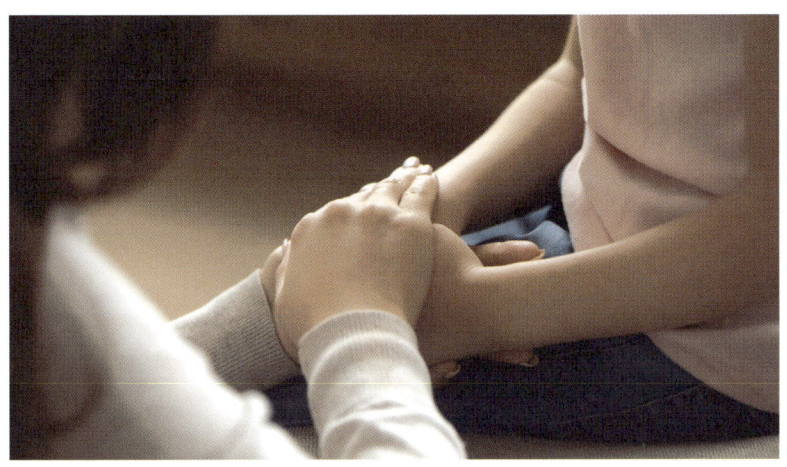

돌봄이 관계적 실천이라면 관계를 중심으로 모이는 교회는 이 돌봄을 실천하는 데 있어 특별한 책임과 가능성을 지닌다. 실제로 교회 안에는 다양한 돌봄 필요와 실천이 공존한다.

리더와의 접촉이 잦은 임직자일수록 돌봄의 구조 안에 포함될 가능성이 크고, 직분이 낮거나 없는 성도는 돌봄의 사각지대에 놓일 수 있다는 점을 보여준다.

또한 신앙 단계별[10]로는 1단계 응답자 20.9%만이 돌봄받은 경험이 있다고 응답한 반면, 4단계 응답자는 47.9%로 2배 이상 높았다. 이는 신앙 성숙도가 높을수록 돌봄받은 경험도 풍부하다는 것을 의미한다.

신앙 4단계 응답자는 대개 예배 참석 및 교회 사역에 적극 참여하고 공동체 안에서 자신의 필요를 솔직히 드러낼 수 있는 신뢰를 형성한 경우가 많다. 반면 신앙 1단계 응답자는 공동체에 대한 소속감이 약하고 도움을 요청하거나 수용하는 데 어려움을 겪을 수 있어 돌봄의 경험에서 소외될 가능성이 크다.

한편 교회 규모가 작을수록 성도의 돌봄 경험 비율이 높게 나타났다. 출석 교인 수가 50명 미만인 소형 교회 성도 46.4%가 돌봄을 받은 경험이 있다고 응답한 반면, 1,000명 이상인 대형 교회는 34.8%로 가장 낮았다. 이는 교인 수가 많아질수록 개별적 돌봄이 어려워지고 대형 교회일수록 돌봄 기능이 상대적으로 취약할 수 있음을 시사한다.

또한 영적 갈급함이 있다고 응답한 성도(42.5%)는 그렇지 않은 성도(24.8%)보다 돌봄 경험 비율이 현저히 높았다. 이는 목마른 사람이 우물을 판다는 속담처럼 영적 갈급함을 느끼는 성도일수록 스스로 도움을 구하고 관계 안으로 들어가 돌봄을 받을 가능성이 높기 때문으로 풀이된다.

경제 수준에 따른 차이도 뚜렷했다. 상위 계층 응답자 58.5%가 돌봄 경험이 있다고 응답한 반면 중하위 계층은 각각 36.2%, 40.3%에 그쳤다. 이는 경제적 여건이 좋을수록 교회 내 돌봄 자원에 접근할 기회가 더 많거나, 개인적 표현과 요청이 자유로운 환경에 있을 가능성이 높음을 시사한다.

전반적으로는 한국 교회의 돌봄 기능은 낮은 수준인 것으로 나타났다. 교회 내 돌봄 제공자인 목회자, 소그룹 인도자, 임직자 등은 주로 자주 보이고 가까운 사람에게 우선 돌봄을 제공하는 경향이 있었다. 교회에 대한 소속감이 높고 예배나 사역 참여율이 높은 사람일수록 돌봄을 받을 가능성이 높아지며 신앙적으로 안정되고 활동적인 이들이 돌봄 관계를 잘 형성해 더 많은 돌봄을 경험하게 된다.

이러한 구조 속에서 신앙 초보자나 자신의 어려움을 겉으로 드러내지 않는 성도들은 돌봄의 우선순위에서 밀릴 수 있고, 의도하지 않게 소외가 발생할 수 있다. 남성의 경우 돌봄의 언어를 표현하지 않거나 교회의 상호 돌봄 구조에서 상대적으로 소외될 가능성도 있다. 또 예배 출석이 신앙 행위만이 아니라 관계적 접근성과 돌봄 수혜 가능성을 높이는 중요한 요인으로도 기능했다.

한국 교회의 돌봄 분석

누가 돌보나

성도들에게 '가장 최근에 교회로부터 돌봄을 받았을 때에 누구로부터 돌봄을 받았습니까?'라는 질문(복수응답)을 던졌다. 이에 대해 '목회자'(43.8%)가 가장 많았고 '소그룹 인도자'(37.4%), '다른 성도'(35.6%), '임직자'(33.7%) 순으로 답했다. 반면 상담이나 교육을 받은 전문가에게서 돌봄을 받았다는 응답은 8.9%로 낮았다. 이 결과는 교회 내 돌봄이 전문가 그룹이 아닌 목회자, 소그룹 인도자, 성도, 임직자 등 다양한 관계망을 통해 이루어지고 있음을 보여준다.

또한 교회 규모에 따라 돌봄을 베푸는 사람의 차이가 뚜렷했다. 출석 교인 수 50명 미만인 소형 교회에서는 67.3%가 목회자로부터 돌봄을 받았다고 응답했으나, 50~99명 교회에서는 목회자(44.8%)와 임직자(42.8%)가 중심이었다. 1,000명 이상 대형 교회에서는 소그룹 인도자(49.7%)와 다른 성도(45.1%)가 주요 돌봄 주체로 조사되었다. 이 같은 결과는 교회 규모에 따라 돌봄의 구조와 전략이 달라져야 함

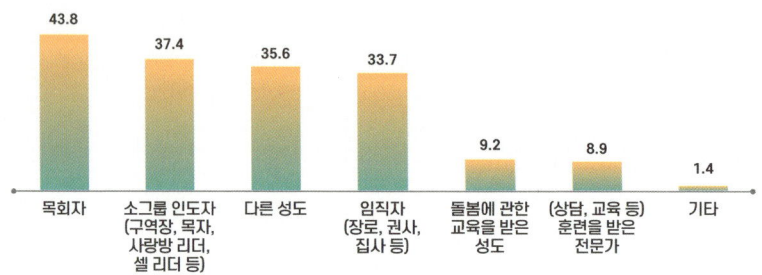

을 시사한다. 특히 돌봄 교육은 소수의 헌신자에게만 국한하지 않고 목회자, 소그룹 리더, 임직자를 비롯해 일반 성도까지 포함하는 전 교회적 접근이 필요하다.

달라지는 돌봄 인식

'교회에서 누가 성도들을 돌봐야 한다고 생각하십니까?'라는 질문에 대해 성도 56.1%는 '모든 성도가 서로 돌봐야 한다'고 응답했다. 이는 '목회자'(23.6%), '소그룹 인도자'(19.1%), '훈련받은 전문가'(19.0%), '임직자'(18.0%), '돌봄 전문가'(15.7%)보다 압도적으로 높은 수치다.

직분별로 보면 '중직자'는 50.1%가 '모든 성도'라고 응답했고 목회자, 소그룹 인도자, 임직자 등 다양한 주체에도 고르게 응답했다. 반면 '직분 없는 성도'의 경우 '모든 성도'를 선택한 비율이 61.1%로

교회에서 돌봄을 제공한 주체 (Base=교회에서 돌봄을 받아본 성도, 중복 응답, 교회규모별, N=381, %)

구분		사례수	목회자	소그룹 인도자 (구역장, 목자, 사랑방 리더, 셀리더 등)	다른 성도	임직자 (장로, 권사, 집사 등)	돌봄에 관한 교육을 받은 성도	(상담, 교육 등) 훈련을 받은 전문가	기타
전체		(381)	43.8	37.4	35.6	33.7	9.2	8.9	1.4
출석교회교인수	50명 미만	(48)	67.3	17.4	36.1	34.4	9.0	5.6	3.3
	50~99명	(36)	44.8	31.3	25.7	42.8	11.2	5.7	0.0
	100~299명	(85)	44.2	36.3	29.9	34.5	6.7	5.6	0.0
	300~999명	(98)	35.9	36.0	33.1	31.8	7.8	11.4	1.7
	1000명 이상	(114)	40	49.7	45.1	31.5	11.8	11.8	1.6

목회데이터연구소/기아대책, '한국 교회 트렌드 2026 조사'
(전국의 19세 이상 교회 출석자 1,000명, 온라인조사, 지앤컴리서치, 2025.05.15.~05.28)

더 높았다.

이는 중직자들이 여전히 전통적인 역할 중심의 돌봄 구조를 선호하는 경향을 보이는 반면, 일반 성도들 사이에서는 돌봄을 공동체 전체가 감당해야 할 책임으로 인식하는 분위기가 확산되고 있음을 시사한다. 이러한 결과는 교회 내 돌봄에 대한 인식 변화와 역할 분담에 대한 기대 차이를 드러내며 향후 더 수평적이고 상호적인 돌봄 문화를 모색할 필요성을 보여준다.

같은 질문에 대한 목회자 응답에서는 '목회자'(41.9%)와 '모든 성도'(41%)를 거의 동일한 비율로 응답해, 목회자 자신의 돌봄 역할에 대한 인식이 더 높게 드러났다. 연령별로는 49세 이하의 젊은 목회자는 '모든 성도'를 가장 많이 선택해 성도 중심의 돌봄 문화에 개방적인 태도를 보였다. 50대 이상은 '목회자'(41.4%), '모든 성도'(38.8%), '소그룹 인도자'(34.6%)를 고르게 선택해 전통적 권위와 협력적 인식을 절충하는 경향을 나타냈다. 60대 이상 목회자는 '목회자'(53.1%)가 압도적으로 많았고 그다음으로 '소그룹 인도자'(35.4%)를 꼽아 목회자 중심의 돌봄 역할을 강조하는 경향을 보였다.

정리하면 성도들은 돌봄을 교회 공동체 전체의 책임으로 인식하는 경향이 강한 반면, 목회자들은 목회자 역할을 여전히 중요하게 보고 있었다. 다만 젊은 목회자(49세 이하)들은 성도 중심의 수평적 돌봄 문화에 더 개방적인 태도를 보였다.

'공감과 위로'가 '말씀과 기도'를 앞서다

"성도들이 찾아와서 고민을 이야기하면 문제를 해결해줘야 하고 정답을 말해줘야 할 것 같았어요. 그런데 잘 들어주고 위로하면 오히려 힘을 얻는 게 보여요."

목회자에게 '교회 안에서 제공되어야 할 돌봄의 형태'를 두 가지 꼽으라고 했을 때 '공감과 위로/상담'(81.2%)이 가장 많았다. 그다음이 '말씀과 기도'(65.9%)였다. 연령별로는 49세 이하 목회자들은 '공감과 위로/상담'(82.5%), '말씀과 기도'(72.6%)로 나타나 영적 요소와 정서적 요소를 비교적 균형 있게 고려하는 경향을 보였다. 반면 50대 이상 목회자는 '공감과 위로/상담'에 더 높은 응답을 보여 관계 중심의 정서적 돌봄을 더 중시했고, 60대 이상은 '영적 치유'에 대한 응답 비율이 다른 세대보다 두드러져 전통적인 치유 목회의 강조점을 반영했다.

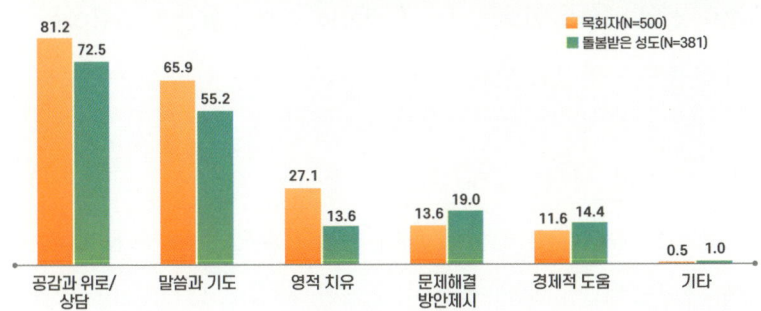

교회에서 제공해야 하는 돌봄 형태-목회자
교회로부터 제공받은 돌봄 형태-성도

목회데이터연구소/기아대책, '한국 교회 트렌드 2026 조사'
(전국의 교회 담임목사 500명, 교회 출석자 1,000명, 온라인/모바일조사, 지앤컴리서치, 2025.05.15.~05.28)

교회의 규모에 따라서도 차이가 뚜렷했다. 교인 수 29명 이하인 소형 교회에서는 '공감과 위로/상담', '말씀과 기도'가 유사한 비율로 선택됐지만, 교인이 30명 이상 되면 '공감과 위로/상담'의 비중이 높아졌다. 100명 이상 교회에서는 '공감과 위로/상담'이 더 높아지는 경향을 보였다.

한편 성도들에게 교회에서 받은 돌봄 내용을 물었을 때 가장 많이 언급된 것은 '공감과 위로'(72.5%)였고, '말씀과 기도'(55.6%)는 그다음이었다. 반면 '문제 해결 방안 제시'(19%), '경제적인 도움'(14.4%), '영적 치유'(13.6%)는 상대적으로 낮았다. 가장 높은 비율을 차지한 '공감과 위로'는 현재 교회 돌봄의 중심이 정서적 지지에 있음을 보여준다. '말씀과 기도'는 한국 교회가 오랫동안 강조해온 신앙 훈련으로, 여전히 중요한 돌봄 방식이지만 그 체감도는 '공감과 위로'보다 낮았다.

7. 서로 돌봄 공동체 231

이는 신앙적 행위 중심의 돌봄보다는 관계적이고 정서적인 돌봄을 더 절실하게 인식하고 있음을 시사한다. 이러한 결과는 교회 돌봄이 단순히 신앙 행위에 머무르기보다 경청과 감정의 동행을 포함하는 관계적 돌봄으로 확장할 필요가 있음을 의미한다.

공감은 충분, 실행은 부족

목회자들에게 '교회 돌봄'에 대한 인식을 물었을 때 다음 같은 반응이 나타났다. '교회에 돌봄이 필요한 사람이 없는지 항상 관심을 가져야 한다'(79.5%)와 '성도들이 서로서로 돌보는 문화가 필요하다'(76.9%). 이어 '교회는 아픈 사회를 돌보아야 할 사명이 있다'(70.2%), '효율적인 목회 돌봄을 위하여 평신도 사역자를 훈련시켜야 한다'(69.9%)로 조사되었다. 반면 '목회자가 모든 성도를 돌보는 것은 역부족이다'는 응답은 50.1%로 과반이긴 하나 상대적으로 낮았고 '돌봄은 관심 있는 사람이 수행해야 한다'(47.5%), '모든 사역자가 돌보는 전문성을 갖춰야 한다'(38.7%)는 비율은 상대적으로 더 낮았다.

전반적으로 목회자들은 교회 내 돌봄의 중요성과 필요성에 깊이 공감하고 있으며 공동체 전체가 함께 돌보는 문화의 필요성에도 긍정적 입장을 보였다. 그러나 돌봄의 책임 분산이나 전문성 확보 같은 실행 방식에 대해서는 신중하거나 부담을 느끼는 태도가 엿보인다. 특히 '모든 사역자가 전문성을 갖춰야 한다'는 항목이 낮은 이유는 교회 내 전문화된 돌봄 시스템의 도입이 아직 자리 잡지 못했거나 일부 저항이 있음을 시사한다.

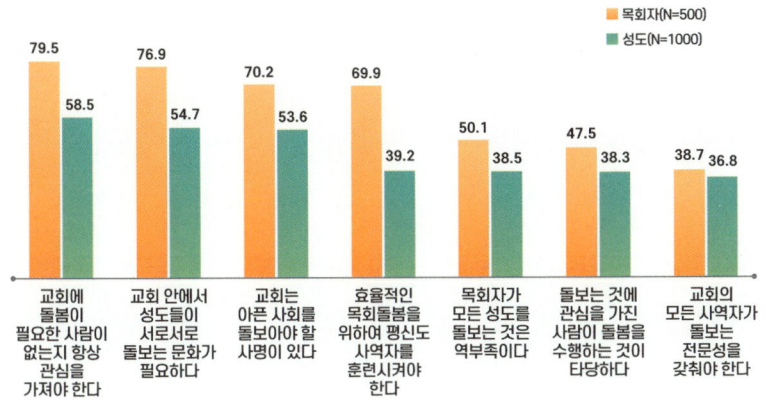

한편 성도들에게 '교회 돌봄'에 대한 인식을 물었을 때 '교회에 돌봄이 필요한 사람이 없는지 항상 관심을 가져야 한다'(58.5%), '성도들이 서로서로 돌보는 문화가 필요하다'(54.7%), '교회는 아픈 사회를 돌보아야 할 사명이 있다'(53.6%) 등으로 절반 이상이 공감했다. 반면 구체적인 실행 방안에 대한 인식은 상대적으로 낮았다. '효율적인 목회 돌봄을 위하여 평신도 사역자를 훈련시켜야 한다'(39.2%), '돌보는 것에 관심을 가진 사람이 돌봄을 수행하는 것이 타당하다'(38.3%), '모든 사역자가 돌보는 전문성을 갖춰야 한다'(36.8%) 등이다.

전체적으로 목회자들보다는 성도들의 인식이 상대적으로 낮았다. 성도들은 교회 돌봄의 필요성을 느끼고는 있지만, 누가 어떻게 돌봄을 실천할 것인가에 대해서는 구체적인 준비나 인식이 부족하다는 점이 드러난다.

전문가보다는 성도의 서로 돌봄

'교회가 특별한 돌봄이 필요한 대상을 돌보기 위해 갖춰야 할 것이 무엇이라고 생각하십니까?'라는 질문에 대해 전체 성도의 56.5%는 '서로 돌보는 문화 조성'을 꼽았다. 목회자(57.7%)도 거의 비슷하게 응답해 '상호 돌봄'이 교회 돌봄의 핵심 조건이라는 인식에 큰 차이가 없음을 보여줬다.

응답을 세대별로 살펴보면 20대는 '목회자의 전문성 강화'(18.1%)와 '전문 상담인 고용'(16.4%)을 다른 세대보다 높게 선택했다. 이는 목회자의 돌봄 역량에 대한 문제의식과 더불어 전문 인력의 필요성을 인식하고 있음을 보여준다.

목회자의 응답을 교회 규모별로 분석한 결과 교회 규모가 작을수록 '교회 안에 서로 돌보는 문화 조성'의 필요성을 더 높게 응답했고, 교회 규모가 클수록 '목회자의 전문성 강화'에 대한 요구가 높았다. 이런 결과는 중소형 교회일수록 성도 간의 관계 중심성이 높고 목회자 1인의 돌봄에는 한계가 있어, 자발적인 돌봄 문화가 더 요구된다는 것을 보여준다. 반면 대형 교회는 성도 간의 거리감과 익명성 때문에 전문성을 가진 체계적 돌봄 시스템에 대한 요구가 높았다.

이처럼 목회자와 성도 모두 '서로 돌보는 문화'의 필요성을 강조한 점은 단순한 제도나 프로그램보다는 일상적인 상호 돌봄이 가능한 공동체 분위기가 우선이라는 인식이 뚜렷함을 보여준다. 연령대와 결

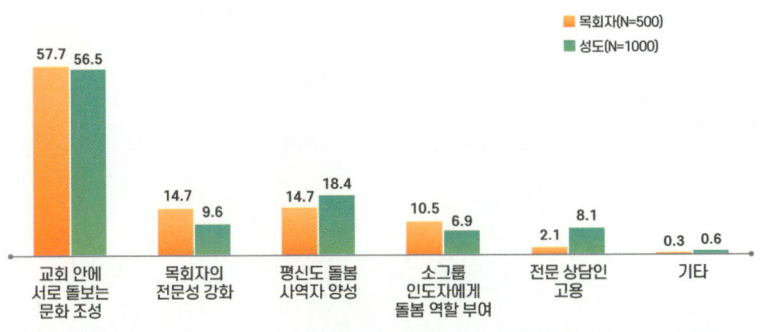

혼 여부에 따라 돌봄의 기대 방식도 다르다는 점은 주목할 만하다.

20대 성도는 심리적 어려움에 대해 개인적으로 도움을 요청하고 수용하는 경향이 강하기에 전문가 개입을 선호하고 있었다. 미혼자의 경우 정서적 고립감이나 위기 상황에서 신뢰할 수 있는 외부 지원에 대한 요구가 크기 때문에 전문 상담인에 대한 기대가 높은 것으로 해석된다.

목회자도 돌봄이 필요하다

'목회자 자신이 누군가로부터 돌봄을 받고 싶다는 생각을 한 적이 있는가'라는 질문에 대해서는 74.4%의 목회자가 '있다'고 응답했다. 이는 전국의 담임목사 4명 중 3명 꼴이다. 성도를 돌보는 역할을 수행하면서도 목회자 역시 깊은 돌봄의 필요와 갈망을 느끼고 있다는 것을 보여준다. 특히 60대 미만 목회자들(76%)이 60대 이상

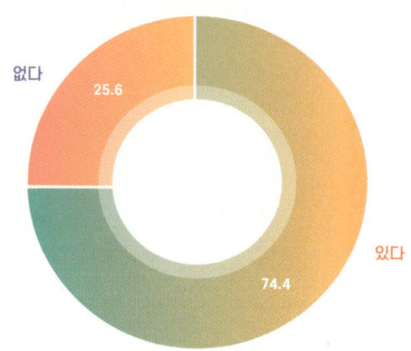

돌봄을 받고 싶다고 생각한 경험 여부 (Base=목회자 전체, %)

없다 25.6
있다 74.4

목회데이터연구소/기아대책, '한국 교회 트렌드 2026 조사'
(전국의 담임목사 500명, 모바일조사, 지앤컴리서치, 2025.05.23.~05.28)

(68.4%)보다 '돌봄을 받고 싶다'는 응답 비율이 높았으며, 출석 교인 수 29명 이하의 소형 교회와 500명 이상의 대형 교회 목회자들에게서 그 비율이 각각 78.4%와 86.3%로 나타나, 69% 내외의 응답을 보인 30~500명 미만 교회 목회자보다 상대적으로 높았다.

가장 필요한 도움으로는 '자신을 돌보고 상담이나 코칭을 주는 멘토'(54.7%)가 가장 많았고 그다음으로는 '자기 성찰과 성장을 위한 상담'(40.3%)이었다. 49세 미만 목회자들이 멘토링에 대해 가장 높은 수요(64.6%)를 보였고, 50대 이상 목회자들은 '자기 성찰과 성장을 위한 상담'을 더 중요하게 여겼다(50대 43.5%, 60대 43.1%).

또한 교회 규모에 따라 필요한 지원 형태에도 차이가 있었다. 소형 교회 목회자일수록 멘토링에 대한 갈망이 커서 출석 교인 29명 이하 교회에서 58.8%로 나타났고, 대형 교회 목회자일수록 자기 성장을

가장 필요한 도움

(도움이 필요한 적 있었던 목회자, N=372, %)

구분		사례수	나를 돌보고 상담이나 코칭해주는 멘토	나 자신의 자기 성찰과 성장을 위한 상담	부부의 치유를 위한 상담	기타	Total
전체		(372)	54.7	40.3	3.7	1.4	100.0
연령	49세 이하	(117)	64.6	34.4	2.0	0.0	100.0
	50대	(181)	50.2	43.5	4.6	1.7	100.0
	60세 이상	(74)	50.1	43.1	4.0	2.8	100.0
시무 교회 규모	29명 이하	(161)	58.8	35.1	5.3	0.8	100.0
	30~100명 미만	(108)	53.7	42.1	2.6	1.6	100.0
	100~500명 미만	(69)	52.2	42.5	3.3	1.9	100.0
	500명 이상	(35)	43.6	54.2	0.0	2.1	100.0

목회데이터연구소/기아대책, '한국 교회 트렌드 2026 조사'
(전국의 담임목사 500명, 모바일조사, 지앤컴리서치, 2025.05.23.~05.28)

위한 전문 상담이나 코칭에 대한 필요성이 더 높게 나타났다(500명 이상 교회 54.2%).

교회 돌봄의 주체와 대상

누구를 돌봐야 하나

이번에는 돌봄에 대한 인식과 실천 여부를 조사했다. '교회 안에서 돌봄을 받아야 할 대상은 누구라고 생각하십니까?'와 '귀하는 교회에서 어려움에 처한 성도들을 돌본 경험이 있습니까?'라는 질문을 던졌다.

먼저 돌봄이 필요한 대상에 대해 목회자는 '영적 침체를 겪는 성도'(57.0%)를 가장 중요하게 꼽았고 그다음은 '우울감, 공황장애 등 심리적 어려움을 겪는 성도'(44.4%)였다. 반면 성도들은 '심리적 어려움을 겪는 성도'(39.8%)와 '영적으로 침체를 겪는 성도'(38.0%)를 우선순위에 두었다. 성도들은 심리적 고통과 영적 침체를 비슷하게 중요하다고 봤는데 이는 정신건강에 대한 사회적 관심이 교회 안에서도 반영되고 있음을 보여준다.

반면 목회자는 신앙 회복 차원에서 영적 문제와 가족 문제를 더 우선시했다. 그러나 성도들이 감정적, 심리적 어려움에 더 많은 관심과 필요를 느끼고 있다는 점을 고려해 교회의 돌봄 사역은 영적 회복, 심리적 지지, 관계적 갈등까지 아우르는 통합적 접근이 요구된다.

또한 돌봄이 필요한 3위와 4위 항목으로 목회자는 '육체의 질환이 있는 성도'(31.6%)와 '부부 관계와 가족 관계에서 문제를 겪는 성도'(30.4%)를 응답했다. 하지만 성도들은 '자살 유가족과 자살 위험이 있는 성도'(26.7%), '가족이나 사랑하는 대상을 잃어서 슬픔에 있는 성도'(25.6%)를 응답해 서로 차이가 있었다.

특히 '부부 및 가족 관계에 문제가 있는 성도'에 대한 응답에서 성도들은 이 항목을 전체 15개 중 12번째로 하위권에 두었지만, 목회자는 이를 네 번째로 중요한 돌봄 대상으로 인식했다. 이러한 인식차는 목회자가 돌봄 목회를 할 때 우선순위에 대한 고려를 필요로 한다고 볼 수 있다.

목회자의 인식은 시무하는 교회 규모에 따라서도 차이를 보였다. 예를 들어 29명 이하 소형 교회 목회자는 '경제적 위기인 성도'(24.6%)

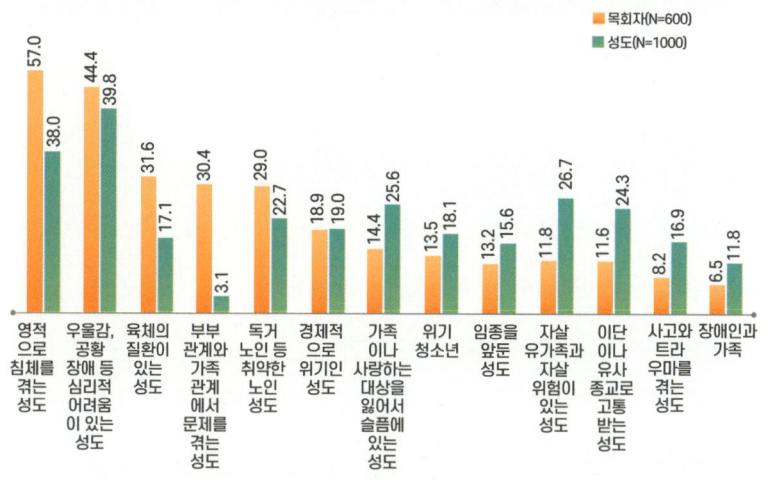

를 가장 중요한 돌봄 대상으로 답했다. 30~100명 미만 교회는 '육체의 질환이 있는 성도'(40.1%)를 우선시했다. 100~500명 교회는 '영적 침체'(57.8%)와 '심리적 어려움'(52.8%)을 거의 동등하게 보았다. 500명 이상 대형 교회는 '위기 청소년', '사고/트라우마를 겪는 성도'에 대한 응답 비율이 가장 높았다. 이는 교회 규모가 클수록 더 다양한 위기 상황에 대한 돌봄 경험이 축적되고 있음을 보여주며 규모에 따른 맞춤형 돌봄 전략이 필요하다는 것을 시사한다.

한편 기독교인들이 도움을 필요로 하는 성도를 실제로 돌봤는지 여부를 질문했을 때, 많은 기독교인들은 심리적 어려움을 겪는 성도를 돌봄이 필요한 대상으로 인식하고 있었지만 실제로 돌본 경험은 그에 미치지 못했다. '돌봄을 하지 않음'(29.0%)이 가장 높았으며 그다음은 '영적 침체를 겪는 성도'(25.9%), '심리적 어려움 겪는 성도'(25.3%), '가족이나 사랑하는 사람과 사별 성도'(22.0%), '육체의 질환이 있는 성도'(21.5%), '경제적 위기인 성도'(18.1%) 순으로 나타났다.

앞서 분석한 '교회 안에서 돌봄을 받아야 할 대상'과 '실제 도움을 행한 경험'에 대한 결과를 비교하면 돌봄에 대한 인식과 실천 사이에는 뚜렷한 간극이 존재함을 알 수 있다. 예를 들어 심리적 어려움을 겪는 성도에 대해 39.8%가 돌봄이 필요하다고 인식했으나, 실제 돌봄을 실천한 비율은 25.3%에 그쳤고, 영적 침체를 겪는 성도의 경우도 38.0%가 필요성을 인식했지만 실천 경험은 25.9%에 머물렀다.

반면 실천과 인식에서 큰 차이가 없거나 실천이 더 높은 영역도 있었다. '사별을 겪은 성도'(필요성 25.6%, 실천 22%), '경제적 위기에 처한 성도'(필요성 19.0%, 실천 18.1%)는 유사한 수치를 보였고, '육체의 질환이 있는 성도'는 실천 경험(21.5%)이 필요성 인식(17.1%)보다 높았다. 이러한 결과는 교회가 경제적 육체적 어려움에는 비교적 민감하게 반응하고 있는 반면 심리적 영적 고통에 대해서는 접근이 부족하거나 실제 돌봄에 어려움을 겪고 있음을 시사한다.

한편 위기 청소년 돌봄, 심리적 돌봄, 영적 돌봄, 자살 유가족 돌봄 등 전문적인 돌봄 영역에는 인식과 실천 사이의 격차가 크고 육체적 환자 돌봄, 사별 성도 돌봄, 노인 돌봄, 경제적 위기층 돌봄 등은 전문성을 크게 요구하지 않아 인식과 실천 사이 격차가 크지 않다고 볼 수 있다. 이는 성도들에게 돌봄에 대한 전문적 교육을 통해 돌봄 영역

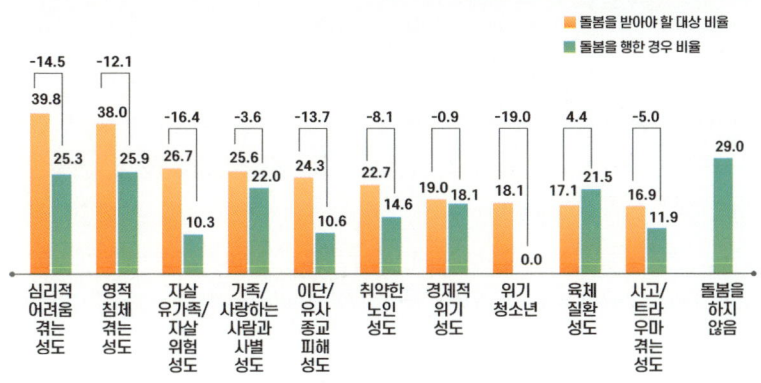

의 확대가 필요하다는 것을 시사한다.

누가 돌봄 준비가 되어 있나

성도들을 대상으로 '성도들에게 상담과 위로 및 조언을 하는 데에 얼마나 준비되어 있습니까?'라는 질문을 던졌다. 그 결과 '준비되어 있다'(매우+어느 정도 46.9%), '준비되어 있지 않다'(전혀+별로 53.1%)로 나타나 준비되지 않았다는 응답이 다소 높았다. 이는 교회 내 돌봄 실천에 대한 자기 확신의 부족과 인식의 혼란이 공존하고 있음을 보여준다. 곧 교회 내에서 돌봄을 위한 체계적인 교육, 역할에 대한 명확한 인식, 실제적인 실천 경험이 충분하지 않다는 점을 시사한다.

반면 목회자는 '매우 준비되어 있다'(8.8%)와 '어느 정도 준비되어

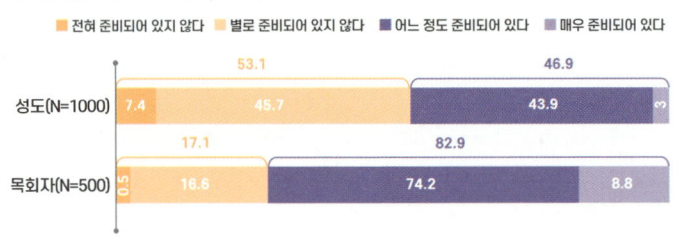

목회데이터연구소/기아대책, '한국 교회 트렌드 2026' 조사
(전국의 교회 담임목사 500명, 교회 출석자 1,000명, 온라인/모바일조사, 지앤컴리서치, 2025.05.15.~05.28)

있다'(74.2%)를 합쳐 83% 정도가 돌봄에 준비가 되어 있다고 인식하고 있었다. 이는 신학적 훈련과 사역 경험이 자신감을 높이는 데 작용할 수 있으나 실제 성도들이 기대하는 돌봄과는 간극이 있을 가능성도 있다.

성도들의 돌봄 준비도는 경제 수준에 따라서 차이가 있었는데 하위층은 39.7%가 '준비되어 있다'고 응답한 반면, 상위층(57.9%)과 중위층(51.6%)은 절반이 넘는 사람들이 '준비되어 있다'고 응답해 돌봄을 위한 시간과 자원, 정서적 여유가 경제력과 밀접하게 연관되어 있음을 알 수 있다.

직분별로는 중직자의 61.6%가 '준비되어 있다'고 응답한 반면, 집사는 38.0%만이 응답했다. 소그룹 참여도에 따라서는 자주 참여하는 이들의 58.4%가 '준비되어 있다'고 응답했지만, 가끔 참여하는 이들은 47.9%, 참여하지 않는 이들은 34.4%만이 준비되어 있다고 응답해 공동체 경험이 돌봄 의식 형성에 중요한 역할을 하고 있음을 보여준다. 신앙 단계가 높을수록 '준비되어 있다'고 느끼는 비율도 높았다. 신앙 1단계 응답자는 24.8%만 '준비되어 있다'고 답한 반면, 4단계 응답자는 74.5%가 '준비되어 있다'고 응답했다.

결과적으로 한국 교회의 돌봄에 대한 인식은 아직 미성숙하거나 뚜렷하게 확립되지 않은 상황이다. 돌봄의 준비 상태는 경제 수준, 신앙 성숙도, 공동체 참여 경험에 따라 뚜렷한 차이를 보인다. 그러므로 교회는 단순한 동원이나 책임 부여가 아닌, 성도들이 교회 공동체 안에서 자연스럽게 돌봄 의식이 형성되도록 돕는 구조와 훈련을 마련할 필요가 있다.

트렌드 전망 및 시사점

사회적 돌봄, 서로 돌봄, 자기 돌봄의 시대

돌봄의 필요성과 가치는 더 부각되고 있다. 가히 '돌봄의 시대'라 불릴 만하다. 한국 사회가 돌봄에 관심을 기울이기 시작한 것은 돌봄이 지닌 치유와 회복의 잠재력을 인식하게 되었기 때문이다. 이번 조사 결과 연령이 낮을수록 돌봄의 전문성, 상호 돌봄, 자기 돌봄에 대한 욕구가 높아지는 경향이 확인됐으며, 이는 향후 돌봄에 대한 기대와 요구가 더 증가할 것임을 예고한다. 따라서 돌봄의 출발점은 단절된 인간관계를 다시 연결하려는 시도, 곧 서로를 돌보려는 공동의 노력에 있다 하겠다.

현시대 돌봄의 핵심은 상호 돌봄이다. 신앙을 중심으로 자발적으로 형성된 공동체인 교회는 상호 돌봄을 실천하기에 가장 적합한 곳이다. 실제로 교회는 역사적으로 세속 사회보다 앞서 돌봄의 중요성을 인식하고 다양한 방식으로 실천해왔다. 그럼에도 불구하고 이번 조사 결과는 한국 교회의 돌봄 실천이 기대에 미치지 못하고 있음을 보여준다.

그 이유는 돌봄에 대한 전통적 이해나 인식에만 머문 채 변화하는 사회적 요구에 능동적으로 대응하지 못했기 때문이다. 이번 조사 결과를 반영해 교회가 돌봄 공동체로서 그 본래의 역할을 회복하기 위해서는 다음 세 가지 방향을 중심으로 구체적인 실천 방안을 모색할 필요가 있다.

상호 돌봄의 문화 창출

이번 조사 결과 한국 교회의 돌봄은 여전히 신앙적 차원에서 안정되고 접근하기 쉬운 성도들에게 집중하는 경향이 있음을 보여줬다. 반면, 신앙 수준이 초기 단계에 있거나 조용한 성도, 남성 성도들은 돌봄의 사각지대에 놓일 가능성이 큰 것으로 나타났다. 따라서 이들을 적극적으로 찾아가는 돌봄이 요청된다.

이러한 인식을 교회 전반에 확산시키기 위해서는 교회 표어나 비전 슬로건에 돌봄의 포용성과 정서적 민감성을 담을 필요가 있다. 예를 들어 지방 중소도시에 위치한 P교회에서는 담임목사가 설교 중 언급한 '아무도 혼자 울지 않는 교회'라는 문구가 성도들의 공감을 얻으며 자발적인 실천을 이끌어내, 자연스럽게 교회의 비공식 슬로건으로 자리 잡았다.

담임목사는 이 같은 정서적 돌봄 메시지를 교회의 표어 설정을 비롯해 설교 주제 구성, 소그룹 인도자 세미나, 임직자 훈련 등에 반영함으로써 교회의 돌봄 역량을 키워갈 수 있었다. 더불어 교회 앱, 문자 발송, 온라인 QT(말씀묵상)나 상담 플랫폼과 같은 디지털 소통 채널을 통해 돌봄 메시지를 정기적으로 전달하는 것도 효과적인 방안이다.

이와 함께 돌봄 교육과 훈련을 받은 돌봄 사역자 양성도 시급하다. 돌봄은 위기 상황에 일시적으로 반응하는 것이 아니라, 관계의 공백을 사전에 감지하고 능동적으로 다가가는 일상의 실천에서 시작된다. 교회 내 돌봄 기능을 활성화하기 위해서는 목회자, 소그룹 인도자, 임직자와 함께 성도들을 돌보는 돌봄 사역자 양성이 요청된다.

돌봄이 필요한 성도는 존재하지만 돌봄 사역자 양성이 어려운 목회 환경에서는 소그룹 인도자나 임직자 훈련 과정에 돌봄 교육을 강화하는 것도 그 대안이 될 수 있다. 이를 통해 더 넓은 범위에서 교회 돌봄 사역의 기반을 마련할 수 있다.

자기 돌봄을 위한 교육

현대인은 타인을 돌보는 일 못지않게 자기 자신을 돌보는 일에도 높은 관심을 보이고 있다. 이런 경향은 연령층이 낮을수록 더 두드러진다. 특히 누군가를 돌보는 과정에서 신체적 정서적으로 쉽게 소진되는 이들에게는 자기 돌봄이 필수적이다. 목회자 대다수가 돌봄을 받고 싶어 한다는 이번 조사 결과가 이 같은 필요를 반영한다. '다른 사람을 잘 돌보기 위해서는 먼저 나 자신을 돌볼 수 있어야 한다'는 인식이 높아지고 있지만 한국 교회 내에는 이를 충족시킬 수 있는 돌봄 교육이나 프로그램이 여전히 부족한 실정이다.

앞서 언급한 P교회는 이 같은 필요에 응답해 '케어링'(caring)이라는 이름의 돌봄 교육 과정을 마련하고 매년 봄과 가을 두 차례에 걸쳐 운영하고 있다. 이 과정의 목적은 돌봄을 통해 신앙 체질을 강화하고 교회 내 돌봄 문화를 형성하는 데 있다.

참가자들은 돌봄에 대한 신학적 성경적 원리를 바탕으로 자신을 돌보는 방법과 태도, 타인을 돌보기 위한 공감과 경청의 기술을 배운다. 참가자들은 대부분 자신을 돌보고 싶다는 바람, 또는 주변의 누군가를 돕고 싶지만 방법을 몰라서 답답함을 해결하고자 이 과정에 신청했다. 이러한 관심과 수요에 힘입어 현재는 목회자나 소그룹 리더들이 어려움을 겪는 성도들에게 이 과정을 추천하는 사례도 늘어나고 있다.

돌보는 자를 위한 돌봄

돌봄에 대한 또 다른 관점은 '돌보는 사람을 돌보는 것'이다. 공동체가 함께 서로를 돌보는 상호 돌봄의 문화를 지향하고 있지만 현실에서 돌봄의 책임은 여전히 일부에게 집중되어 있고 그 부담은 크다. 가정과 일터, 특히 교육 의료 사회복지 요양시설 등 돌봄 직종에 종사하는 이들, 그리고 교회 안에서 돌봄 사역에 헌신하는 이들은 반복적인 수고와 번아웃을 경험한다. 이들의 부담을 인식해 이들을 향한 관심과 지원을 높이는 것이 필요하다.

특히 교회 안에서 가장 많이 소진되는 대상은 목회자이다. 한국 교회는 목회자를 돌보는 체계적이고 적극적인 방안을 마련해야 하며 이를 통해 지속 가능한 돌봄 공동체를 형성할 수 있어야 한다. 또한 교회 활동에 적극적으로 참여하지 못하면서 돌봄의 손길로부터 소외된 이들에게 다가가기 위한 방법도 모색해야 한다. 말씀과 기도가 성도들의 신앙생활에 쉼과 회복의 시간이 되기를 바라는 마음으로, 기존의 기도실을 단순한 기도의 공간을 넘어 영적으로 탈진하고 인간관계에 지친 이들을 위한 '쉼과 회복의 공간'으로 전환하는 것도 하나의 방안이 될 수 있다.

유리천장, 여성 교역자

"여성은 전도사까지가 좋지, 목사는 좀 부담스럽죠."
이 말에는 여성은 가르치고 보조하고 돌보는 역할까지는 용납되지만 설교하고 리더십을 발휘하는 자리에는 적합하지 않다는 인식이 깔려 있다. 이런 태도는 교회 안에 여전히 '유리천장'이 존재한다는 사실을 보여준다.

유리천장은 겉으로는 평등해 보이지만 실제로는 승진이나 권한이 제한되는 보이지 않는 차별 구조를 일컫는 말이다. 예를 들어 동일한 학력과 경력을 갖춘 여성 교역자는 전도사나 부서 사역에 오래 머무는 반면, 남성 동기들은 상대적으로 빠르게 담임 목회자로 진입하는 사례가 교회 안에서 흔하게 목격된다.

또는 여성 교역자에게 설교의 기회를 지속적으로 제한하는 상황에 대해 교인들이 그 이유를 은혜가 덜하다거나 부드럽긴 한데 중심이 없다는 식으로 정당화하는 방식 또한 유리천장의 전형적인 사례가 된다.

하지만 이미 여성 안수를 허용하는 교회들에서는 여성 교역자가 증가하고 있으며 남성 교역자들이 담당했던 영역에서도 활발하게 그 역할을 하고 있다. 한국 교회 안에서 여성 교역자들은 여전히 담임 목회의 기회는 드물고 교회 리더십 구조 주변에 머물러 있다. 교회가 하나님나라를 지향한다면 내부의 차별 구조부터 직면하는 것이야말로 신앙의 진정성을 묻는 출발점이 될 것이다.

"예전에는 여 전도사님 한 분 계시면 교회가 돌아갔다니까요."

오늘날 일부 남성 목회자들과 신학자들은 임신과 출산을 부정하게 보는 구약의 정결법에 근거해 여성은 성직에 적합하지 않다는 논리를 구사한다. 하지만 이런 논리와 상관없이 역사적으로, 현실적으로, 그리고 실천적으로 여성들은 기독교 교육과 선교 분야에서 두각을 나타내며 다양한 역할을 수행했다. 이를 통해 교회에 생명력을 불어넣었다. 그래서 선교학자 루스 터커(Ruth A. Tucker)는 "교회의 생명은 늘 보이지 않는 여성의 손길을 통해 자라왔다"라고 말한다.

"예전에는 담임목사님이 밖에 나가 계셔도 여 전도사님이 교회 안에서 예배부터 새신자 돌봄까지 다 하셨어요." 교회 어르신들이 종종 하는 이 말은 단지 지난 시절을 회상하는 감상이 아니다. 그것은 신뢰받는 여성 지도자에 대한 기억이자 교회 공동체 중심에서 섬기던 여성 교역자의 존재감을 되살리고 싶은 마음의 표현이다.

오늘날 한국 교회에서 여성 교역자는 점점 늘고 있다. 여성 안수를 허용하는 교단도 많아졌고 신학대학원을 졸업하고 목회 현장에 진입하는 여성 교역자들도 꾸준히 이어지고 있다. 그러나 겉으로 보이는 변화와 달리 여성 교역자가 실제로 담임목사로 설 수 있는 기회는 아직까지 적고 낯설다.

무엇보다도 여성 교역자들이 부름을 받는 자리는 여전히 누군가는 가야 하기 때문에 가는 자리가 많은 것이 현실이다. 인구 소멸 지역, 미자립교회, 교육과 생계가 어려운 시골 교회들, 남성 목회자들이 생계를 이유로 꺼리는 자리에 여성 교역자들이 부임한다. 때로는 동역자도 없이 홀로 사역을 감당한다.

그렇게 목회는 곧 고립이 되고 담임은 되었으나 권한이 없는 리더십, 책임만 지는 자리가 된다. 이것은 단지 교회 내 성평등의 문제만은 아니다. 지금 이 시점에서 여성 교역자를 어떤 방식으로 받아들이고 세울 것인가는 한국 교회의 구조 자체와 미래의 지속 가능성에 대한 문제다. 여성의 은사와 사역을 공적으로 인정하고 공동체 안에서 리더십으로 성장할 수 있는 구조를 마련하는 것은 한국 교회의 중장기적이며 매우 시급한 과제라 하겠다.

등장 배경

한국 교회에서 여성 교역자의 역사는 100여 년을 거슬러 올라간다. 선교사들은 여성 교역자를 동반해 여성을 대상으로 하는 사역을 시작했다. 이때부터 '전도부인', '여전도사', '권사'라는 여성 지도자들이 교회 내에 자리를 잡았다. 이들은 단순한 봉사자가 아니라 조직을 구성하고 교인들을 돌보는 실질적 여성 교역자 지도력의 조직을 구축했다. 그것이 오늘날 교단마다 여전도회, 여선교회, 여신도회 등의 이름으로 모이는 여성 조직의 뿌리가 되었다.

1970년대를 전후로 여성 교역자들은 평신도 여성 지도력을 극복해야 할 시대적 요구로 '여성 교역자회'라는 연대 조직을 통해 서로 교류하고 여성 교역자의 자질 향상과 지위 향상을 위한 노력을 시작했다. 여성 교역자 조직화의 노력과 교회 민주화의 흐름에 맞춰 1994년에는 온건·보수적인 대한예수교장로회(예장) 통합 교단이 총회에서 여성 안수를 공식적으로 가결했다. 이 결정은 단순한 제도 도입이 아니었다. 1933년부터 꾸준하게 제기된 교회 내 여성 지도력의 인정이었다. 당시 국내외 여성 기독교인들의 연합과 지지, 교단 내 여성 리더들의 끈질긴 요청의 결과였다. 이는 한국 교회 전반에 여성 안수 담론을 촉발시키는 기폭제가 되었다.

그 결과 대한성공회(1999년), 예수교대한성결교회(2003년), 기독교대한성결교회(2004년), 예장백석(2009년), 기독교한국침례회(2013년) 등이 여성 성직을 제도화했다. 그 후 해당 교단에서 여성 목사와 여성 사제들이 배출되면서 전통적으로 남성이 담당했던 성례와 치리 영역에서도 활동하게 되었다.

하지만 이 같은 길이 모든 교단에 열려 있는 것은 아니다. 예장 합동을 포함한 일부 교단은 매년 논의는 하고 있지만 여전히 여성 안수를 불허하고 있는 상황이다. 이처럼 한국 교회 안에서 여성 교역자의 현실은 열림과 닫힘, 진보와 정체가 동시에 존재하는 중층적 구조 속에 있다. 한쪽에서는 여성 교역자가 지역 사회를 섬기고 있고, 다른 한쪽에서는 여전히 여성 안수 논의조차 어려운 이중적 구조를 안고 있는 것이다.

2025년 2월 목회데이터연구소가 발표한 '목회자의 여성 교역자 인식과 실태 조사'에 따르면 목회자 10명 중 8명이 한국 교회 안에서 여성 차별이 존재한다고 응

> **유리천장**
> (Glass Ceiling)
>
> 한국 교회 안에서 여성 교역자들은 여전히 담임 목회의 기회는 드물고 교회 리더십 구조 주변에 머물러 있다. 교회가 하나님나라를 지향한다면 내부의 차별 구조부터 직면하는 것이야말로 신앙의 진정성을 묻는 출발점이 될 것이다.

여성친화적 교회란 여성만을 위한 교회가 아니다. 그것은 성별과 상관없이 누구든 하나님의 부르심에 따라 사역할 수 있고 리더로 세워질 수 있는 교회다.

답했다. 연령이 낮을수록 여성 차별 의견이 높았으며 여성 교역자의 경우 10명 중 9명이 차별이 존재한다고 응답했다.[1]

당사자의 경험 인식이 실제에 가깝다는 점을 고려할 때 이 문제는 개인적 문제를 넘어 공동체가 함께 풀어야 할 과제로 보인다. 또한 여성 전도사 절반은 교역자가 된 것을 후회한 적이 있으며 경제적 어려움을 해결하기 위해 이중직을 갖는 비율도 가장 높아 이들의 처우 개선에 교계의 관심이 제기되었다.

유리천장은 어떻게 재생산되는가

한국 교회에서 여성에게 성직과 목회의 기회가 열린 것은 분명하지만 모든 차별과 장벽이 해소된 것은 아니다. 앞서 언급한 목회자의 여성 교역자 인식과 실태 조사에서 '여성 교역자가 기성 교회에 담임목사로 청빙 받기는 매우 어렵다'는 데 90%가 동의했다. 남녀별로 보면 여성(94%)과 남성(88%)이 비슷하게 동의해, 여성 목사가 담임목사 청빙에 장벽을 느끼고 있다는데 남녀 간에 큰 차이가 없었다. 이번 '한국 교회 트렌드 2026 조사' 결과를 보아도 대부분 남성으로 구성된 담임목사들조차 여성 교역자가 여성이라는 이유로 어려움을 겪고 있다는 점에 77.5%가 동의했다.

여성 교역자들에게 여성으로서 겪는 어려움을 질문했을 때 '성역할을 구분하는 교회 문화'(29.3%)와 '청빙에서의 차별'(27.2%)을 가장 큰 어려움으로 꼽았다. 그다음으로 '가사와 육아, 가족 돌봄의 책임으로 인한 경력 단절'(19.1%), '담임목사 포함 남자 교역자 사이에서의 소외감'(8.3%), '남성보다 약한 인맥으로 인한 외로움'(5.2%) 순으로 나타나, 남성 중심의 목회자 사회에서 여성 교역자가 소외되고 있다는 인식을 갖고 있었다.

여성 교역자들은 대체로 비정규 사역이나 파트타임 사역에 몰려 있었다. 그들에게 담당하고 있는 부서를 질문했을 때 '교회학교'(70.7%)가 압도적으로 많았으며 '교구'(22.8%), '청년부'(20.4%)는 소수만 담당했다. 또 '교회 총괄'(6.5%), '행정'(3.1%) 등의 사역을 여성 교역자가 맡은 경우는 미미했다. 이 결과를 보면 직무 수행에 있어서 담임 목회

여성 교역자로서의 어려움
(Base=여성 교역자 전체, N=324, %)

- 성역할을 구분하는 교회: 29.3
- 청빙에서의 차별: 27.2
- 가사와 육아, 가족 돌봄의 책임으로 인한 경력단절: 19.1
- 담임목사 포함, 남자교역자 사이에서의 소외감: 8.3
- 남성보다 약한 인맥으로 인한 외로움: 5.2
- 배우자나 가족의 비협조적인 태도: 3.1
- 기타: 7.7

목회데이터연구소/기아대책, '한국 교회 트렌드 2026 조사'
(전국의 교회 여성 교역자 324명, 모바일조사, 지앤컴리서치, 2025.05.23.~05.28)

담당 부서(중복 응답)
(Base=여교역자 전체, N=324, %)

- 교회학교: 70.7
- 교구: 22.8
- 청년부: 20.4
- 교회 총괄: 6.5
- 교육(양육/훈련): 5.2
- 특수사역(아기, 군인, 고령, 다문화, 장애인 등): 4.3
- 기타: 3.1

목회데이터연구소/기아대책, '한국 교회 트렌드 2026 조사'
(전국의 교회 여성 교역자 324명, 모바일조사, 지앤컴리서치, 2025.05.23.~05.28)

나 설교 중심의 사역은 여전히 남성의 몫이고 여성은 교회학교에 집중된다고 할 수 있다. 같은 교육이라 하더라도 여성 교역자는 '청년부', '교육'(양육/훈련) 등 성인 대상 교육에서는 배제되고, 대부분 미성년자

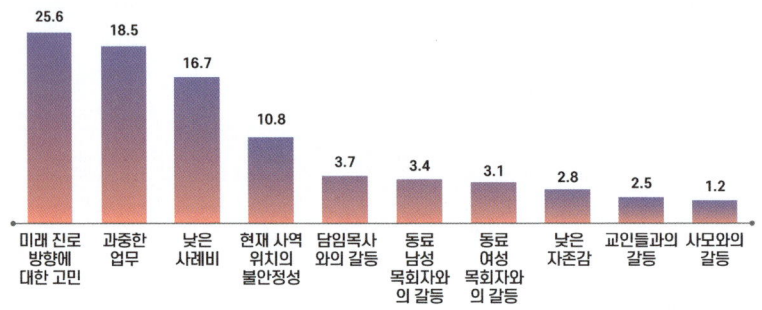

교육(교회학교)에만 역할이 국한되어 있었다. 이처럼 교회 내 역할 구분은 성별에 따라 분리되어 있는데 이는 여성 교역자들이 목회자로서 성장할 수 있는 경로를 차단하는 장벽이 된다.

여성 교역자들에게 사역할 때 힘든 점을 질문했는데 '미래 진로 방향에 대한 고민'을 4명 가운데 1명꼴인 25.6%가 응답해 여성 교역자의 가장 큰 고민이 미래에 대한 불안정성인 것을 알 수 있다. 이어 '과중한 업무'(18.5%)와 '낮은 사례비'(16.7%)로 나타났다. 그런데 여성 교역자의 사역 현실은 연령과 교단, 고용 형태에 따라 차이를 보였다. 특히 이번 조사에서는 각 세대가 처한 목회 환경과 고민의 양상이 뚜렷하게 나타났다.

3040세대 여성 교역자들은 사역 진입기에서 '미래 진로 방향에 대한 고민'(30대 32.5%, 40대 24.7%)과 같은 '불안정한 미래'를 가장 크게 체감했다. 담임 목회로의 진입 문은 좁고, 안정된 부서 사역이나 정

사역할 때 힘든 점 (응답자 특성별, 상위 5위)
(Base=여교역자 전체, N=324, %)

구분		사례 수 (명)	미래 진로 방향에 대한 고민	과중한 업무	낮은 사례비	현재 사역 위치의 불안정성	담임목사와의 갈등
전체		(324)	25.6	18.5	16.7	10.8	3.7
연령	19~29세	(45)	31.1	22.2	13.3	8.9	0.0
	30대	(83)	32.5	16.9	18.1	12.0	4.8
	40대	(89)	24.7	14.6	13.5	11.2	4.5
	50대	(76)	21.1	17.1	18.4	11.8	1.3
	60대	(31)	12.9	32.3	22.6	6.5	9.7
소속교단의 여성 목사 안수 허용 여부	허용함	(295)	25.1	20.0	17.3	10.8	3.1
	허용안함*	(29)	31.0	3.4	10.3	10.3	10.3

목회데이터연구소/기아대책, '한국 교회 트렌드 2026 조사'
(전국의 교회 여성 교역자 324명, 모바일조사, 지앤컴리서치, 2025.05.23.~05.28)
*여성 목사 허용하지 않는 교단의 소속 여교역자 사례수가 29사례임을 해석시 유의할 것

규직 자리는 한정적이다. 그래서 이들은 계속해서 신학대학원에 진학하거나, 박사 과정을 준비하고 외부 훈련을 받는 방식으로 스스로를 증명하려 한다. 이는 목회자가 아닌 학생의 정체성으로 오래 머물게 하는 구조적 아이러니를 낳는다.

반면 60대 여성 교역자들은 '과중한 업무'(32.3%)와 '낮은 사례비'(22.6%)를 가장 큰 어려움으로 꼽았다. 이들은 이미 오랜 시간 목회에 헌신해 왔지만 사역의 구조적 뒷받침은 부족했고 은퇴 이후의 삶도 불안정한 상태였다. 한편 중간 관리자로서 사역의 중심을 잡아주는 50대의 경우 기회는 늘었지만 책임은 무거운 상태였다.

여성 안수를 허용하지 않는 교단에 속한 여성 교역자들의 경우

는 여성 안수 허용 교단 소속 여성 교역자보다 '미래 진로에 대한 고민'(31.0%)과 '담임목사와의 갈등'(10.3%)을 상대적으로 더 큰 문제로 꼽았다. 이는 제도적 지지 기반 없이 목회자로서의 정체성을 확립하고 실천하기 어려운 현실을 반영한다. 이번 조사에서는 젊은 여성 교역자일수록 사역의 불안정성과 미래 진로에 대한 막막함을 더 크게 느끼고 있었으며, 구조적 차별을 개인의 역량 부족으로 감내하고 있는 실태가 드러났다. 세대별 차별 인식의 분포와 반복은 곧 '구조화된 차별'의 전형을 보여주는 지표다.

이런 차별적 구조 안에서 여성 교역자는 자의 반 타의 반으로 파트타임 사역자로 종사하는 경우가 많다. 교회 내 직책을 질문했을 때 52.5%가 파트타임 사역자였는데 그들이 파트타임 사역을 하는 이유는 '자녀/부모 등 가족을 돌보기 위해'(19.3%)와 '아직 신학교에 재학 중이어서'(19.3%)가 가장 많았다. 그다음은 '자유로운 사역을 위해'(14.7%), '공부를 더 하기 위해서'(12.0%) 순으로 나타났다.

연령별로도 차이가 있었는데 목회자 훈련을 받고 나서 가장 활발하게 사역할 수 있는 3040세대 여성 교역자는 가족 내에서 돌봄 역할을 맡고 있기 때문에 파트타임을 선택했다는 응답이 많았다. 여성 교역자는 이로 인한 경력 단절을 극복하고 50대가 되어 목회 현장에 다시 진입하기 위해 공부를 더 해보지만 금세 60대가 되고 나면 선택할 수 있는 길은 매우 적어진다. 여성 교역자는 60대가 되어야 비로소 소명대로 자유롭게 사역할 수 있는 여건이 갖추어지지만 정작 할 수 있는 사역은 제한된다.

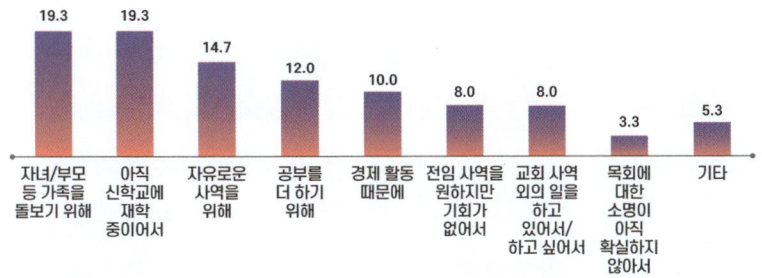

제도가 만든 인식과 경험의 차이

"우리 교회는 남성, 여성 목사님 모두 사역을 잘하세요."

"설교나 교회 전체 행정은 남성 목사들이 더 잘하는 것 같아요."

이번 한국 교회 트렌드 분석을 하면서 소속 교단의 여성 안수 제도의 유무에 따라 여성 교역자들이 교회의 주요 사역에 대해 어떤 태도와 인식을 보이는지 살펴보는 것은 하나의 관전 포인트였다. 과연 여성 안수 제도가 형식적 평등에 그친 것인지, 아니면 인식의 변화를 이끌어 냈으며 그 영향력의 범위는 충분한지를 살펴봤다.

이를 알아보기 전에 여성 교역자들에게 교회 사역들에 대해 성별로 어느 사역이 더 적합한지를 질문했다. 총 10가지 사역 종류를 제시하

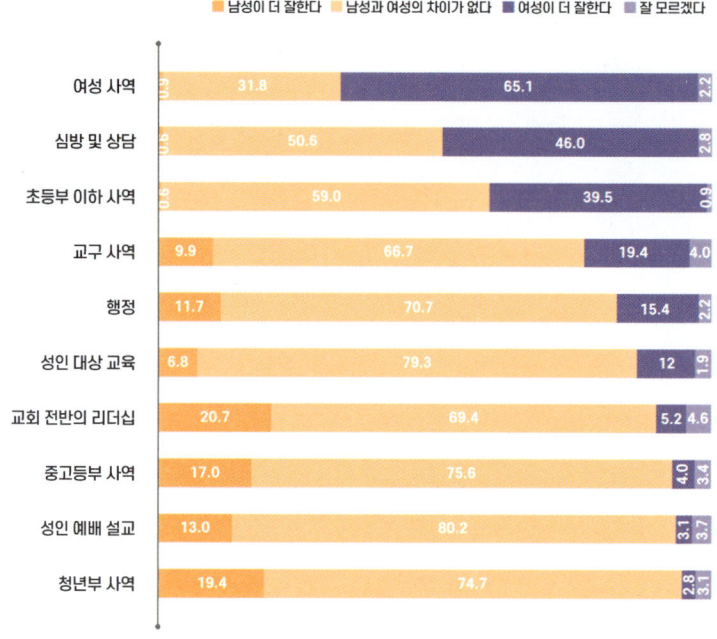

고 남성이 잘하는지, 여성이 잘하는지는 각각 물었다. 그 결과 남성보다 여성이 잘하는 사역으로는 '여성 사역', '심방 및 상담', '초등부 이하 교회학교 사역', '교구 사역', '행정', '성인 대상 교육' 등에서 더 잘한다고 응답했다. 총 10가지 사역 중 6개 사역에서 여성이 남성보다 우위를 갖는다고 답한 것이다. 그런데 이 6가지는 설교를 제외한 교회의 주요 사역들을 망라한 것임을 알 수 있다.

주목할 것은 실제 교회 현장에서 남성이 주된 역할을 하고 있는 '교구 사역', '행정', '성인 대상 교육' 분야에서 여성 교역자들은 자신들이 남성 교역자보다 더 우월하다고 인식하고 있다는 점인데, 이에 대해 한국 교회 담임목사들이 목회 운영에서 곱씹어볼 필요가 있다. 반대로 '교회 전반의 리더십', '중고등부 사역', '성인 예배 설교', '청년부 사역'에서는 남성이 여성보다 우위에 있다고 응답했다.

이번에는 이 결과들에 대해 여성 안수가 허용되는 교단과 그렇지 않은 교단별로 여성 교역자의 인식이 어떻게 다른지 살펴보았다. '교회 전반적인 리더십'과 관련해 여성 안수가 허용된 교단에 속한 여성 교역자들은 '성별 차이가 없다'(71.9%)에 가장 많이 응답했다. 이어 '남성이 더 잘한다'(18.3%), '여성이 더 잘한다'(5.1%)로 답해, 대체로 다양한 영역에서 여성과 남성이 차이 없이 사역을 할 수 있다는 인식을 갖고 있었다. 그런데 여성 안수를 허용하지 않는 교단의 여성 교역자는 '성별 차이가 없다' 44.8%로 뚝 떨어졌고, 오히려 '남성이 더 잘한다고'(44.8%)고 응답해 인식 차이가 큰 것으로 나타났다.

세부적으로 보면 여성 안수를 허용하지 않는 교단의 여성 교역자가 허용 교단의 보다 '청년부 사역', '중고등부 사역', '성인 예배 설교', '행정', '성인 대상 교육' 등의 영역에서 "남성이 더 잘한다"고 인식하는 비율이 높았다. 이를 종합하면 여성 안수를 허용하지 않는 교단의 여성 교역자 그룹에서 남성 리더십에 대한 신뢰도가 높고 성역할에 대한 구분이 더 강하다는 결론에 이르게 된다.

왜 이런 인식의 차이가 생겨날까? 단순한 교리나 신학 차이에서 비롯된 것이 아니라 여성 교역자의 경험 차이가 영향을 미쳤다고 볼 수 있다. 여성 목사들은 제한적이기는 하지만 전도사보다 더 넓은 사역

성별에 따른 사역 적합성 인식 – 교회 전반의 리더십

(Base=여성 교역자 전체, N=324, %)

구분		사례수 (명)	남성이 더 잘한다	남성과 여성의 차이가 없다	여성이 더 잘한다	잘 모르겠다	계
전체		(324)	20.7	69.4	5.2	4.6	100.0
소속교단의 여성 목사 안수 허용 여부	허용함	(295)	18.3	71.9	5.1	4.7	100.0
	허용안함*	(29)	44.8	44.8	6.9	3.4	100.0

목회데이터연구소/기아대책, '한국 교회 트렌드 2026 조사'
(전국의 교회 여성 교역자 324명, 모바일조사, 지앤컴리서치, 2025.05.23.~05.28)
*여성 목사 허용하지 않는 교단의 소속 여교역자 사례수가 29사례임을 해석시 유의할 것

각 항목별 '남성이 더 잘한다' 응답률
(소속교단의 여성안수 허용 여부별)

(Base=여성 교역자 전체, N=324, %)

구분		교회 전반의 리더십	청년부 사역	중고등부 사역	성인 예배 설교	행정	교구 사역	성인 대상 교육	여성 사역	초등부 이하 사역	심방 및 상담
소속교단의 여성 목사 안수 허용 여부	허용함	18.3	18.0	16.3	10.8	10.8	9.5	6.1	1.0	0.7	0.7
	허용안함*	44.8	34.5	24.1	34.5	20.7	13.8	13.8	0.0	0.0	0.0

목회데이터연구소/기아대책, '한국 교회 트렌드 2026 조사'
(전국의 교회 여성 교역자 324명, 모바일조사, 지앤컴리서치, 2025.05.23.~05.28)

경험을 할 수 있는 기회가 있다. 사역 경험이 쌓이면 그 일을 더 잘할 수 있게 되는 것이 자연스럽다. 이런 사역 경험 유무가 여성 능력에 대한 인식 차이를 불러온 것이다. 여성 안수 제도를 시행한 교단에는 이미 담임목사, 총회 임원, 노회장 등으로 활동하는 여성 리더들이 다수 존재한다. 이들은 단지 제도적 안착의 상징이 아니라 다음세대 여성

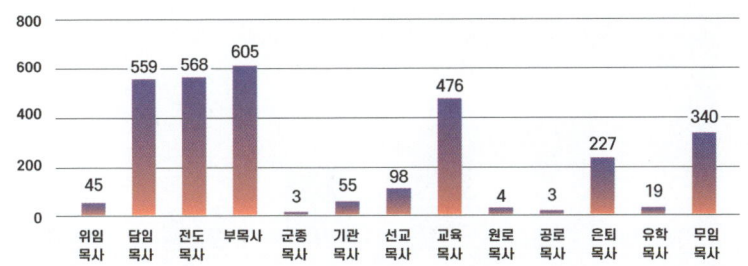

대한예수교장로회 총회(통합), 통계위원회 보고서 (69개 노회 보고, 2023년 말 기준)

교역자들에게 구체적인 롤모델이 되고 있다. '이 길을 걸어온 선배가 있다'는 확신은 다음 리더십의 발걸음을 더 견고하게 만든다.

해마다 전수 조사를 통해 교세 통계를 보고하는 예장 통합 교단의 경우 여성 안수 제도를 시행한 지 30년이 되는 시점에 여성 목사가 3,002명이라고 보고했다. 이는 교단 전체 목사의 약 13%를 차지한다. 전통적인 성역할에 따라 교회 교육을 담당해온 여성 교역자들이 이제는 교육 파트를 넘어 교구와 행정을 책임지는 부목사로, 설교와 성례를 비롯해 목회 전반에서 리더십을 발휘하는 담임목사로 자리매김하고 있다.

반면 여성 안수가 불가능하거나 극히 제한적인 교단에서 여성 리더십은 여전히 추상적이거나 예외적 존재로 남는다. 이는 다음세대에게 리더십의 가능성을 보여주지 못하고 사역의 꿈을 제약하는 문

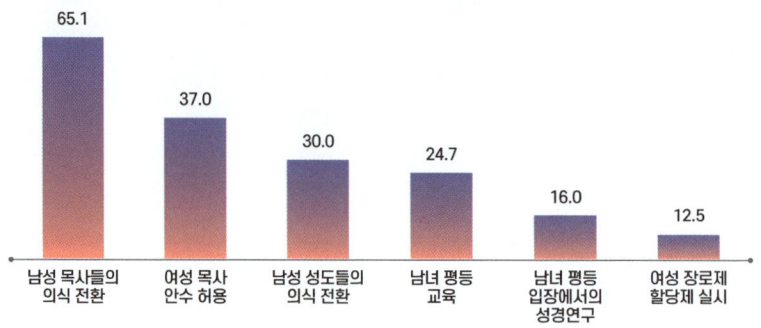

화적 장벽이 된다. 따라서 여성 리더십을 일상화하고 교회 생태계 안에서 그들이 건강하게 자라나게 하려면 강단, 행정, 회의 구조 등 모든 자리에서 여성도 신뢰받는 리더가 될 수 있다는 경험이 누적되어야 한다.

2024년 목회데이터연구소가 발표한 '목회자의 여성 교역자 인식 조사'에서 교회 내 남녀 불평등을 개선하기 위해 필요한 조치가 무엇인지를 질문했다. 그 결과 아직 여성 목사를 허용하지 않는 교단 목회자를 기준으로 '여성 목사 안수 허용'이 2위로 꼽혔다. 이 조사 결과가 남성 목회자까지 포함한 응답임을 감안하면 여성 안수를 허용하지 않는 교단에서 가장 시급한 과제는 여성 안수제 도입이라는 점은 분명하다.

성차별 경험 유무

(Base=여성 교역자 전체, N=324, %)

구분		사례수(명)	있다	없다	계
전체		(324)	62.7	37.3	100.0
연령	19~29세	(45)	53.3	46.7	100.0
	30대	(83)	56.6	43.4	100.0
	40대	(89)	68.5	31.5	100.0
	50대	(76)	60.5	39.5	100.0
	60대	(31)	80.6	19.4	100.0

목회데이터연구소/기아대책, '한국 교회 트렌드 2026 조사'
(전국의 교회 여성 교역자 324명, 모바일조사, 지앤컴리서치, 2025.05.23.~05.28)

교역자 아닌 여성으로 판단 받아

"저는 하나님의 사역자로 일하는데 교회에서는 여전히 여자로 보네요."

"신학교 동기이고 공부도 저보다 못했는데 담임목사로 가네요."

여성 교역자가 증가하고 있지만 사역 현장에서의 경험은 여전히 성별에 따라 달라지고 있다. 성차별 유무를 묻는 질문에 여성 교역자 10명 중 6명 이상(62.7%)이 '있다'고 답했다. 연령별로 분석하면 20대와 30대는 각각 53.3%와 56.6%로 비슷한 비율이었으며, 40대(68.5%)와 50대(60.5%)가 60%대의 차별 경험을 보였다. 60대 응답자는 10명 중 8명(80.6%)이 '교회에서 여성이기 때문에 받은 차별이나 어려움을 경험했다'고 했다. 이 결과를 보면 연령이 높을수록 성차별

경험이 많고 연령이 낮을수록 성차별 경험이 적었다. 이는 교회 현장에서 갈수록 성차별 요소가 사라지고 있다는 긍정적인 측면을 말해 주지만, 동시에 젊은층에서도 절반이 넘는 비율로 성차별 경험이 있다고 밝힌 것은 성차별이 여전하다는 것을 방증한다.

구체적인 성차별 경험의 내용으로는 '교인들로부터 남성 교역자와 동등한 존중을 받지 못한다'는 응답이 56.2%로 가장 많았고, 그다음은 '사례비 및 처우 차별'(43.8%), '청빙에서의 차별'(38.9%)로 이어졌다. 또 여성 교역자는 '설교 등 업무 배정에서 차별'(35.5%)과 '각종 모임에서 자리 배치 또는 소개되지 않고 지나치는 경험'(28.6%)을 종종 겪으면서 목회자로서 충분히 존중받지 못하는 현실 속에 있었다.

연령별로 보면 그 특징이 더 드러난다. 20대의 79.2%가 '남성과 동등한 존중을 받지 못한다'고 답했다. 요즘 학교는 과거와 달리 그 판도가 달라져 남녀 학생 차별이 거의 없는데다 여학생들이 오히려 학

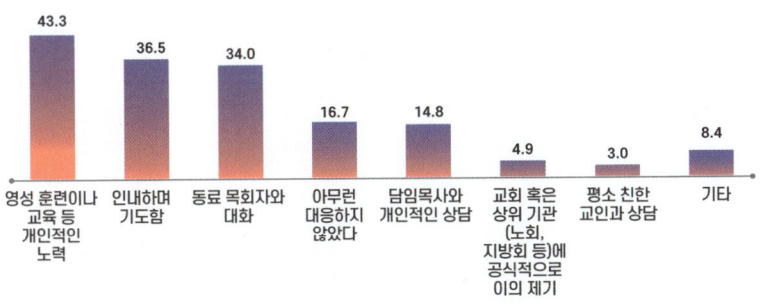

업 성적이 뛰어난 경우가 많다. 이런 환경 속에서 성장한 여성들이 교회로 들어왔을 때 남성과 동등한 존중을 받지 못한다면 거부 반응을 보일 수밖에 없을 것이다.

30대는 '사례비 차별'(53.2%)을 가장 많이 절감했다. 미래를 준비하거나 가정생활을 영위하면서 경제적인 문제에 민감하게 반응하는 것이다. 50대와 60대는 '목회자 청빙에서의 차별'을 많이 호소했다. 자신과 똑같이 신학을 공부하고 사역을 시작한 남성이 담임목사로 청빙되는 동안 이를 지켜볼 수밖에 없는 여성 교역자의 마음이 드러난 것이다.

사역의 자격보다 성별이 먼저 고려되는 문화는 여성 교역자의 리더십이 자라기 어려운 토양이 된다. 제도가 변하더라도 인식과 문화가 그 속도를 따라가지 못하면 여성 리더십은 여전히 '예외'로 취급된다.

여성 교역자들은 이런 성차별에 어떻게 대응하고 있을까? 조사 결

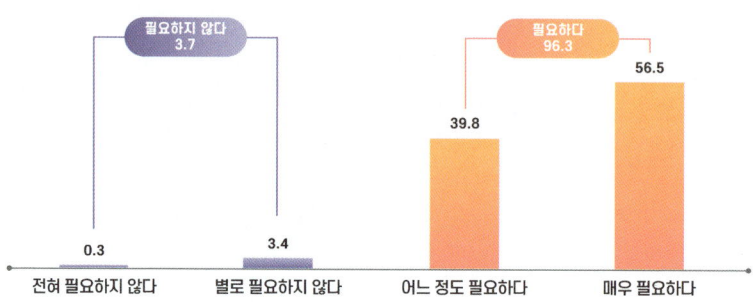

목회데이터연구소/기아대책, '한국 교회 트렌드 2026 조사'
(전국의 교회 여성 교역자 324명, 모바일조사, 지앤컴리서치, 2025.05.23.~05.28)

과 '영성 훈련이나 교육 등 개인적 노력'(43.3%)을 가장 많이 한다고 응답했다. 이어 '인내하고 기도'(36.5%)하며 '동료 목회자와 대화'(34.0%)하는 것으로 답했다. '교회/상위 기관에 공식적으로 이의 제기'를 한다는 응답은 4.9%에 불과했다. 이 결과에서 보듯 여성 교역자들은 차별에 대해 개인적 차원의 대응에만 머물 뿐, 공식적으로 문제를 제기한다거나 공동체의 책임을 환기시키는 일은 하지 못하는 것으로 나타났다. 남성 교역자 중심의 문화와 담임목사 대부분이 남성인 교회 현실에서, 교인들의 인식이 남녀 교역자를 차별하는 상황에서 여성 교역자 개인이 문제를 공론화하고 구조 개선에 나서기란 쉽지 않은 것이다.

여성 교역자들이 개인적으로 문제 제기를 하기 어려운 상황에 있는 것을 고려할 때, 여성 교역자 사역 확대를 위한 제도적 개선책에 대해 '필요하다(매우+어느 정도)'는 데 절대 다수(96.3%)가 동의했다. 여기에

여교역자를 위해 개선해야 할 정책 (응답자 특성별)

(Base=여교역자 전체, N=324, %)

구분		사례수 (명)	총회와 노회/연회/지방회 등에서 여성대표/여성임원 비율 확대	출산 휴가와 육아휴직 보장	신학교와 노회, 총회 등에서 정기적인 양성평등 인식 교육 의무화	개교회부터 총회까지 양성평등 논의 기구 설치(예: 여성위원회, 양성평등위원회 등) 운영	여성 안수제 통과	기타	계
전체		(324)	37.7	22.8	21.3	10.5	3.7	4.0	100.0
연령	19~29세	(45)	40.0	37.8	13.3	4.4	2.2	2.2	100.0
	30대	(83)	30.1	37.3	13.3	8.4	4.8	6.0	100.0
	40대	(89)	28.1	20.2	32.6	10.1	4.5	4.5	100.0
	50대	(76)	53.9	6.6	21.1	11.8	3.9	2.6	100.0
	60대	(31)	41.9	9.7	22.6	22.6	0.0	3.2	100.0
소속교단의 여성 목사 안수 허용 여부	허용함	(295)	40.3	23.1	21.7	10.5	0.3	4.1	100.0
	허용 안함*	(29)	10.3	20.7	17.2	10.3	37.9	3.4	100.0

목회데이터연구소/기아대책, '한국 교회 트렌드 2026 조사'
(전국의 교회 여성 교역자 324명, 모바일조사, 지앤컴리서치, 2025.05.23.~05.28)
*여성 목사 허용하지 않는 교단의 소속 여교역자 사례수가 29사례임을 해석시 유의할 것

는 담임목사도 92.6%가 동의해 제도 개선의 필요성은 공감하고 있었다.

끝으로 여성 교역자들에게 여성 교역자를 위한 제도적 개선책을 질문했다. 이들은 총회나 노회, 연회나 지방회에서 '여성 대표와 여성 임원 비율 확대'(37.7%)를 가장 많이 답했다. 그다음으로 '출산 휴가와 육아 휴직 보장'(22.8%), '정기적인 양성평등 인식 교육 의무화'(21.3%) 등의 제도 개선을 원한다고 응답했다.

5060세대 여성 교역자들은 교회가 속해 있는 교단 상부 논의 구조에서 여성의 참여를 늘리는 것에 크게(50대 53.9%) 동의했고, 교계

의 양성평등 논의 기구 설치에도 적극적으로 동의(60대 22.6%)했다. 2030세대 여성 교역자들은 출산 휴가와 육아 휴직 보장(37%)을 요구하는 목소리가 높았다. 또 여성 안수가 허용되지 않는 교단의 여성 교역자들은 '여성 안수 제도'의 통과를 1위로 응답했다.

트렌드 전망 및 시사점

성역할에서 탈피하면 보이는 리더십

여성 교역자 리더십의 강점은 권위적이지 않고 관계 중심적이며 공동체 지향적이라는 점이다. 이는 단지 여성적 특성이 아니라 오늘날 교회가 더 절실하게 필요로 하는 리더십의 방식이다. 교회의 위기 속에서 필요한 것은 더 큰 목소리가 아니라 더 깊은 경청과 더 촘촘한 돌봄이다. 여성 교역자들이 이러한 방식의 리더십을 교회 안에 세우고 있다는 사실은 단지 성별의 문제가 아니라 교회 전체의 건강성과도 관련이 있다. 지금 우리는 단지 구조를 바꾸는 것을 넘어 리더십의 감각과 상상력 자체가 바뀌는 현장을 목도하고 있다.

최근 신대원생을 대상으로 한 설문 조사[2]에서 나타났듯 신대원 입학생 연령이 점점 높아지면서 졸업 후 목회자가 되더라도 50대에 사역에 진입하는 여성 교역자들이 많아질 것으로 전망된다. 2030세대 여성 교역자는 부교역자로 목회를 처음 시작해 사역지에서 경험을 쌓은 후 비로소 담임 목회를 고려하지만, 중장년의 나이에 신학교를 졸업하는 이들은 기존 사회 경력이나 교회 안에서 집사, 권사, 여전도회 회장 등의 직분을 맡으며 발휘했던 지도력을 목회 사역에서 더 성장시켜야 한다.

이들은 노회나 연회, 지방회 같은 목회자 그룹에서 소속감을 새로 만들어야 하기 때문에 교단 차원의 멘토링 시스템을 마련해야 하며 그 생애 조건에 맞는 사역 기회를 다양화할 필요가 있다. 많은 교회들이 부교역자를 구하는 데 어려움을 겪고 있으며, 앞으로 목회자 수급 문제가 더욱 커질 것으로 예상되기 때문에 중장년 시기에 목회 현장에 진입하는 여성 교역자들이 교회 사역에 안착할 수 있도록 준비해야 한다.

양질의 사역자 공급은 여성 교역자 양성에 달렸다

지금은 우리 사회 전반에 학력 수준이 높아지면서 여성 교역자들 역시 석사 학위 이상의 학력과 목회를 위한 전문성을 갖춘 경우가 많다. 그런데도 이들은 현실적으로 파트타임 부교역자로 일하는 경우가 많다. 따라서 여성 교역자들이 목회자로서 진정성과 전문성을 갖추고 현장에서 능숙하게 직분을 수행하기 위해서는 임신, 출산, 육아와 관련한 제도적 지원이 필요하며 출산, 육아 등의 생애주기적 변곡점을 겪은 여성 교역자가 사역 현장에 복귀할 수 있는 대책도 마련해야 한다.

장로회신학대학교(이하 장신대) 글로컬현장교육원은 2017년부터 2021년까지 '여성 교역자 사역 잇기' 프로그램을 운영하며 출산, 육아 휴가로 인해 사역 공백에 놓여 있는 여성 교역자들을 위해 실제적 지원을 시도했다. 임신 또는 출산 예정인 여성 교육 전도사가 출산 휴

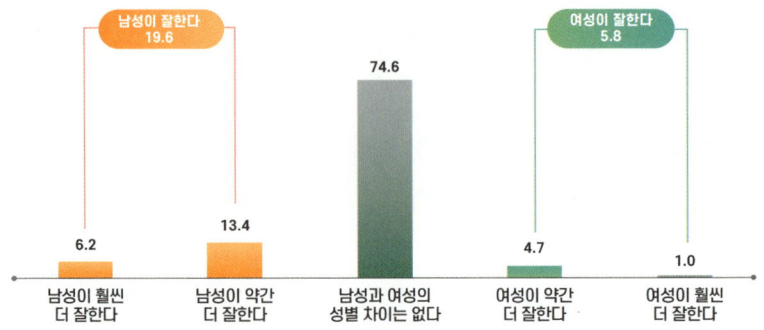

가(최대 3개월)를 사용하면 장신대는 신학대학원 재학생 또는 동문 졸업생을 해당 교회로 파송해 사역을 대체하는 프로그램이다. 주로 재학생 중에서 지원자 면접을 통해 학교가 검증한 전도사를 파송하면 교회로부터 사례비를 받지 않고 학교에서는 이를 현장 실천 과목 학점으로 인정하며 활동비를 지급하는 방식으로 교회와 학교 양측의 부담을 최소화했다.

이는 시스템 협업 구조로 학교는 '학내-여동문회-교회'의 협력 체계를 구축해 여성 교역자가 출산 휴가를 안심하고 사용할 수 있도록 도왔다. 프로그램을 시행하는 동안 여성 교역자는 경력 단절 대신 일시적 휴직이 가능했고, 학생은 실전 목회 경험을 쌓을 수 있어 교육적 효과가 있었다. 교회는 사례비 부담 없이 사역의 연속성을 확보할 수 있었다. 이 프로그램은 교회-학교-교단이 함께 협력해 사역 지원망을

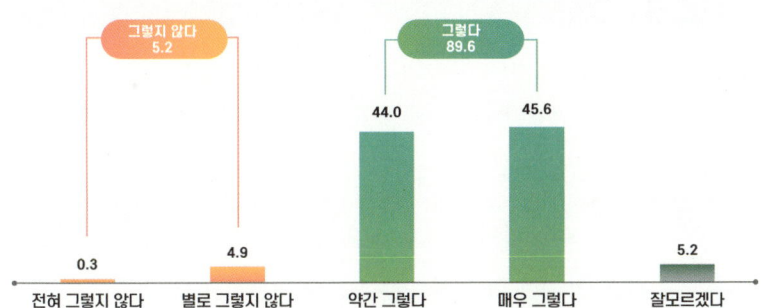

구성한 모범 사례로, 출산, 육아로 사직 위기에 놓인 여성 교역자의 어려움을 극복하게 한 의미 있는 시도였다.

한국기독교장로회(기장)에서는 장신대의 '여성 교역자 사역 잇기' 프로그램을 한층 확대 보완해 총회 차원에서 모성보호법과 육아휴직 제도를 보장하도록 결의했다. 기장 교단의 모성보호법과 육아휴직 제도, 해외 교단의 가족 친화형 규정 등을 볼 때 이는 단순한 정책을 넘어 사역 생태계를 구성하는 협업 모델이라 할 수 있다. 이처럼 제도적 변화와 여성 교역자가 실제 목회 현장에서 수행할 수 있는 사역의 지평을 넓히는 작업이 함께 이루어져야 한다.

이번 조사에서 여성 교역자의 사역 역량에 대해 담임목사의 경우 '성별 차이가 없다'고 응답한 비율이 70%를 상회하고 있고, 여성 교역자가 교회 사역자로서 역량이 있다고 응답한 성도들이 무려 89.6%에 달하고 있어 교회 내 여성 교역자 역할에 대한 신뢰가 높게 형성되어 있음을 보여주고 있다. 이는 여성 교역자가 특정 분야에 한정되지 않고 설교, 상담, 행정, 교육, 사회참여 등 다양한 영역에서 중심 리더십을 감당할 수 있는 기반이 마련되고 있는 신호로 보인다.

유리천장 없는 교회

여성 교역자가 개교회에서 담임 목회나 주요 직무를 수행하려 한다면 다음과 같은 장벽을 극복하도록 도와야 한다.

첫째, 역할 고정화 인식이다. 여전히 많은 교회가 여성 교역자를 '교육전도사' 또는 '보조 리더'로 국한해 사역을 배정한다. 그런데 5060 세대 여성 교역자의 응답을 보면 전통적으로 여성의 영역이라고 여겨지는 교회학교 이외의 영역에서도 활발하게 사역하고 있음을 알 수 있다. 여성 교역자들은 중고등부와 청년부, 예배 설교, 교구, 행정, 심방 및 상담 등 전방위적으로 사역을 담당하고 있으며 담임 목회를 하는 이들도 증가하고 있다. 따라서 사역 배정에 있어서 성별 역할보다 먼저 전문성과 능력을 고려하는 것이 향후 교회 사역의 추세가 될 것이다.

둘째, 여성 리더십에 대한 편견이다. 교인 다수는 이론적으로는 성별을 구분하지 않지만, 실제 설교나 의사 결정을 여성에게 위임하는 데는 심리적 장벽을 갖고 있다. 특히 교회에서 의사 결정 리더십을 갖고 있는 중직자 그룹과 60대 이상 남성들은 다른 그룹에 비해 여성 교역자의 역량을 낮게 평가하는 경향이 나타나 이들의 인식 개선이 시급해 보인다.

셋째, 문화적 인식 개선과 리더십의 확장이다. 교회와 신학 교육 과정 안에서 여성 리더십의 가치를 강화하고 교인 대상 인식 개선 캠페인을 통해 리더로서의 여성 교역자를 자연스럽게 받아들이는 분위기를 조성해야 한다. 교단과 노회, 연회 차원의 공공 직책에 여성을 적극적으로 참여시키는 제도가 필요하다.

2010년 대전 성남교회는 교회 창립 55주년을 맞아 여성 장로 10명을 한꺼번에 세워 교인들의 인식과 당회 운영을 쇄신하는 성과를 거두었다. 제도가 안착되도록 교인들을 설득하고 공감을 얻는 과정이 필요한데, 이때 담임목사의 의지가 매우 중요하게 작용한다.

2026년 교회 창립 100주년을 맞는 도림교회는 최근 항존직 선거에서 16명의 장로를 피택했는데 그중 8명이 여성 장로로 세워졌다. 이와 같은 교회의 새로운 시도는 여성 리더십에 대한 교회의 개방성을 확대하고, 여성 담임목사의 수용성을 높이는 분위기를 만드는 데 적잖은 영향을 미칠 것이다.

여성화된 교회? 여성친화적 교회!

최근 일부 담론에서는 오늘날 교회를 '여성화되었다'고 진단하며 위기의 징후로 받아들인다. 여성 교역자 수가 많아지고 남성의 참여가 줄어들었다는 현실을 근거로 교회가 부드럽고 감성적인 집단이 되었으며 그로 인해 본래의 영적 권위나 리더십이 약화됐다는 것이다. 하지만 이런 시각은 여성의 리더십과 사역을 축소하거나 돌봄과 공감이라는 교회의 본질적 기능을 오히려 약화시키는 해석일 뿐이다.

'여성화'라는 단어가 단지 성비(性比)의 문제가 아니라 교회 쇠퇴의 원인처럼 사용될 때 우리는 질문해야 한다. 정말 지금 교회에 필요한 것이 남성 중심성의 회복인가? 아니면 모두가 하나님의 부르심을 따라 사역하고 안전하게 소속되며 함께 자라는 공동체인가?

사실 돌봄과 공감, 관계와 협력은 오랜 시간 여성 교역자들이 감당해온 사역의 언어였다. 목회자들도 여성 교역자의 강점으로 '섬세한 공감 능력'과 '공동체 돌봄과 치유적 리더십'을 꼽았다.³

'여성화된 교회'란 표현은 이 언어들이 중심에 놓였다는 뜻일 수도 있다. 그리고 그것은 교회가 다시 강해졌다는 말로도 해석될 수 있다.

여성의 감수성과 리더십은 교회를 부드럽게 만든 것이 아니라 더 깊이 있게 만들었다. 더디지만 성실하게, 중심이 아니라 주변에서, 그러나 결코 작지 않은 손으로 교회를 일으켜온 이들의 흔적이 오늘날 교회의 숨결을 지켜내고 있다.

신학자 캐롤 라키 헤스(Carol Lakey Hess)는 교회를 '공동의 집'(shared house)으로 부르며 여성들이 그 집을 돌보는 '자연스러운 신학자'라고 표현했다. 그녀의 말처럼 돌봄과 관계, 환대의 사역은 결코 주변적이지 않다. 오히려 그것은 교회의 생명을 지탱해온 가장 본질적인 힘이었다. 이제는 이를 여성적이라고 부르기보다는 '여성친화적'이라고 이름 붙이는 것을 제안한다.

여성친화적 교회란 여성만을 위한 교회가 아니다. 그것은 성별과 상관없이 누구든 하나님의 부르심에 따라 사역할 수 있고 리더로 세워질 수 있는 교회다. 그것은 돌봄을 특권이 아니라 공동의 책임으로 여기는 교회이며, 권위가 아닌 관계로, 서열이 아닌 협력으로 사역을 이어가는 생태계다.

우리는 엄청난 변화를 매일 경험하고 있다. 단일한 리더십 경로와 수직 구조로는 감당할 수 없는 시대에 교회는 이제 그물망을 짜야 한다. 서로 연결되고 생애와 조건이 달라도 함께 걸을 수 있는 사역의 구조, 바로 그것이 여성친화적 교회가 지향해야 할 방향이다. 교회의 미래는 여성성을 긍정적으로 받아들이고 여성 리더십을 주변이 아닌 중심에서 세울 때 더 넓어질 수 있다. 지금은 여성화된 교회를 걱정할 때가 아니다. 유리천장이 없는 교회, 모두를 위한 교회를 꿈꿔야 할 때다.

헌금: 패러다임 쉬프트

한국 교회는 1885년 언더우드와 아펜젤러 선교사의 입국 이후 올해로 선교 140주년을 맞이했다. 선교 초기부터 한국 사회와 함께 호흡해온 한국 교회는 1960년대부터 1980년대까지 빠르게 성장했으며 90년대 이후에는 성장세가 둔화됐다가 최근에는 교세가 점차 축소되는 시기를 맞고 있다.

한국 교회의 성장 요인에 대해서는 여러 차원의 해석이 존재하는데 종교사회학에서는 헌금이 교회 성장의 재정적 기반이 되었다는 분석도 제기된다. 헌금의 영적 신학적 의미를 차치하더라도 교회 유지와 성도 교육, 전도 및 선교 등 아웃리치 사역은 헌금을 통해 가능해진다. 이처럼 헌금의 동향은 교회의 존속과 미래 사역에 중대한 영향을 미친다.

하지만 세계 경제 악화와 불황, 인구 감소, 교인 축소와 고령화 등은 교회 내외부 사역 자체를 위협하는 직간접적 요인으로 작용한다. 더욱이 최근 헌금에 관한 동향을 살펴보면 과거와는 다른 새로운 변화들이 감지되고 있다. 헌금에 대한 인식, 헌금을 드리는 방식, 재정 지출에 대한 인식 등 헌금을 둘러싼 패러다임이 변화하고 있다. 이러한 변화는 향후 교회가 헌금 문화를 형성해 가는 데 중요한 변수가 될 수 있으며 목회 방향에도 영향을 미칠 수 있다.

이 글에서는 한국 교회의 헌금 동향을 분석하고 그 원인을 살펴보며 다양한 헌금 방식과 그 변화 양상을 통해 교회의 전반적인 헌금 문화를 조망하고자 한다.

"한국 교회, 코로나 이후 교회 헌금 34% 줄어"

한국 교회 성도들은 헌금에 적극적으로 참여하는 것으로 잘 알려져 있다. 주정헌금, 십일조, 감사헌금은 물론, 부활절과 같은 절기헌금, 건축헌금 등 다양한 명목의 헌금이 존재한다. 십일조를 포함해 헌금에 성실하게 참여하는 성도는 실제로 자신의 소득 중 10%를 넘게 헌금하는 경우도 적지 않다. 빠듯한 생활 여건 속에서 이런 수준의 헌금은 부담이 될 수 있지만 많은 성도들은 이를 순수한 믿음의 표현으로 받아들이고 있다.

그러나 최근 헌금 문화에 뚜렷한 변화가 나타났다. 가장 눈에 띄는 변화는 헌금의 감소다. 이번에 실시한 '한국 교회 트렌드 2026 조사'에 따르면 코로나 이전과 비교해 교회 헌금이 '줄었다'고 응답한 목회자는 34.3%에 달했고 '늘었다'는 응답은 23.3%로 조사되었다.

전체적으로 헌금이 '줄었다'는 응답이 '늘었다'는 응답보다 11.0%p 높았다. 전반적인 헌금 규모도 코로나 이전 대비 전국 평균 96.0% 수준으로 아직 완전한 회복에는 이르지 못한 상태다.

이 같은 경향은 성도를 대상으로 한 조사에서도 확인된다. 최근 3년간 헌금 수준 변화에 대해 성도의 56.6%는 '비슷하다'고 응답했으며, '늘었다'는 19.0%, '줄었다'는 24.3%로 나타났다. 목회자 조사만큼 큰 차이는 아니지만 여전히 '줄었다'는 비율이 5.3%p 더 높았다.

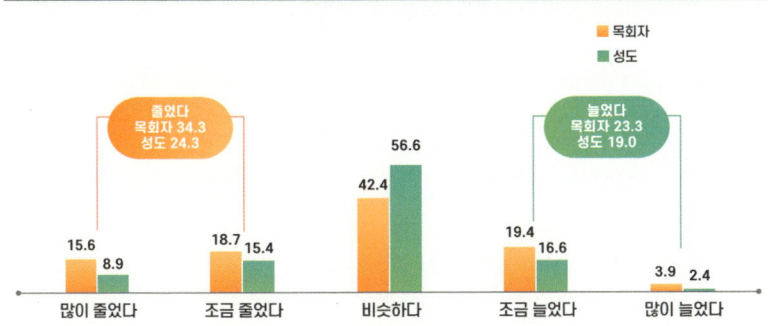

등장 배경

"가게를 운영하고 있는데 손님이 없어요. 헌금 드리기도 버겁습니다."

"바쁜 직장생활에 육아까지… 교회 출석을 자꾸 빼먹네요."

성도들의 헌금 여력 약화

그렇다면 왜 헌금이 줄어들었을까? 이 문제는 두 가지 차원에서 접근할 수 있다. 하나는 헌금을 드리는 개별 성도 차원, 다른 하나는 성도들의 집합체인 교회 차원이다.

먼저 성도 개인의 차원을 살펴보면 헌금이 줄어든 가장 큰 이유는 소득 감소였다. 성도들을 대상으로 한 조사에서 헌금을 줄인 이유로 '소득 감소'(66.4%), '교회 출석 빈도 감소'(14.3%) 순으로 응답했다.

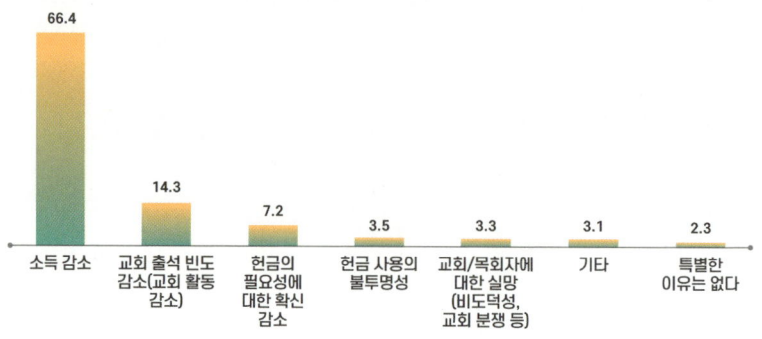

이는 경제적 여건 변화가 헌금 감소의 핵심적 요인임을 보여준다. 성도들이 처한 실질적 생활 부담이 헌금 참여에 직접적인 영향을 미치고 있는 것이다.

통계청에 따르면 우리나라 1인당 국민 총소득(GNI)은 2010년 24,110달러에서 2023년 36,195달러로 약 50.1% 증가했다.[1] 그러나 세금과 4대 보험 등을 공제한 실제 사용 가능한 소득인 '1인당 개인 처분 가능 소득'은 2010년 1,789만 원에서 2023년 2,359만 원으로 약 31.9% 증가에 그쳤다.[2] 게다가 이는 명목상 소득으로 물가상승률을 고려한 실질 가처분 소득은 최근 몇 년간 사실상 정체 상태다. 더욱이 이 소득은 개인의 필수 지출(주거비, 교육비, 육아비 등)을 포함하지 않은 금액이어서 실제로 성도 개인이 헌금을 할 수 있는 여력은 줄어드는 구조다. 소득은 증가했지만 그 체감 여유는 오히려 정체되거나 감소하고 있는 셈이다.

개인이 헌금을 줄이게 되는 두 번째 주요 이유는 '교회 출석 빈도 감소'(14.3%)이다. 특히 30대 성도들의 경우 헌금을 줄인 이유로 '교회 출석 빈도 감소'를 꼽은 비율이 38.0%에 달해 전체 평균(14.3%)보다 2배 이상 높은 수치를 보였다. 이는 30대가 직장생활, 육아, 생활 여건 변화 등으로 인해 교회 출석 빈도가 감소하고 그에 따라 신앙 활동과 헌금 참여도 약화하고 있음을 시사한다.

목회데이터연구소가 실시한 성도들의 교회생활 추적 조사에 따르면 '출석 교회의 현장 예배에 참석한다'고 응답한 비율은 2024년 79%에서 이번 조사에서는 76%로 소폭 감소해 사실상 정체 상태에 머물고 있다. 교회 출석 빈도 감소는 단순한 물리적 참여 저하를 넘어 신앙의 약화 및 교회에 대한 충성도 하락으로 이어진다. 그리고 이는 헌금 참여의 약화로도 연결될 수 있다. 즉 예배 출석률이 낮아질수록 헌금 참여율도 함께 감소하는 경향을 보이고 있는 것이다.

교인 수 감소

"코로나 이후 교인이 줄었는데 헌금에도 타격이 큽니다."

"우리 교회는 은퇴하신 노인 성도가 많습니다. 그래서인지 십일조가 줄었어요."

교회 차원에서 헌금 감소의 원인을 살펴보면 목회자들은 가장 큰 요인으로 '교인 수 감소'(40.6%)를 지목했다. 그 뒤를 이어 '교인들의

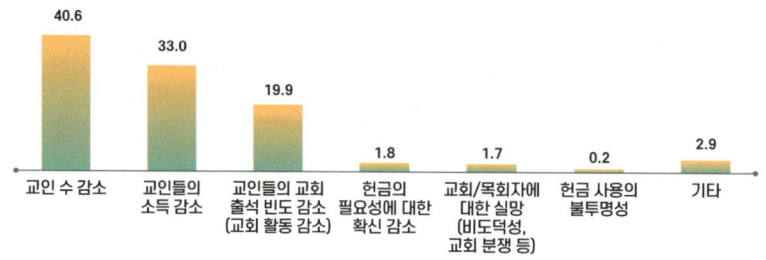

소득 감소'(33.0%), '교인들의 출석 빈도 감소'(19.9%) 순으로 응답했다. 이는 교회 재정 감소의 핵심적인 원인이 교인 수의 절대적 감소에 있다고 목회자들이 인식하고 있음을 보여준다.

목회자들은 헌금 감소의 두 번째 요인으로 '소득 감소'를 꼽았다. 그 배경에는 앞서 언급한 개인적 차원의 경제력 약화 외에도 교회 구성원의 고령화가 있다. 우리나라 고령 인구 비율은 빠르게 증가하고 있으며 2000년(7.2%) 고령화사회 진입, 2017년(14.2%) 고령사회로 진입했으며, 2024년 12월 기준(20.6%) 초고령사회에 진입했다.

고령 성도들은 경제 활동에서 은퇴하면서 자연스럽게 소득이 감소하게 되고 이에 따라 십일조나 일반 헌금 참여가 줄어들 수밖에 없다. 이번 조사 결과에서도 이 같은 경향이 확인되었다. 전체 성도 23.3%가 '헌금이 줄었다'고 응답했는데 60대는 32.4%가 '줄었다'로 응답해 전체 평균보다 약 9%p 높았다. 헌금 감소의 이유로 '소득 감소'에 대해서는 전체 성도가 66.4%로 나타났는데 60대는 78.9%, 70대는 80.5%에 달했다. 이는 은퇴 이후 소득 감소가 헌금 참여에 직접적인 영향을 미친다는 점을 뒷받침한다.

종합하면 최근 경제 침체와 고령화 현상은 성도들의 헌금 생활에 직간접적인 영향을 미치고 있으며 이는 궁극적으로 교회 재정 감소로 이어질 가능성이 높다. 헌금이 성도의 경제적 여건에 민감하게 반응하는 구조임을 고려할 때 한국 교회는 성도 수 감소와 지속되는 경기 불황이라는 이중 위기 속에서 재정적 어려움에 직면할 것으로 예상된다.

현재 교인 수가 정체 되거나 또는 약간 감소하는 대형 교회들의 경우 아직까지는 헌금 때문에 재정적 어려움을 겪고 있지 않은 것으로 알려져 있다. 하지만 중소형 교회가 재정적 타격을 받고 있다면 전체적인 흐름을 볼 때 결국 대형 교회도 재정적 어려움에 맞닥뜨리게 될 것이다. 따라서 재정 감소에 대비해 중소형 교회뿐 아니라 대형 교회도 지금부터 준비해야 할 것으로 판단된다.

이런 현실을 감안할 때 한국 교회는 재정 변화에 대응할 수 있는 체계적인 대비책과 함께 지속 가능한 재정 전략 마련이 시급하다. 교회는 헌금 감소를 단지 우려하는 수준을 넘어 헌금에 대한 인식 변화와 헌금 참여 실태, 전반적인 헌금 문화의 흐름을 면밀히 분석하고 이를 바탕으로 현실적인 대안과 실행 가능한 대응 방안을 마련해야 한다.

헌금 문화가 달라졌다

"온라인으로 헌금하는 게 편리합니다."

"구호단체에 기부하는 것도 헌금이 아닐까요."

확고한 신앙적 동기의 헌금

그렇다면 오늘날 성도들은 헌금에 대해 어떤 의식을 갖고 있을까? 이에 대해 살펴보기 위해 먼저 헌금에 대한 기본 동기를 검토한 후, 헌금의 명목과 형태 변화 그리고 그 배경과 이유를 자세히 분석하고자 한다.

먼저 성도들이 헌금하는 주요 동기를 살펴보면 일부는 기복적 요소나 교회 운영을 위한 현실적 필요를 언급하지만 전반적으로는 신앙적 이유가 더 크게 작용하는 것으로 나타났다. 헌금을 '하나님께 드리는 감사의 표현'으로 여긴다는 응답이 31.3%, '말씀에 대한 순종'이라는 신앙의 실천으로 본다는 응답이 26.0%, '교인으로서의 의무'라고 인식한 경우도 18.6%에 달했다. 이처럼 헌금의 동기는 복합적이지만 전반적으로는 신앙의에 기반한 기본적 의무이자 감사의 표현으로 인식하는 경향이 뚜렷했다.

또 경제적 어려움에 처했을 때 헌금을 지속할 의향에 대한 조사에서도 헌금에

헌금 (Offering)

헌금에 대한 인식, 헌금 드리는 방식, 재정 지출에 대한 인식 등 헌금을 둘러싼 패러다임이 변화하고 있다. 이러한 변화는 향후 교회가 헌금 문화를 형성해 가는 데 중요한 변수가 될 수 있으며 목회 방향에도 영향을 미칠 수 있다.

교회는 재정 효율성을 높이기 위한 선택과 집중의 전략이 요구된다. 요셉이 흉년을 대비해 창고를 지혜롭게 관리했던 성경적 통찰이 오늘날 교회에도 절실하게 요구된다.

대한 태도가 잘 드러난다. '액수를 줄이더라도 계속 드리겠다'는 응답이 60.1%, '액수 변화 없이 계속 드리겠다'는 응답도 22.5%에 달했다. 반면 '간헐적으로 드리거나 중단하겠다'는 응답은 17.4%에 그쳤다.

이는 헌금이 단순한 선택이나 여유에 따른 지출이 아니라 신앙적 책임이자 교회를 위한 헌신의 표현으로 받아들여지고 있음을 보여준다. 성도들은 자신의 경제적 형편이 어려워 액수를 다소 줄이더라도 헌금을 최대한 유지하려는 의지를 보이고 있으며 이는 헌금에 대한 신앙 중심적 인식이 여전히 견고함을 의미한다.

한편 교회의 명목 헌금이 너무 많다는 지적이 나오기도 하지만 실제 성도들은 이에 대해 큰 문제 의식은 갖지 않은 것으로 나타났다. 이번 조사에 따르면 '헌금 종류가 적당하다'는 응답이 61.0%, '적다'

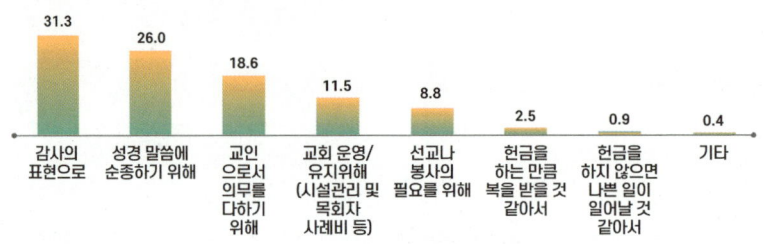

는 응답이 10.7%로, 전체의 71.7%가 현재의 헌금 종류가 지나치지 않다고 응답했다. 반면 '많다'는 응답은 28.3%로 조사되었다.

이러한 결과는 성도들이 헌금을 신앙적 감사와 실천의 행위로 인식하고 있기 때문에 헌금 명목의 수에 대해서도 큰 불만이나 부담을 느끼지 않는 경향이 있음을 시사한다. 헌금 자체에 대한 신앙적 수용도가 여전히 높은 수준이라는 점을 보여준다.

하이브리드 헌금 방식

'한국 교회 트렌드 2026 조사'에 따르면 헌금을 드리는 방식에 대해 성도의 79.4%가 '현금으로 드린다', 20.6%는 '온라인으로 드린다'고 응답했다. 이는 현장 예배자와 온라인 예배자를 합한 수치다. 이를 다시 현장 예배 기준으로 살펴보면 '현금'(82.2%), '온라인 송금'(17.8%)으로 나타났다. 이는 현장 예배자 5명 중 1명은 온라인으

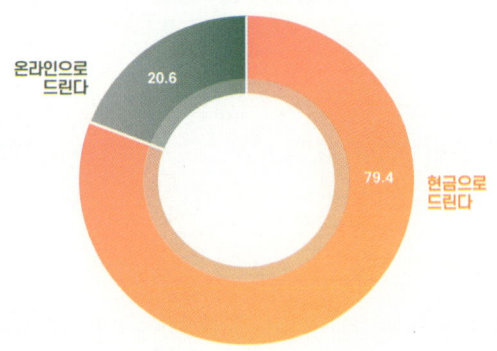

헌금 드리는 방식 (Base=헌금하는 성도, N=972, %)
- 온라인으로 드린다: 20.6
- 헌금으로 드린다: 79.4

목회데이터연구소/기아대책, '한국 교회 트렌드 2026 조사'
(전국의 19세 이상 교회 출석자 1,000명, 온라인조사, 지앤컴리서치, 2025.05.15.~05.28)

로 송금한다는 의미로 헌금 방식이 예배 중 직접 드리는 전통적 방식에서 편리성을 중시하는 디지털 방식으로 점차 전환하고 있음을 보여준다. 이는 일부를 제외하고는 온라인 헌금이라는 새로운 헌금 방식에 적응하고 있다는 것을 의미한다.

연령별로 살펴보면 온라인 헌금 참여는 특정 세대에 국한하지 않고 폭넓게 분포되어 있다. 20대부터 60대에 이르기까지 전 세대에서 온라인 헌금 비율이 20~24%로, 세대 간 큰 차이 없이 디지털 방식에 적응하고 있는 모습을 보였다. 반면 70세 이상 고령층은 온라인 헌금 참여율이 12.9%로 나타나 다른 연령대의 절반 이하 수준에 그쳤다. 이러한 조사 결과는 교회가 단일화된 신앙 패턴을 고수하기보다 시대와 세대에 맞는 '하이브리드 신앙 방식'을 적극적으로 수용해야 함을 시사한다. 미래 교회의 목회 사역은 단순히 기술적 편의성을 제공하는 수준을 넘어 신앙 본질을 유지하면서 세대별 특성과 신앙 여정을 고려한 맞춤형 접근이 요구된다. 이는 전 세대를 하나의 방식으로 획일화하거나 표준화하려는 시도에서 벗어나 각 성도의 삶의 맥락과 신앙 경험을 존중하고 그에 기반한 유연하고 전략적인 목회 방향을 수립해야 한다는 점을 의미한다.

헌금의 양극화

교회 차원의 월 평균 헌금 수입은 2,353만 원으로 나타났으며, 월 300만 원 미만인 교회가 전체의 36.7%, 301만~1,000만 원 미만이 28.0%, 1,000만~3,000만 원 미만이 18.4%였다. 이 수치는 대다수 교회가 월 1,000만 원 미만의 헌금 수입으로 운영되고 있음을 말해 준다.

지역별 헌금 통계를 살펴보면 지역 규모에 따른 격차가 크게 벌어졌다. 대도시 교회의 월 평균 헌금 수입은 3,845만 원인 반면, 읍면 지역 교회는 810만 원으로 무려 5배 가까운 차이가 나는 것으로 확인된다. 이러한 격차는 단순히 행정 단위별 경제력 차이를 넘어 지역 기반의 교회 사역이 재정적으로 직면한 구조적 한계를 보여준다. 특히 농어촌 지역 교회들은 상대적으로 심각한 재정 압박 속에 놓여 있는 것으로 분석된다.

또 교회 규모에 따른 헌금 수입 격차도 뚜렷하게 드러났다. 출석 성도 수가 500명 이상인 대형 교회는 월 평균 1억 7,500만 원의 헌금 수입을 기록했지만 30명 미만의 소형 교회는 월 평균 265만 원에 그쳤다.

이처럼 교회 재정은 지역과 규모에 따라 극명한 차이를 보이고 있으며 이는 한국 교회의 균형 있는 사역 운영과 재정 지원 체계에 대한 새로운 접근이 필요함을 시사한다.

이러한 상황에서 작은 교회, 특히 개척교회나 고령 인구 비중이 높은 시골 교회들의 재정 여건은 구조적으로 더 취약할 수밖에 없다. 인구 감소와 도시화로 인해 주요 일자리가 대도시에 집중되면서 대도시 대형 교회들은 오히려 헌금 수입이 증가하는 반면, 규모가 작고 인구 유출이 심각한 지역 교회일수록 헌금액이 눈에 띄게 감소하는 경향이 나타나고 있다.

더욱 안타까운 현실은 이러한 헌금 감소와 재정 위기에 직면한 교회들의 실태에 대한 공식 통계조차 제대로 수집되지 않고 있다는 점이다. 즉 어려움을 겪고 있는 교회일수록 통계와 제도적 지원의 사각지대에 놓여 있다는 구조적 문제가 존재한다. 이에 따라 지역 간, 교회 간 재정적 불균형을 해소하기 위한 실질적 대응 방안 마련이 절실한 상황이다.

정기적 십일조 감소

통계에 따르면 헌금에 대한 성도들의 충성도와는 별개로 전반적인 재정 감소에 따라 헌금 방식과 명목에도 변화가 나타나고 있다. 대표적인 헌금이 십일조다.

2025년 십일조 실태 조사 결과에 따르면 정기적으로 십일조를 드리는 성도는 50.1%, 비정기적으로 드리는 성도는 25.2%, 아예 드리지 않는 성도는 24.7%로 나타났다. 이는 전체 성도 중 약 4분의 1이 십일조 생활을 하지 않고 있으며 또 다른 4분의 1은 비정기적으로 드리는 등, 십일조 참여가 점차 이완되는 추세를 보여준다. 참고로 한국기독교목회자협의회가 2023년 발표한 《한국 교회 분석 리포트》에서는 십일조를 정기적으로 드리는 비율이 61.0%였다. 2년 사이 약 10.9%p가 감소한 셈이다.[3]

연령대별로 보면 20~30대의 십일조 참여율이 가장 낮았다. 20대의 33.2%, 30대의 34.6%가 십일조를 전혀 드리지 않는다고 응답했다. 이에 비해 40대는 22.0%, 50대 27.4%, 60대 24.4%, 70대는 16.8%였다. 이러한 결과는 20~30대의 십일조 참여율 저하가 두드러지며 이는 향후 교회 재정에 구조적 부담을 초래할 가능성이 높다는 것을 시사한다. 즉 십일조를 중심으로 한 전통적인 헌금 구조가 다음세대에서는 더 이상 지속하기 어려운 환경이 조성되고 있으며 이는 교회 재

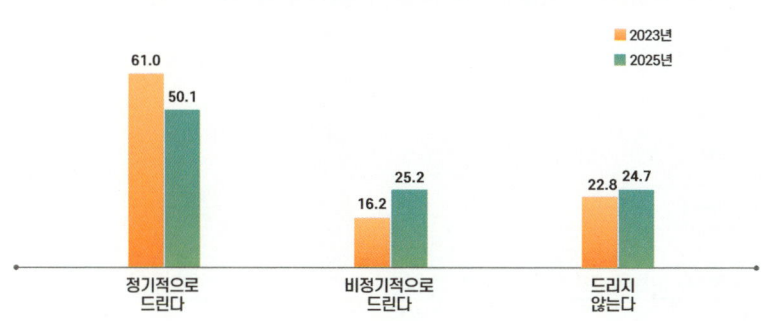

정 운영의 지속 가능성에 중대한 영향을 미칠 수 있는 요인으로 작용한다.

젊은 세대의 헌금 생활 약화

연령대별 성도들의 월평균 헌금 액수를 살펴보면 경제 활동이 가장 활발한 50대가 월평균 30만 원으로 가장 많은 헌금을 드리고 있었으며 이어 60대가 28만 원을 드린 것으로 나타났다. 반면 젊은 세대일수록 헌금액은 낮아지는 경향이 뚜렷했는데 20대는 월 평균 11만 원, 30대는 17만 원으로 상대적으로 낮은 수준을 보였다. 이러한 분포는 한국 경제 구조상 30~50대가 경제 활동의 중심층을 이루고 있으며 특히 50대의 소득 수준이 가장 높게 나타나는 점과 밀접한 관련이 있다.

20~30대가 헌금을 적게 드리는 원인으로는 소득 수준의 차이뿐 아

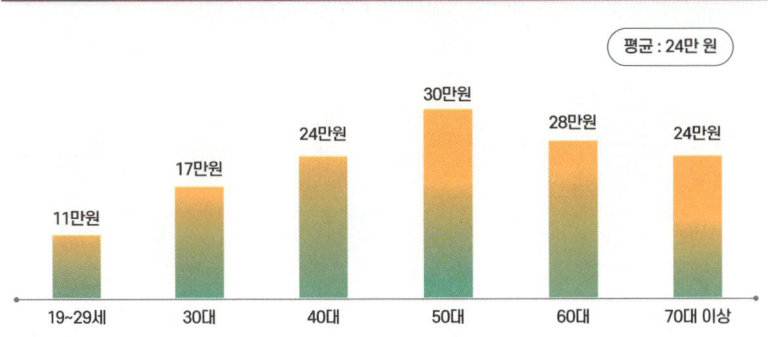

니라 교회 출석 빈도 감소, 헌금의 필요성에 대한 확신 감소 등 신앙적 동기 약화도 함께 작용하고 있는 것으로 풀이된다. 경제력 부족과 교회에 대한 헌신 약화라는 이중 요인이 젊은 세대의 헌금 감소로 이어지고 있는 것이다.

이는 향후 헌금 계획에 대한 응답 결과에서도 확인된다. 40대의 32.5%, 50대의 30.4%가 향후 헌금이 '늘어날 것'이라고 응답한 반면 20대는 12.0%, 30대는 24.0%에 그쳐 젊은 세대일수록 헌금 증가에 대한 기대감도 낮은 수준을 보였다.

헌금, 꼭 교회에 드려야 하나

전통적으로 헌금은 하나님께 드리는 것으로, 곧 교회에 드리는 것이 당연한 행위로 여겨져 왔다. 그러나 최근에는 하나님의 사역이 반드시 교회만을 통해 이루어지는 것은 아니며 선한 목적이라면 교회 밖 단체에 헌금하는 것도 가능하다는 인식이 확산되고 있다.

이에 대한 인식 조사 결과 '헌금은 교회 안에 드려야 한다'는 응답이 52.1%, '선한 일에 사용된다면 교회 밖 단체에 헌금해도 무방하다'는 응답이 43.7%로 나타났다. 절반 가까운 성도가 교회 외부 단체 헌금에 긍정적인 태도를 보였다.

이런 경향은 젊은 세대에서 더 두드러지게 나타났다. 20대의 53.7%, 30대의 46.8%가 교회 밖 기관이나 단체에 헌금하는 것에 동의했다. 이에 비해 60대는 39.5%, 70대는 38.1%로 나타나 연령대가 높을수록 전통적인 교회 중심의 헌금 인식이 더 강했다. 이러한 결과는 젊은 세대일수록 자신이 지지하는 가치나 목적을 실천하는 단체에 헌금하는 것에 대한 수용성이 높아지고 있음을 시사한다.

다만 이런 인식 변화에도 불구하고 실제 헌금의 행태는 여전히 교회 중심인 것으로 조사되었다. 성도 4명 중 3명 이상(77.4%)은 전적으로 교회에만 헌금하고 있으며 교회 밖 단체에만 헌금한다는 응답은 2.7%에 불과했다. 교회 밖 단체에도 일정 부분 헌금한다는 응답은 19.9%로 나타났다.

전반적으로 볼 때 대부분 성도들은 여전히 교회 내부 중심의 헌금 생활을 유지하고 있지만, 5명 중 1명꼴로는 교회 외부 단체에도 헌금을 실천하고 있는 셈이다. 이는 헌금의 대상과 의미에 대한 성도들의 인식이 점진적으로 다변화되고 있으며 특히 젊은 세대를 중심으로 새로운 헌금 문화가 형성되고 있음을 보여주는 변화의 신호로 해석할 수 있다.

주목할 만한 점은 교회 밖 단체에 대한 헌금 및 기부 활동에서 60

헌금 드리는 곳에 대한 인식

(Base=성도 전체, 온라인, N=1000, %)

구분		사례수	헌금은 교회에 해야한다	선한 일에 사용한다면 교회 밖 단체에 해도 무방하다	잘 모르겠다	계
전체		(1000)	52.1	43.7	4.1	100.0
연령	19~29세	(84)	36.6	53.7	9.6	100.0
	30대	(105)	47.5	46.8	5.6	100.0
	40대	(161)	53.0	40.8	6.2	100.0
	50대	(202)	47.6	51.0	1.4	100.0
	60대	(239)	57.6	39.5	2.8	100.0
	70대 이상	(209)	58.1	38.1	3.7	100.0

목회데이터연구소/기아대책, '한국 교회 트렌드 2026 조사'
(전국의 19세 이상 교회 출석자 1,000명, 온라인조사, 지앤컴리서치, 2025.05.15.~05.28)

대 이상의 노년층보다 젊은 세대의 관심과 참여가 더 높게 나타난다는 사실이다. 특히 젊은 세대는 교회 외부에서의 기부 활동에 더 활발히 참여하고 있으며 이는 단순한 헌금 참여를 넘어 사회적 기여와 가치 실현을 중시하는 기부 문화로 연결되고 있다.

아름다운재단의 '2024 기빙 코리아 보고서'에 따르면 2023년 기준 30대의 사회적 기부 참여율은 66.1%로, 전체 평균(59.8%)을 상회하는 수치를 기록했다.[4]

이는 MZ세대가 사회적 기부에 더 적극적으로 참여하고 있음을 보여주는 통계이다. 또 엠브레인 트렌드모니터가 실시한 '2023 기부 경험 및 기부문화 관련 인식 조사'에서도 20대와 30대를 합산한 젊은 세대의 기부 참여율은 약 70%로 나타나 전체 평균(59.3%)을 크게 웃돌았다.[5]

이 같은 결과는 세대별 가치관의 차이가 기부에 대한 인식 변화로 이어지고 있으며, 젊은 세대일수록 자신의 신념과 가치에 부합하는 대상에 기부하려는 성향이 강하다는 점을 시사한다. 즉 헌금도 더 이상 교회라는 특정 공간에만 국한된 행위가 아니라 사회적 선을 실현할 수 있는 다양한 통로 중 하나로 인식하고 있는 것이다.

교회의 헌금 대책

"교회 유지나 운영을 위해서만 나의 헌금이 사용된다면 실망입니다."

"교회에 유산을 기부한다는 생각은 한 번도 못해봤어요."

재정 집행 순위에 대한 합의 필요

헌금 감소 시대에 교회가 어떻게 대응해야 할지에 대한 성도와 목회자의 인식을 조사한 결과, 양측 간에 시각 차이가 다소 존재하는 것으로 나타났다. 목회자들은 '전반적인 지출을 축소하겠다'(45.1%), '예산의 우선순위를 조정하겠다'(43.8%)로 응답해 지출 축소와 예산 조정이 비슷한 비율로 나타났다. 반면 성도들은 '예산 우선순위 조정'(56.4%)을 '지출 축소'(36.6%)보다 선호했다.

목회자들이 가장 우선하는 재정 사용 순위는 '교회 운영 및 유지'(61.6%)였다. 그다음으로 '교회 사역'(12.9%), '해외 선교'(7.8%), '교육'(7.5%), '구제와 사회 봉사'(5.0%), '국내선교/농어촌교회 지원/

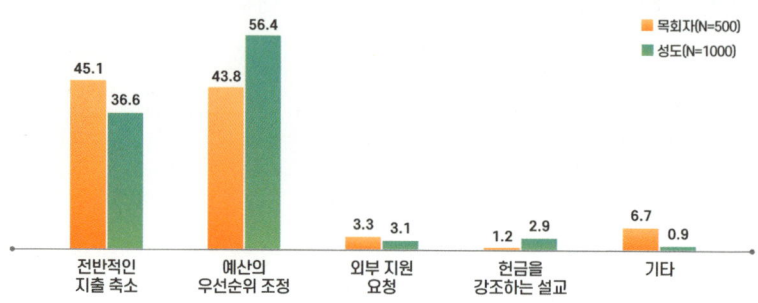

전도'(4.7%)였다. 성도들 역시 '교회 운영 및 유지'(37.9%)와 '교회 사역'(25.2%)을 가장 중요한 재정 집행 우선순위로 인식해 기본적인 방향성에서는 목회자와 유사한 경향을 보였다.

그러나 양측 간 우선순위의 강조 정도는 뚜렷한 차이점이 존재했다. 특히 '교회 운영 및 유지' 항목에 대해 목회자는 61.6%, 성도는 37.9%로 응답해 약 24%p의 차이를 보였다. 이는 목회자들이 해당 항목을 현저히 중요하게 인식하고 있음을 보여준다. 이러한 차이는 목회자들이 교회 전반의 운영과 행정, 유지보수 책임을 직접 담당하는 입장이기 때문에 발생하는 것으로 해석할 수 있다.

성도와 목회자 사이에 재정 사용의 방향성에 대한 인식 차이가 발생할 경우 소모적인 논쟁으로 발전할 가능성도 존재한다. 따라서 교회 재정의 사용 우선순위에 대한 의사소통과 공감대 형성, 특히 운영비와 사역비 간 균형에 대한 투명한 설명과 논의 구조 마련이 중요하

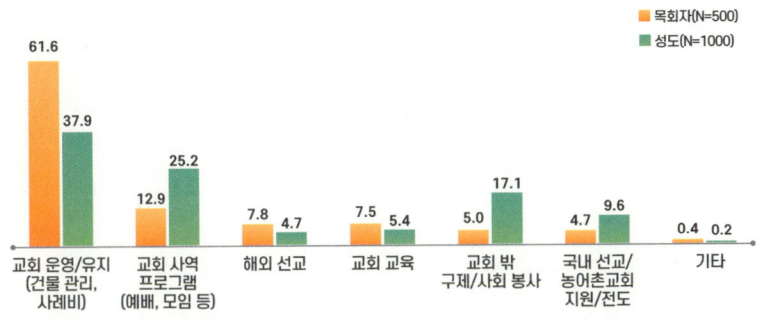

다고 할 수 있다.

　목회자와 성도 간에 재정 집행의 우선순위에 대한 인식이 엇갈리는 현상은 평상시에는 큰 문제가 되지 않는다. 그러나 재정이 축소되는 상황에서는 갈등의 소지가 될 수 있다. 설사 갈등으로까지 이어지지 않더라도 재정 집행의 집중화 또는 효율화 과정에서 혼선이 발생할 가능성이 있다.

　재정 운영의 방향성과 우선순위에 대한 공감대가 형성되지 않는 이유는 교회 내 재정 집행의 명확한 원칙이 부재하기 때문이다. 근본적으로는 교회가 지향해야 할 비전과 사명이 부재하거나, 있더라도 구체적으로 성도들과 공유되지 않아 목회자와 성도 간 교회의 방향성에 대한 공동 인식이 부족한 데 원인이 있다.

　따라서 교회는 무엇보다 먼저 구체적이고 명확한 비전을 수립하고 그 비전 아래 장기적인 방향, 실천 가능한 목표, 우선순위를 반영한 실행 전략을 설정해야 한다. 목표에 대한 명확한 인식과 공유가 전제되어야 예산 편성 시 전략적 접근이 가능하고 재정 우선순위에 대한 합리적인 토론과 합의의 기반도 마련할 수 있다. 이 과정을 통해서 비로소 교회 내부적으로 수용 가능한 재정 집행 기준과 방향성을 형성할 수 있다.

나눔과 선교 위한 재정 비중 늘려야

현재 교회 재정이 실제로 어떤 용도에 우선순위를 두고 사용되는지를 살펴보기 위해 목회자와 성도에게 교회 예산의 우선 집행 용도에 대한 인식을 조사했다. 앞서 분석한 바와 같이 목회자들이 우선시하는 재정 사용 항목은 '교회 운영 및 유지', '교회 사역', '해외 선교', '교회교육' 등으로 나타났다. 이를 바탕으로 교회 재정 사용 용도를 '내부적 용도'(교회 운영 및 유지, 사역, 교육)와 '외부적 용도'(해외 선교, 구제 및 사회 봉사, 국내선교 및 농어촌 교회 지원 등)로 구분해 분석했다.

그 결과 목회자들의 인식 기준으로 전체 예산 중 82.0%는 내부적 용도에, 17.5%는 외부적 용도에 사용하는 것으로 분석되었다. 그러나 실제 집행 비율을 살펴보면 내부적 용도는 86.1%로 증가한 반면, 외부적 용도는 상대적으로 축소되는 경향을 보였다. 특히 '교회 운영 및 유지'에 실제 지출된 비율이 70.1%로 나타나 목회자 인식 기준의 예상 비율보다 상당히 높은 수치를 기록했다. 이는 교회 재정 집행이 실제로는 교회 내부 운영에 더 집중되어 있음을 보여주는 결과이다.

교회 예산 집행이 지나치게 내부적 용도에 집중되고 있다는 점은 주목할 만한 문제로 지적할 수 있다. 물론 교회는 사역 수행을 위해

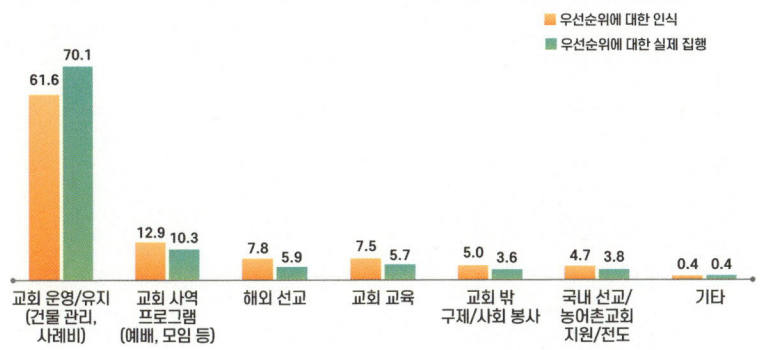

목회자 등 교역자를 고용하고 예배 및 모임 장소를 유지해야 하므로 일정 수준의 내부 운영비 지출은 불가피하다. 그럼에도 불구하고 '교회 운영 및 유지'에 실제로 집행된 재정 비중이 전체의 70.1%로 나타난 것은 과중하게 보인다.

이 같은 인식과 현실 간의 차이는 교회 운영비(인건비, 시설 관리, 장비 유지 등)의 고정 지출 비중이 높아 실질적으로 선택의 여지가 제한되거나 외부 사역 및 지원 예산이 상대적으로 후순위로 밀려나는 구조 때문일 수 있다. 따라서 교회 재정 운용의 구조적 한계와 실제 집행 간의 간극을 인식하고 이를 바탕으로 좀 더 균형 잡힌 재정 전략 수립, 교회 비전과 우선순위에 부합하는 예산 배분 원칙을 확립할 필요가 있다.

한국 교회의 재정 위기가 장기화할 경우 그 여파는 선교와 다양한 기관 사역 전반에까지 확산되어 사역의 위축을 초래할 가능성이 크다.

최근 출간된 목회데이터연구소의 《부흥하는 교회 쇠퇴하는 교회》 조사 결과를 보면 교회 재정을 교회 밖으로 지출하는 정도가 지속적으로 증가하는 교회일수록 성장하는 특징을 보인다. 이는 특히 중대형 교회의 재정 사용에 있어 눈여겨볼 만한 대목이라 하겠다.

결론적으로 교회의 재정 전략은 '내부 유지를 위한 최소한의 기반 확보'와 '세상을 위한 최대한의 투자'라는 균형 위에 재설계되어야 하며, 예산 편성과 집행의 우선순위 역시 이러한 비전에 따라 재정립할 필요가 있다.

헌금의 의미와 목적 인식 강화

헌금 교육과 소통의 부재는 한국 교회 헌금 문화의 지속 가능성에 있어 중요한 과제로 대두된다. 많은 목회자들이 헌금에 대한 설교나 교육을 기피하는 경향을 보이는데 이는 성도들에게 부담을 줄 수 있다는 우려에서 비롯된다. 그러나 헌금이 신앙의 표현이자 영적 헌신의 일환이라면 그 의미와 목적을 올바르게 알리는 것은 신앙 교육의 필수 영역이라 할 수 있다.

따라서 한국 교회는 헌금 사용에 있어 단지 당회나 운영위원회 등 리더십의 판단에만 의존하기보다 헌금의 목적과 의미를 전 교인과 적극적으로 소통하고 공유하는 노력이 필요하다. 이러한 접근은 계획적이고 투명한 재정 운영과 책임 있는 신앙 공동체로서의 문화 형성을 가능하게 하며 특히 젊은 세대의 헌금 참여를 유도하는 데 있어 핵심적인 역할을 하게 될 것이다. 구체적으로는 헌금의 사용처와 목적을 투명하게 공개하고 그것이 교회의 비전과 사명, 사회적 책임과 어떻게 연결되는지 명확히 설명하는 것이 필요하다.

이러한 맥락에서 교회는 성도들의 재정 인식과 신뢰 수준을 꼼꼼히 살펴 재정 운영의 방향성과 우선순위를 체계적으로 수립해야 한다. 이 모든 것의 전제는 재정의 투명성과 공공성이 담보되어야 한다는 것이다. 이는 모든 교인들, 특히 기성세대에 비판적인 젊은 세대들에게는 매우 큰 환영을 받을 것이다. 이 같은 기반 위에서만 교회는 변화하는 경제 환경과 재정적 도전에 효과적으로 대응할 수 있으며 성도들의 신뢰 속에 지속 가능한 사역을 안정적으로 감당할 수 있을 것이다.

헌금의 본질에 대한 인식이 바로 설 때 헌금 개념은 더 확장될 수 있다. 예를 들어 모 기독교 방송국에서 진행한 유산기부 운동은 단순한 재물 나눔을 넘어 재물에 대한 청지기 정신을 회복하고 자신의 재산 소유권을 하나님께 돌려드리는 신앙적 실천으로 제시되었다. 이는 헌금이 삶 전체와 연결된 신앙 행위로 확장될 수 있음을 보여준다.

이번 조사에서는 헌금 감소에 대한 대응 방안 중 하나로 '고령 교인의 유산기부 가능성'에 대해 질문했다. 그 결과 성도의 46.0%가 찬성했으며 35.8%가 반대했다. 목회자는 50.4%가 찬성, 32.3%가 반대해 양측 모두 찬성이 반대보다 많았다. 비록 전체적으로 찬성 비율이 압도적이지는 않았지만 절반 가까운 성도와 목회자가 유산기부에 긍정적 입장을 보였다는 점에서 신앙적 헌신의 확장된 형태로써 유산기부에 대한 가능성이 존재함을 시사한다.

앞으로 한국 교회에 전방위적으로 헌금 감소가 예상된 가운데 면

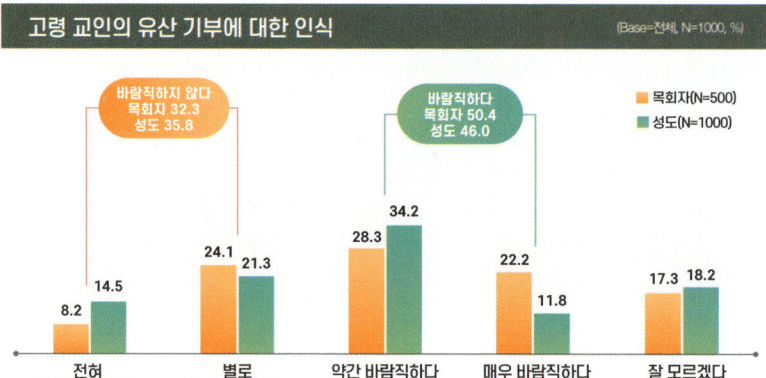

밀한 검토와 연구를 통해 교회가 '유산기부 운동'을 전개해 나가길 기대한다.

트렌드 전망 및 시사점

이번 연구는 한국 교회가 '헌금 축소 시대'를 어떻게 극복해 나갈 수 있을지에 대한 의문을 시작으로 헌금 현황과 기독교인의 의식 변화를 살펴보고 관련 통계와 지표를 분석해 향후 재정 정책의 방향성을 모색하고자 했다. 분석 결과 주목할 점은 최근의 경기 침체가 성도들의 소득에 직접적인 영향을 미치고 있으며 이로 인해 교회 재정의 기반인 성도들의 헌금 참여율이 지속적으로 감소하고 있다는 점이다.

특히 젊은 세대일수록 헌금 참여도가 낮아지는 현상이 두드러지며 이는 향후 한국 교회의 전반적인 재정 악화를 가속화시킬 것으로 예상된다. 이러한 추세는 지방 교회는 물론 상대적으로 젊은 층 비율이 높은 대형 교회들 역시 머잖아 재정적 어려움에 직면할 수 있음을 시사한다. 더욱이 교세 하락과 더불어 경기 침체가 장기화할 것으로 전망됨에 따라 그 여파는 교회 재정에 직접적 부담으로 작용할 가능성이 크다.

과거에는 정기적인 십일조와 감사헌금이 교회 운영의 근간이 되었으나 최근의 헌금 트렌드는 '비정기적'이고 '선택적 헌금'의 비율이 증가하고 있다. 특히 온라인 헌금이나 목적 헌금의 증가 등 다양한 형태의 변화가 성도들의 헌금 생활에서 나타나고 있다. 이런 추세는 젊은 층으로 갈수록 두드러지는데 이들의 가치소비에 대한 인식이 헌금 생활에도 적용된 것으로 보인다.

세대 간 헌금에 대한 인식과 실천 방식에는 뚜렷한 차이가 존재한다. 젊은 세대를 중심으로 '선택적 헌금'의 비율이 증가하고 있는데 이는 전통적인 헌금 방식에 대한 재해석이 필요함을 시사한다. 젊은 세대는 자발성과 목적성을 중시하는 경향이 강하다. 따라서 이들을 포용하고 헌금의 의미를 재정립할 수 있는 정책과 방향의 수립이 요구된다.

이에 따라 한국 교회는 시대 변화에 맞춰 다양한 헌금 실천 방식을 모색할 필요가 있다. 특히 세대별 특성을 고려한 맞춤형 전략 마련이 요구된다. 예를 들어 젊은 세대를 대상으로 헌금의 의미와 목적에 대한 교육을 강화하고 이들이 공감할 수 있는 방식으로 헌금의 사회적, 신앙적 가치를 전달해야 한다. 이를 위해서는 무엇보다 '재정 투명성'

이 담보되어야 한다. 이는 성도들뿐 아니라 일반 국민들도 강하게 요구하는 사안이다. '재정 투명성'이란 헌금을 모으는 차원이 아닌 헌금을 지출하는 차원이다. 그런데 아이러니하게도 헌금을 지출하는 시스템을 투명하게 구축할수록 헌금이 더 모아진다는 역설을 가진다.

'선택적 헌금' 트렌드를 보자. 필자가 아는 어느 소형 교회에서 지난번 튀르키예 지진 때 교인들을 대상으로 특별 헌금을 모금했는데 그 교회 한 달 치 헌금이 모아졌다고 한다. 그만큼 목적 헌금, 선택적 헌금의 비중이 커지는 경향을 보이는데 한국 교회가 이런 추세에 잘 대응할 필요가 있겠다.

여기에 더해 한국 교회 재정의 중요한 기반을 형성하고 있는 노년층을 대상으로는 미국 교회에서 시행 중인 유산기부 프로그램과 같은 대안적 헌금 방식 도입을 적극적으로 검토할 필요가 있겠다. 앞으로 교인 감소와 더불어 헌금 축소가 지속적으로 이어질 텐데 한국 교회가 든든한 재정 상태를 유지하기 위해서는 유산기부 운동이 하나의 대안이 될 수 있다. 이를 위해 교회는 관련 교육과 제도적 환경을 적절히 마련하고 자발적 참여를 유도할 수 있도록 해야 할 것이다.

또 교회 차원에서는 연합과 협력의 실천이 중요하다. 지역 교회 간 재정적 협력 방안을 마련해 재정적으로 어려운 교회를 실질적으로 지원할 수 있어야 한다. 예를 들어 규모가 크지 않은 교회들이 연합해 개척교회나 선교사 후원에 공동으로 참여하거나 공동 기금을 조성해 필요한 사역을 함께 감당하는 방식이 하나의 대안이 될 수 있다. 개교회 차원을 넘어 총회나 노회, 지방회 등 교단 차원에서도 협력 시스템을 구축하고 지역 교회들을 위한 구체적이고 지속적인 지원 방안을 마련해야 할 것이다.

　현재 한국 사회는 경제 성장 둔화와 인구 감소라는 이중의 구조적 과제에 직면해 있다. 이는 교회의 재정 기반을 위협하는 주요 요인으로 작용하고 있다. 이런 환경 속에서 교회는 재정 효율성을 높이기 위한 선택과 집중의 전략이 요구된다. 요셉이 흉년을 대비해 창고를 지혜롭게 관리했던 성경적 통찰이 오늘날 교회에도 절실하게 요구된다. 한국 교회는 단기적인 해결책보다는 지속 가능한 재정 운영의 지혜를 주님께 구해야 한다.

이주민 선교

한국 사회는 지난 수십 년간 이주민 인구의 급격한 증가를 경험하며 빠르게 다문화 사회로 전환하고 있다. 통계에 따르면 2022년 기준 전 세계 이주민 수는 약 2억 8,100만 명(세계 인구의 3.6%)이며,[1] 2050년에는 4억 명이 넘을 것으로 예상된다.[2] 한국은 2025년 초까지 265만 명의 외국인이 거주하고 있으며 이는 전체 인구의 5%를 차지한다.[3] 저출생과 고령화가 지속됨에 따라 앞으로 이주민 유입은 더욱 증가할 전망이다.

이러한 변화로 인해 한국 사회 곳곳에서는 이주민 포용과 사회 통합이 중요한 과제로 부상하고 있다. 지역 교회 역시 이주민 시대를 맞아 그 역할과 책임이 새롭게 조명되고 있다. 과거에는 타국에서 온 낯선 이주민들에게 교회 공동체는 중요한 안식처이자 지원망 역할을 해왔으나 최근에는 그 역할이 국가 기관과 시민 단체로 이동하고 있다. 또 이주민 자체 커뮤니티가 법적 제도적 지원 속에 문화 교류를 주도하면서 교회의 입지는 상대적으로 축소되었다는 지적도 있다.

실제 이주민 사역자들의 평가에 따르면 지역 교회는 더 이상 이주민들에게 '유일한 도움처'가 아니며 이에 따라 교회의 새로운 대응과 전략이 요청되고 있다. 동시에 지역 교회 목회자들 사이에서 '이주민 사역은 가장 우선적으로 감당해야 할 선교 영역'이라는 인식이 확산하고 있다. 아울러 교회가 성경적 환대와 타문화에 대한 이해를 바탕으로 이주민을 포용하고 통합하는 데 적극 참여해야 한다는 목소리도 높아지고 있다.

이 글에서는 이러한 사회 분위기와 선교 환경의 변화 속에서 지역 교회 목회자와 성도를 대상으로 한 '한국 교회 트렌드 2026 조사' 결과를 바탕으로 한국 교회의 이주민 사역 실태와 주요 트렌드를 살펴보고 향후 이주민 사역의 방향성과 교회의 실천 과제를 점검하고자 한다.

이번 '한국 교회 트렌드 2026 조사'에서는 이주민 사역을 하고 있는 교회 담임목회자 및 관련 사역자를 대상으로 설문 조사를 실시했다. 그 결과 한국 교회의 이주민 사역은 다양한 방식으로 전개되고 있음을 확인할 수 있었다. 교회 규모나 배경 등 특성에 따라 세부적인 차이는 존재하지만 전반적으로는 이주민 사역에 대해 긍정적이고 적극적인 태도를 보이는 경향이 뚜렷했다.

이주민 사역 트렌드

관심은 높지만 실행은 부족

"우리 교회도 이주민 사역에 관심이 있지만 아직 준비가 안 됐네요."

"과거엔 이주민 사역을 했으나 지금은 중단했어요."

담임목사들을 대상으로 이주민 사역에 대한 관심도를 조사한 결과, 전체 응답자의 75%가 '관심 있다'(매우+약간)고 응답해 목회자 4명 중 3명꼴로 나타났다. 그러나 '매우 관심 있다'는 9.8%로 10명 중 1명 수준에 그치는 것으로 나타났다.
이어 현재 이주민 사역을 하고 있는지를 질문했더니 '하고 있다'(11.9%), '과거에는 했지만 현재는 하지 않는다'(21.4%), '전혀 한 적 없다'(66.7%)로 조사되었다. 현재 이주민 사역을 하고 있다고 응

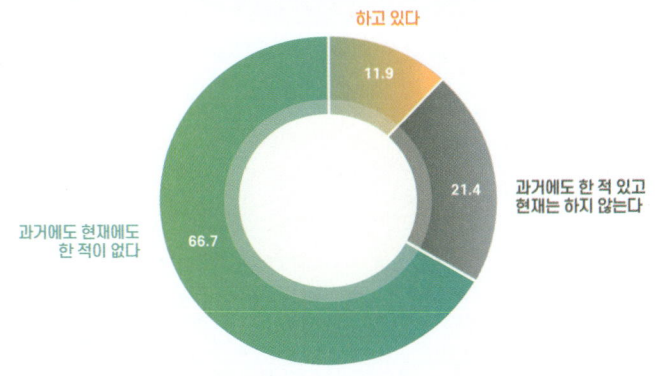

답한 비율은 전체의 10% 수준으로 앞서 언급한 '매우 관심 있다'는 비율과 유사한 수치이다.

주목할 점은 과거 이주민 사역을 하다가 중단한 비율이 21.4%에 이른다는 것이다. 왜 사역이 중단됐는지 그 원인을 면밀히 파악하고 향후에는 이주민 사역이 지속 가능한 형태로 정착될 수 있도록 전략을 마련할 필요가 있다. 한국 사회에서 이주민 인구는 지속적으로 증가할 것이며 이에 따라 교회의 이주민 사역도 점차 확대될 것으로 예상된다. 따라서 장기적인 관점에서 사역의 지속성과 실효성을 함께 고려한 대비가 요구된다.

현재 이주민 사역을 하지 않는 목회자 가운데 향후 이주민 사역 계획을 물었다. '구체적인 계획이 있다'는 응답은 4.5%에 불과했다. 반면 '전혀 계획이 없다'는 16.8%로 나타나 그다지 높지 않았다. 나머

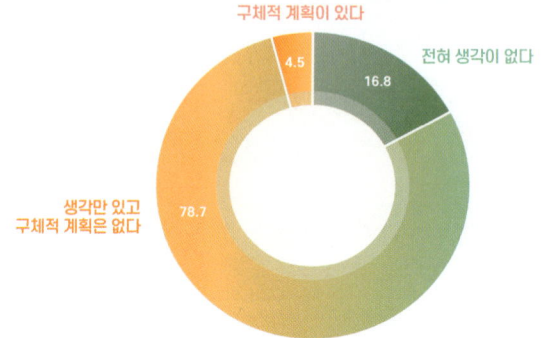

목회데이터연구소/기아대책, '한국 교회 트렌드 2026 조사'
(전국의 담임목회자, 500명, 온라인조사, 지앤컴리서치, 2025.06.02.~06.10)

지 78.7%는 '생각은 있으나 구체적인 계획이 없다'고 답해 전체적으로 관심은 있으나 실행 의지가 낮은 상태임을 보여주었다. 이는 앞서 확인된 바와 같이 목회자들이 이주민 사역에 일정한 관심은 있으나 그 강도가 높지 않다는 점과 연결되며, 이러한 인식이 향후 계획 수립에도 영향을 미치고 있음을 보여준다.

한편 이주민 사역에 '전혀 계획이 없다'고 응답한 목회자들은 그 이유로 '이주민 사역이 본인의 목회적 관심사가 아니다'(31.1%)가 가장 많았다. 그 외에 '관심은 있으나 다른 사역에 더 집중하려고 한다'(14.3%)로 나타나 이주민 사역은 목회적 관심의 우선순위에서 밀려있는 경향을 확인할 수 있었다.

교회 담임목사가 이주민 사역에 막연한 관심을 갖고 있거나 이주민 사역에 계획이 없는 것은 아직 이주민 사역에 대한 이해도가 없기 때문인 것으로 보인다. 담임목사에게 이주민 사역의 대상, 내용, 방법

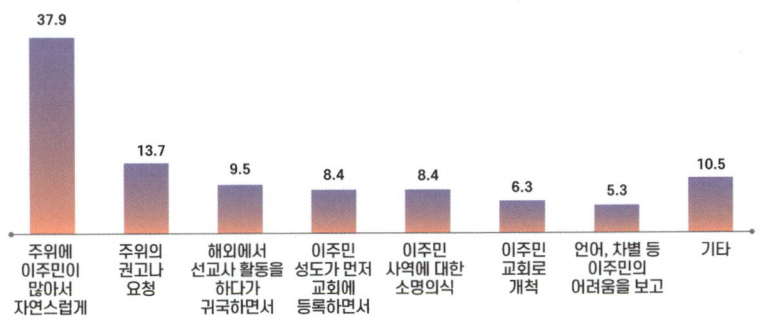

에 대해 어느 정도 이해하는지 질문했을 때 6.1%만 '자세히 안다'고 응답했고 '대략적으로 안다'(53.1%), '거의 모른다'(40.8%) 등으로 응답했다. 이주민 사역에 대해 잘 알지 못하기 때문에 상식적 관심에 머물고 구체적 실행까지는 나아가지 못하는 것이다.

이주민이 많아서 시작

"저희 교회는 이주민들이 많이 거주하는 곳에 있어서 자연스럽게 시작했어요. 성도들이 먼저 관심을 보이더라고요."

이번에는 이주민 사역을 실시하고 있는 목회자에게 사역을 시작한 계기를 물었다. 가장 많은 응답은 '교회 주변에 이주민이 많아 자연스럽게 사역을 시작하게 되었다'(37.9%)였다. 그 뒤를 이어 '주위의 권고나 요청'(13.7%), '해외 선교사 활동 후 귀국하면서 시작'(9.5%), '이주민 성도가 먼저 교회에 등록하면서'(8.4%), '이주민 사역에 대한 소명의식'(8.4%) 순으로 조사되었다. 이처럼 상위 5개 응답이 전체의 78%를 차지했는데, 이는 많은 교회들이 주변 환경 변화나 외부의 요청, 자연스러운 계기를 통해 이주민 사역에 참여하게 되었음을 보여준다.

한편 '이주민 교회를 별도로 개척했다'(6.3%)거나 '이주민들이 겪는 언어 장벽이나 차별 문제를 보고 시작했다'(5.3%)는 응답도 있었다. 이들은 비율은 낮지만 이주민들의 구체적인 어려움을 인식하고 이를 해결하고자 사역에 나선 사례로 해석할 수 있다.

교회의 한국인 출석 성도 수에 따른 차이도 확인되었다. 출석 성도 50명 이상의 교회에서는 '주변에 이주민이 많아서'라는 응답이 64.5%로 나타나, 30명 미만 교회(25.4%)보다 약 40%p 높았다. 반면 출석 성도 30명 미만의 교회에서는 '주위의 권고나 요청'(20.3%), '이주민에 대한 소명 의식'(11.9%)이 상대적으로 높은 비율을 보였으며, 이는 교회 규모나 여건에 따라 이주민 사역을 시작하게 된 동기가 다소 차이가 있음을 시사한다.

이주민 선교
(Migrant Mission)

지역 교회는 더 이상 이주민들에게 '유일한 도움처'가 아니며 이에 따라 교회의 새로운 대응과 전략이 요청되고 있다. 동시에 지역 교회 목회자들 사이에서 '이주민 사역은 가장 우선적으로 감당해야 할 선교 영역'이라는 인식이 확산하고 있다.

이주민이 교회를 찾는 이유

"저희는 이주민 전도를 열심히 합니다. 그 때문인지 이주민이 계속 교회에 옵니다."

"이주민에게 도움을 줬더니 소문이 났어요."

성도들은 이미 상당한 수준의 인식과 사랑으로 이주민들을 품고 있지만 앞으로 더 다양한 민족이 찾아올 것에 대비해 지속적인 영적 준비가 필요하다.

이주민 사역을 수행 중인 교회 목회자들에게 이주민들이 교회에 출석하는 이유 두 가지를 선택하도록 했다. 그 결과 1·2순위를 합산한 가장 높은 응답은 '모국어 예배 또는 통역 지원이 제공되기 때문'(45.3%)이었다. 이는 실제로 많은 교회가 영어, 중국어, 러시아어 등 다양한 언어로 예배를 드리거나 설교 통역 서비스를 제공함으로써 언어 장벽을 낮추고 있음을 반영한다.

다음으로는 '적극적인 이주민 전도 활동'(39.9%)이 뒤를 이었다. 거리 전도, 방문, 초청 등의 선교적 노력이 이주민들의 교회 출석 및 정착에 실질적인 영향을 주고 있는 것으로 해석된다. 세 번째로는 '실질적인 구제 및 생활 지원 제공'(31.6%)이 꼽혔다. 이는 무료 급식, 생필품 제공, 취업 및 정착 지원 등 물질적이고 현실적인 도움을 통해 교회가 이주민들의 삶에 기여하고 있음을 보여준다. '교인들의 친절한 환

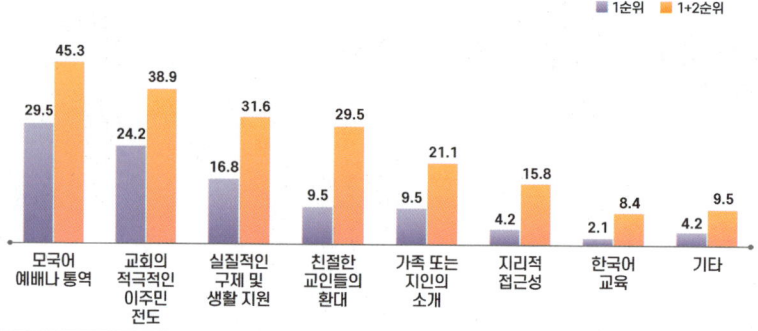

대'(29.6%)와 '가족이나 지인의 소개'(21.1%)도 이주민들의 교회 출석에 영향을 주는 것으로 나타났다. 이 외에도 '교회 위치의 지리적 접근성'(15.8%), '한국어 교육 제공'(8.4%) 등의 응답도 있었다.

이주 노동자, 이주민 사역의 핵심 대상

"이주 노동자와 유학생이 제일 많이 나옵니다."

이주민 사역을 하는 교회가 주로 어떤 배경의 이주민들을 섬기고 있는지를 파악하기 위해 사역 대상 유형을 조사했다. 그 결과 가장 일반적인 이주민 성도 유형은 '외국인 노동자'였으며 전체의 77.9%가 이들을 대상으로 사역하고 있었다. 이는 지역 교회의 이주민 사역이 주로 외국인 근로자를 중심으로 이뤄지고 있음을 보여준다. 두 번째

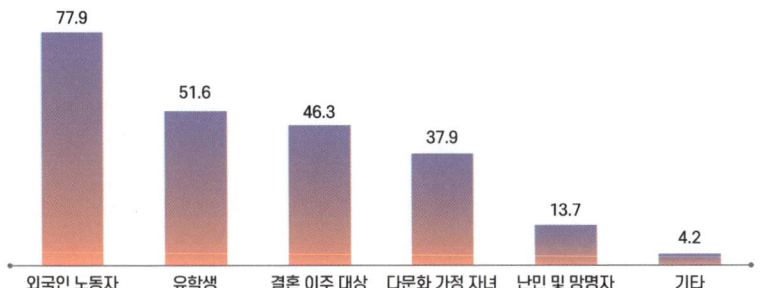

대상이 '유학생'(51.6%)이었다. 그 뒤를 이어 '결혼 이주자'(국제결혼 배우자 46.3%), '다문화 가정 자녀'(37.9%), '난민 및 귀화자'(13.7%)로 조사되었다.

흥미로운 점은 교회의 입지에 따라 사역 대상의 구성에 차이를 보인다는 것이다. 대도시 소재 교회는 '유학생' 비율이 61.9%로 중소도시(44.0%)나 읍면 지역(28.6%)에 비해 높게 나타났다. 반면 중소도시에서는 '다문화 가정 자녀' 비율이 상대적으로 높았다. 이러한 차이는 교회 위치에 따라 접촉 가능한 이주민 집단이 다르기 때문인 것으로 해석할 수 있다.

동아시아, 동남아시아 이주민 많아

이주민 사역에서 중요한 또 하나의 지표는 교회 출석 이주민들의

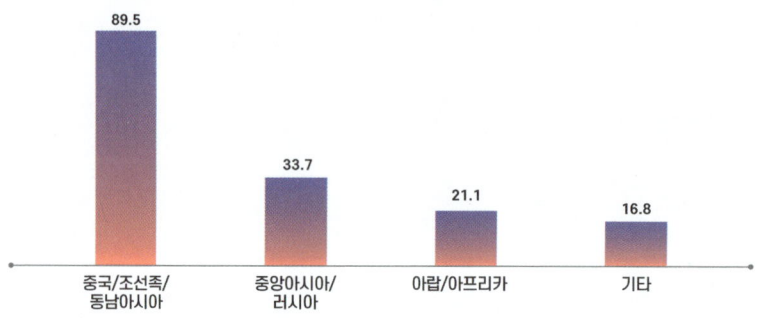

국적 분포이다. 이번 조사 결과 이주민 사역 교회는 대부분 동아시아와 동남아시아 등 아시아권 출신 이주민을 주 사역 대상으로 삼고 있는 것으로 나타났다. 전체 응답 교회의 89.5%가 중국, 조선족, 동남아시아 출신 이주민을 섬기고 있으며 그중 중국 및 조선족 출신이 41.1%로 가장 높았다.

동남아시아 출신 이주민 가운데는 베트남(29.5%), 네팔(26.3%), 캄보디아(25.3%), 필리핀(21.1%) 순으로 나타났으며, 이들은 농촌과 도시 교회를 가리지 않고 고르게 분포하고 있는 것으로 확인됐다. 이 외에도 중앙아시아 및 러시아 출신 이주민을 대상으로 하는 교회는 33.7%였고 구체적으로는 우즈베키스탄(20.0%), 러시아(18.9%), 카자흐스탄(13.7%) 순으로 나타났다. 또 아랍 및 아프리카 출신 이주민을 섬기는 교회도 21.1%로 조사되었다.

이 같은 국적 분포는 한국 내 전체 이주민 인구 구조와 유사하게

교회 내 이주민 성별/연령별 분포

(Base=이주민 사역 교회 목회자, N=95, %)

성별

구분	구성비
남성	51.8
여성	48.2
계	100.0

연령별

구분	구성비
19세 이하	13.2
20대	28.6
30대	29.8
40대	16.3
50대	7.1
60대 이상	5.0
계	100.0

목회데이터연구소/기아대책, '한국 교회 트렌드 2026 조사'
(전국의 이주민 사역단체 사역자 60명, 이주민 사역 교회 담당 목회자 95명, 모바일조사, 지앤컴리서치, 2025.05.28.~06.10)

나타났으며, 동남아시아, 중앙아시아, 아프리카 순의 구조를 반영하고 있다.[4] 이 결과는 이주민 사역을 할 때 대상 지역 이주민의 특성과 필요를 반영할 필요가 있다는 것을 시사한다.

이주민 성도, 2030세대 많아

이주민 성도의 규모와 특성을 묻는 조사 결과에 따르면 교회별로 이주민 성도 수에 상당한 차이가 있는 것으로 나타났다. 이주민 성도 수는 10명 미만(13.7%), 10~20명 미만(18.9%), 20~30명 미만(12.6%), 30~50명 미만(22.1%)이었으며, 100명 이상 규모의 이주민 성도를 둔 교회도 16.8%에 달했다. 이는 일부 교회는 소규모 이주민 공동체를, 또 다른 교회는 상당한 규모의 이주민 성도들이 형성되어 있음을 보여준다.

성별로는 남성(51.8%)과 여성(48.2%)이 비슷한 비율을 보였고 지

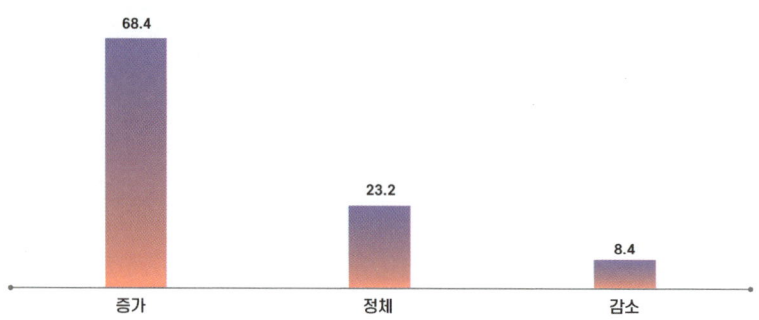

목회데이터연구소/기아대책, '한국 교회 트렌드 2026 조사'
(전국의 이주민 사역단체 사역자 60명, 이주민 사역 교회 담당 목회자 95명, 모바일조사, 지앤컴리서치, 2025.05.28.~06.10)

역 규모에 따른 성비 차이도 거의 없었다. 이는 교회 내 이주민 사역이 특정 성별에 치우치지 않고 균형 있게 이뤄지고 있음을 의미한다. 연령별로 보면 20대(28.6%)와 30대(29.8%)가 약 60%를 차지하며 가장 높은 비중을 보였다. 반면 40대는 16.3%, 50대는 7.1%, 10대 이하 자녀는 13.2%로 나타나, 경제 활동 연령층이 교회 내 이주민 성도의 중심을 이루고 있음을 알 수 있다. 이는 한국 내 전체 이주민 연령 구조와도 유사한 양상으로 교회 역시 청년 중심의 이주민 공동체를 형성하고 있는 것으로 분석된다.

교회 내 이주민 성도 수의 변화를 묻는 질문에 대해 전체 응답자 68.4%가 '증가했다'고 응답했다. '유지'는 23.2%, '감소'는 8.4%로 나타나, 이주민 사역을 수행하는 대부분의 교회에서 이주민 성도는 꾸준히 증가하는 추세임을 확인할 수 있다.

특히 한국인 성도 수에 따른 차이가 뚜렷했는데 한국인 성도 30명

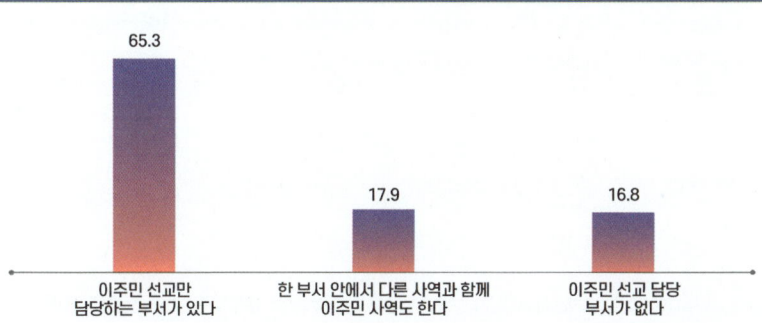

미만 교회에서는 '이주민 증가'가 57.6%였던 반면, 50명 이상 교회에서는 87.1%가 증가했다고 응답해 한국인 성도 수가 많은 교회일수록 이주민 유입도 더 활발히 일어나고 있음을 시사한다.

전담 부서와 다문화팀이 있는가

"우리 교회엔 아프리카 선교사 출신의 사역자가 이주민 부서를 맡고 있습니다."

이주민 사역의 효과성은 전담 조직이나 인력 유무와도 밀접한 관련이 있다. 해당 항목에 대한 조사 결과 전체 응답 목회자 65.3%는 교회 안에 '이주민 사역 전담 부서가 있다'고 응답했다. 17.9%는 '기존 부서에서 다른 사역과 함께 겸한다', 16.8%는 '담당 부서가 없다'고 답했다.

이를 종합하면 응답 교회의 83.2%는 전담 또는 겸임 형태로 조직체계를 갖추고 있으며, 조직 없이 이주민 사역을 운영하는 교회는 6곳 중 1곳(16.8%) 수준에 그치고 있다. 이는 이주민 사역을 수행하는 교회 대부분이 어떤 형태로든 구조적 기반을 마련하고 있음을 보여준다. 교회 규모에 따른 차이도 확인되었는데 한국인 성도 수 50명 이상 교회 중 80.6%가 전담 부서를 운영하고 있었으며, 30명 미만 교회는 59.3%였다. 그럼에도 불구하고 소형 교회에서도 절반 이상이 전담 조직을 구성하고 있다는 점은 주목할 만하다.

이주민 사역자의 국적을 통해 사역 인력의 다문화적 구성 여부를 파악했다. 그 결과 전체 교회의 60.0%가 한국인 사역자에 의해 이주민 사역이 실행되고 있다고 응답했다. 반면 이주민 출신 사역자가 단독으로 사역을 담당하는 경우는 9.5%에 그쳤다.

여기서 주목할 점은 30.5%는 교회에서 한국인과 이주민 사역자가 함께 팀을 이뤄 사역을 하고 있다고 응답한 것이다. 이는 한국 교회의 이주민 사역이 일방적 봉사에서 벗어나 이주민 성도들을 동역자로 세우는 협력적 사역 형태로 전환하고 있음을 보여준다.

이주민 사역, 더는 부차적 사역이 아니다

"국내 이주민 증가로 이제 이주민 사역은 대세가 됐어요."

이번엔 이주민 사역이 교회 전체 사역 중 차지하는 중요도를 질문

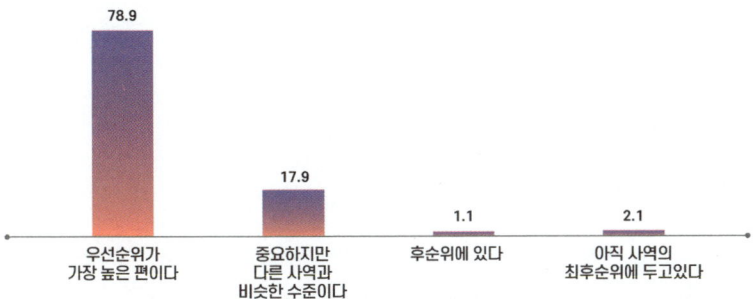

했다. 그 결과 전체 목회자 78.9%가 '우선순위가 가장 높은 편'이라고 응답했다. 이는 이주민 사역이 다수 교회에서 핵심 사역으로 인식되고 있음을 보여주는 지표라고 할 수 있다. 그밖에 '다른 사역과 비슷한 수준'(17.9%), '우선순위가 낮다'(3.2%) 등으로 나타나, 전반적으로 이주민 사역이 교회 내에서 높은 사역적 우위를 점하고 있음을 확인할 수 있다.

실제 현장 목회자들은 "증가하는 이주민들을 품고 통합적인 공동체를 이루기 위해서는 성경적 신학적 수용과 이해가 전제되어야 한다"고 강조하면서 이주민 사역을 단순한 돌봄이 아닌 선교적 책무로 받아들이고 있었다.

이주민과의 만남

"동남아 출신 성도인데 교회 목사님과 정기적으로 만나 교제했던 게 교회 정착이나 한국 사회 적응에 도움이 많이 됐다고 하더라고요."

교회에서 이주민 성도들이 예배와 소그룹에 어떻게 참여하고 있는지는 이주민 예배의 통합과 분리 전략을 가늠하는 중요한 요소다. 이에 대한 조사 결과 전체 이주민 사역 교회 목회자 63.4%가 '이주민 예배를 별도로 드린다'고 응답했으며, 36.6%는 '한국인과 통합 예배를 드린다'고 답했다.

별도 예배를 운영하는 교회들은 모국어 예배(영어, 중국어 등) 또는 동시통역을 제공하며 주일의 다른 시간대나 별도 공간에서 이주민 예배를 드리고 있었다. 이러한 방식은 언어 소통의 효율성과 문화적 친화력 측면에서 장점이 있어 많은 교회가 채택하고 있다.

한편 목회자들이 가장 효과적인 이주민 목회 방식으로 꼽은 항목은 '정기적인 만남과 관계 형성'(전도, 심방, 상담 등 38.9%)이었으며, '자국어 또는 다중언어 예배 운영'(23.2%)이 뒤를 이었다. 이는 예배의 언어적 접근도 중요하지만 결국 이주민과의 지속적인 관계와 교제 속에서 복음이 효과적으로 전해진다는 점을 강조한 결과로 해석된다.

삶을 돌보는 이주민 사역

"이주민 가정의 아이들도 교회에 나오기 시작했는데 아직 그들을 위한

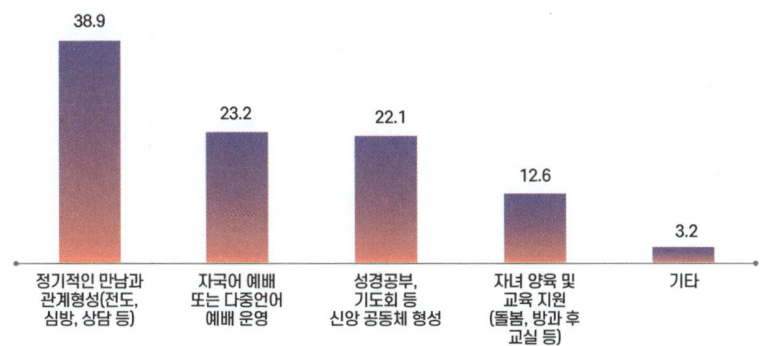

프로그램이 없네요."

　이주민 사역을 실시하는 교회들은 단순히 영적 돌봄에 그치지 않고 이주민의 생활 전반을 지원하는 다양한 프로그램을 함께 운영하고 있다. 예배 외에 가장 중점을 두는 사역 2가지를 묻는 질문에 '제자훈련/성경공부'(40.0%)가 가장 높게 나타났으며 그다음은 '한글 교육'(25.3%)이었다. 비율은 낮지만 '자녀 양육 및 교육 지원'(8.4%), '소그룹 운영'(7.4%), '직장 및 노동자 지원'(7.4%) 등의 항목도 조사되었다.

　이 같은 결과는 많은 교회가 복음 전도뿐 아니라 이주민의 현실적 정착과 생활 안정을 돕는 프로그램을 병행하고 있음을 보여준다. 특히 이주민 자녀를 위한 프로그램 운영 여부에 대해서는 '주일 교회학교 또는 주일 자녀 돌봄 프로그램'(34.7%), '주중(평일) 돌봄 프로그램'(18.9%)을 제공하고 있는 것으로 나타났다. 반면 약 40%의 교회는 대상 아동이 없거나 여건상 별도 프로그램을 운영하지 않는다고 응답했다.

실제 이주민 사역 현장에서는 한국어 교실 운영, 취업 알선 및 직업훈련 연계, 무료 진료 및 건강검진, 법률 상담 및 비자 행정 지원, 문화 교류 프로그램(예를 들면 다문화 음식 축제) 등 다양한 형태의 생활 밀착형 지원 활동을 병행하고 있는 것으로 나타났다.

노하우 전수

대다수 목회자들은 이주민 사역의 성과를 긍정적으로 평가하고 있으며 이러한 내부적 성찰과 평가는 향후 사역 확대에 긍정적 영향을 미칠 것으로 보인다. 실제로 향후 계획을 묻는 질문에 '사역을 확대할 예정'(86.3%)이라고 답했으며 '현재 수준 유지'(12.6%), '잘 모르겠다'(1% 미만) 순이었다. 이는 한국 교회 전반에서 이주민 사역에 대한 의지와 기대가 높아지고 있음을 보여준다. 아울러 앞서 현재 이주민 사역을 하지 않는 목회자 중 78.7%는 '생각만 있고 구체적인 계획은 없다'고 답한 바 있는데, 이들을 대상으로 한 지속적인 인식 제고 및 실천적 교육, 사역 사례 공유 등이 필요하다는 점도 함께 고려되어야 한다.

이주민 사역을 하지 않는 목회자들에게 이주민 사역을 하기 위해 가장 필요한 지원이 무엇인지 질문했다. 그 결과 '이주민을 위한 교육 자료 및 프로그램'(31.2%), '이주민 사역자 인력 지원'(21.6%), '이주

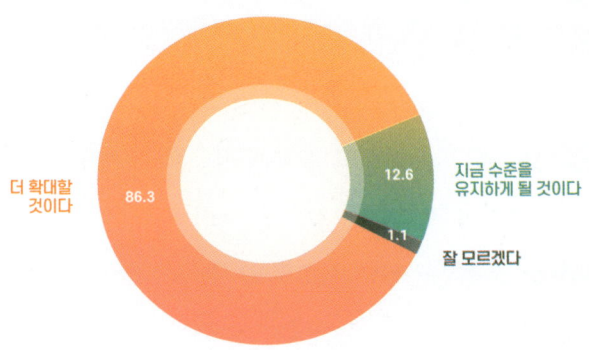

민 사역자 양성 교육'(14.3%), '이주민 사역자 네트워크'(13.2%) 순으로 나타났다. 이 결과는 이주민 사역을 하려고 해도 무엇을 해야 할지 모르고 그것을 수행할 인력도 없다는 것을 의미한다. 따라서 이주민 사역을 원하는 목회자가 도움을 받을 수 있도록 이주민 선교단체 혹은 이주민 선교 네트워크가 지원 시스템을 갖추는 것이 필요하다고 본다.

성도들의 이주민 사역 인식

다음으로는 일반 교회와 이주민 사역 교회 성도들의 이주민 사역에 대한 인식과 태도를 살펴본다. 이를 통해 성도들이 이주민 사역을 어떻게 받아들이고 있는지, 그리고 실제 교회 내 수용 태도가 어떠한지를 가늠할 수 있다.

성도 대상 조사 결과를 요약하면 전반적으로 이주민 사역에 대한 인지도는 높은 편이며 대체로 긍정적인 수용 분위기가 형성되어 있는 것으로 나타났다. 다만 일부 교회에서는 문화적 차이나 소통 문제로 인한 갈등 요인이 존재하는 것으로 나타났지만 상호 이해와 해결을 위한 노력도 병행하고 있는 것으로 조사되었다.

이주민 사역의 인식 장벽, 편견과 거리감

"이주민과 이웃으로는 지낼 수 있을 것 같은데 친구로 삼기엔 거리감이 느껴집니다."

국내 거주 이주민들은 한국 성도들에게 여전히 낯선 존재일 수 있다. 이에 따라 일반 교회 성도들이 이주민을 얼마나 가깝게 받아들이고 있는지를 확인하기 위해 이주민을 '이웃, 직장 동료, 친구, 가족'으로 받아들일 수 있는지를 질문했다.

그 결과 이주민을 '이웃'(86.7%), '직장 동료'(89.9%)로 받아들일 수 있다는 응답이 대다수를 차지했다. 이는 일상적 사회 관계에서는 이주민을 수용하는 태도를 취한 것으로 보인다. 반면 '친구'(76.2%), '가족'(62.8%)은 이에 비해 낮았다. 즉 관계의 친밀도가 높아질수록 수용 수준이 점차 낮아지는 경향을 보였으며 '가족'으로의 수용은 '이웃'보다 약 24%p 낮았다.

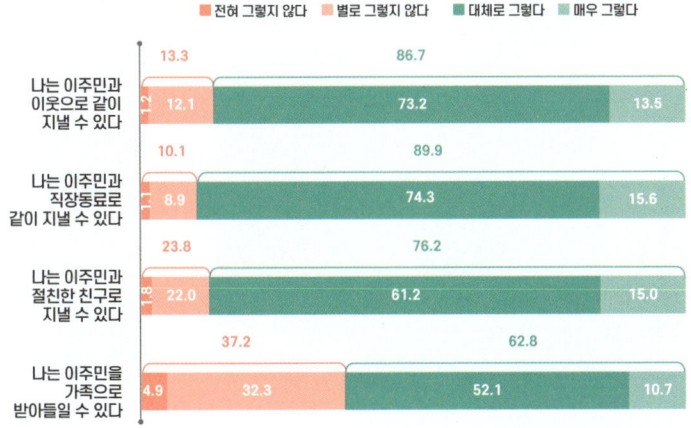

목회데이터연구소/기아대책, '한국 교회 트렌드 2026 조사'
(전국의 만 19세 이상 교회 출석자 1,000명, 온라인조사, 지앤컴리서치, 2025.05.15.~05.22)

주목할 점은 각 문항에서 '매우 그렇다'고 강하게 동의한 비율이 모두 10% 초반에 머물렀다는 점이다. 인식적인 측면에서는 이주민을 수용하지만 감정적 심리적 거리감은 여전히 존재하고 있음을 시사한다. 따라서 이주민에 대한 전반적 수용 인식은 높지만 친밀한 관계 형성으로 이어지기까지는 심리적 장벽이 남아 있으며 실제 행동으로 전환하기에 한계가 존재한다고 볼 수 있다.

이와 연관된 질문으로 이주민 사역에서 예상되는 어려움을 물은 결과 '문화 차이와 오해'(24.9%), '언어 장벽'(22.7%), '성도들의 이주민 사역에 대한 이해 부족'(11.7%), '한국인 성도들의 차별적 시선과 편견'(13.0%) 순으로 나타났다.

주목할 점은 상위 4개 중 언어 장벽을 제외한 나머지 3개 항목이

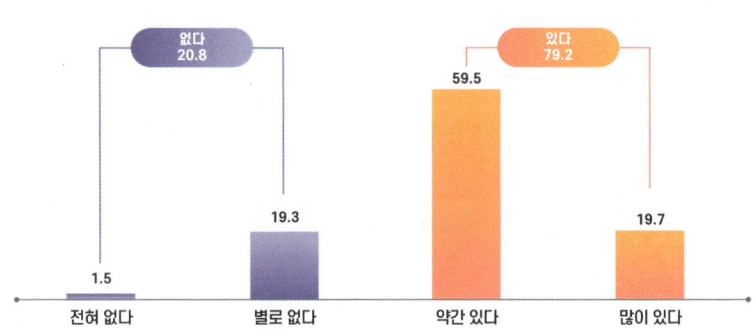

모두 편견과 인식 부족에서 비롯된 문제라는 점이다. 이는 이주민 사역의 구조적 어려움 못지않게 성도의 인식 개선이 사역의 지속성과 확장에 핵심적 변수임을 보여준다.

두 번째 원인은 이주민과의 접촉 경험이 부족하기 때문이다. 위 조사 결과를 일반 교회 성도의 이주민 접촉 경험 유무로 보면 이주민과의 접촉 경험이 있는 성도들이 접촉 경험이 없는 성도들보다 더 긍정적으로 응답했다. 이주민과 직접 교류하면서 이주민을 이해하게 되고 이주민에 대한 오해와 편견을 해소하게 되면서 인간적 친밀감을 더 갖게 되는 것이다. 따라서 이주민 사역의 효과성을 높이기 위해서는 사역 자체에 앞서 한국인 성도들을 대상으로 한 이주민 이해 교육, 다문화 감수성 훈련, 실천적 만남의 기회 확대가 우선되어야 할 것이다.

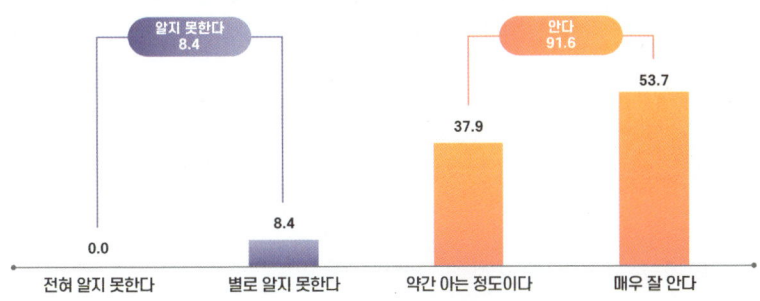

목회데이터연구소/기아대책, '한국 교회 트렌드 2026 조사'
(전국의 이주민 사역단체 사역자 60명, 이주민 사역 교회 담당 목회자 95명, 모바일조사, 지앤컴리서치, 2025.05.28.~06.10)

이주민 사역, 다문화 감수성에 달렸다

"교회에 나오는 이주민들과 만나 그들을 알아가면서 편견이 사라졌습니다. 직접 얘기해보니 제 생각이 많이 잘못되어 있더라고요."

금번 조사에서는 이주민 사역 교회 목회자를 통해 자기 교회 성도들의 이주민 사역에 대한 이해 수준을 평가했다. 조사에 따르면 성도들이 이주민 사역에 대해 '이해도가 있다'고 평가한 교회의 목회자는 91.6%, '이해도가 없다'고 평가한 목회자는 8.4%였다. 여기서 '이해도 있음'은 단순한 인식 차원을 넘어 왜 이주민 사역이 필요한지, 어떻게 해야 하는지에 대한 구체적인 이해를 포함한다. 실제 많은 교회에서는 이주민 선교 훈련학교(MMTS, Multiethnic Mission Training School)와 같은 다민족 선교 훈련 프로그램을 활용해 성도 대상 다문화 이해 교육, 선교 세미나, 간증 나눔 등을 정기적으로 실시해왔다.[5] 이러한 교육적 노력의 결과 상당수 교회에서 성도들의 인식 수준이 높아졌다는 평가를 받은 것이다.

반면 '이해도가 없다'고 응답한 교회는 주로 이주민 사역을 시작한 지 얼마 되지 않았거나 성도 대상 교육이 충분하지 않았던 것으로 보인다. 해당 목회자들은 향후 설교, 교육, 소그룹 나눔 등을 통해 성도들의 인식 제고가 필요하다고 언급했다.

이주민 사역, 성도들의 관심이 더 많다

"우리 교회는 이주민이 많이 사는 지역에 있는데도 아직 특별한 사역이 없네요."

"저도 이민생활을 해봤는데 이웃이나 교회가 손을 내밀어주면 소속감이 느껴졌어요."

이번에는 일반 교회 성도들에게 교회가 이주민을 대상으로 사역하는 것이 필요한가를 질문했더니 91.8%가 '필요하다'고 응답했고 '불필요하다'는 응답은 3.5%에 불과했다. 이는 이주민 사역에 대한 성도들의 전반적인 긍정 인식을 보여주는 지표다.

특히 연령대가 높을수록 필요성에 대한 인식도 높아지는 경향을 보였다. 20대(82.9%)와 30대(83.7%)가 80% 초반대의 응답률을 보인 반면, 40대 이상은 모두 90% 이상으로 나타났다. 직분 유무에 따

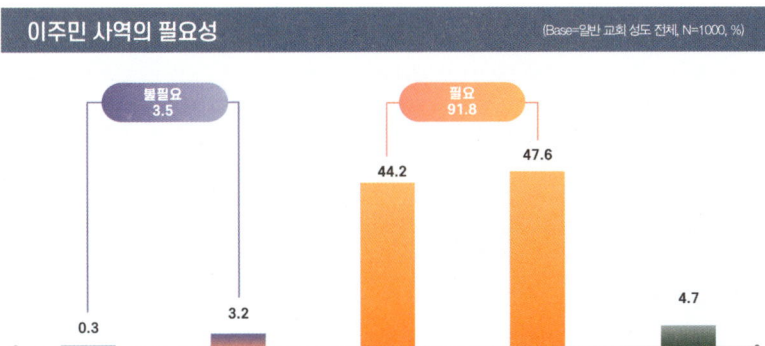

른 인식 차도 확인됐는데 직분자(중직자, 집사 등) 90% 이상이 '필요하다'고 응답한 반면, 직분이 없는 성도는 86.5%가 '필요하다'고 응답해 다소 차이를 보였다. 이는 연령이 높을수록, 그리고 직분자일수록 이주민 사역을 교회의 사명으로 받아들이는 경향이 뚜렷하다는 것을 보여준다.

한편 일반 교회 목회자들의 이주민 사역 관심도는 '관심 있다'(75.4%), '관심 없다'(24.6%)로 응답했다. 세부적으로 보면 '관심 있다'고 응답한 이들 중 '매우 관심 있다'는 비율은 9.8%에 불과했고 '약간 있다'가 65.6%로 다수를 차지했다. 즉 관심을 갖고 있는 목회자는 많으나 그 강도는 대체로 낮은 수준이라는 점이 확인됐다. 반면 성도들은 '매우 필요하다'(47.6%)는 응답이 '약간 필요하다'(44.2%)보다 높게 나타나, 전반적으로 이주민 사역에 대한 성도들의 인식 수준과 열의가 목회자보다 더 앞서 있는 모습이다.

도시 교회일수록 이주민 수용 태도 높아

이주민 사역 교회의 목회자들을 대상으로 교회 내 한국인 성도들이 이주민 사역을 어떻게 인식하고 있는지 5점 척도로 평가한 결과 전체의 80.0%가 '긍정적'이라고 답했다. 그중 '매우 긍정적'은 49.5%, '약간 긍정적'은 30.5%였으며, '중립'은 14.7%, '부정적'(약간+매우)은 5.3%로 나타났다. 특히 '매우 부정적'은 1.1%로 사실상 거의 없음에 가까웠다.

전체 응답의 평균 태도 점수는 5점 만점에 4.2점으로 매우 높았다. 이는 다수 성도들이 이주민 사역을 교회의 선한 사명으로 인식하고 있으며 이주민 성도들을 형제자매로 받아들이며 우호적으로 대하고 있음을 의미한다.

지역별로는 대도시 성도들의 긍정 태도가 88.1%로, '중소도시'(75.7%)나 '읍면 지역'(68.8%)보다 더 높은 것으로 나타났다. 이는 도시 지역의 개방성, 이주민 접촉 경험의 빈도 차이 등이 영향을 미친 것으로 해석된다. 또 일부 목회자들은 성도들이 "이주민을 동정이 아닌 내국인과 똑같이 대우하길 원한다"는 의견을 표현했다고 전했다. 이는 이주민을 특별한 대상이 아닌 동등한 신앙 공동체의 구성원으로 받아들이는 인식 전환이 진행 중임을 보여준다. 이러한 태도 변화의 배경에는 목회 현장에서 지속적으로 강조한 성경적 환대와 사랑의 메시지, 그리고 이주민들과의 실제 교제 경험 속에서 형성된 신뢰와 우정이 자리하고 있는 것으로 보인다.

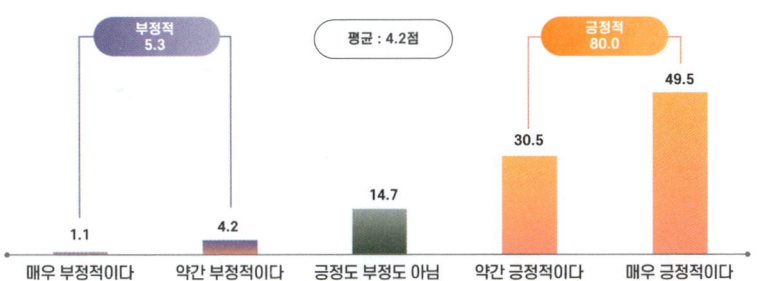

문화 이해와 목회적 중재 필요

이주민 성도와 기존 한국인 성도 간의 마찰이나 갈등이 실제로 발생하는지 여부는 이주민 사역 교회의 지속성과 건강성을 판단하는 중요한 요소다. 이에 대해 이주민 사역 목회자들에게 질문한 결과, 전체 75.8%가 '전혀 문제가 없다'고 응답했고 '가끔 갈등이 발생한다'는 응답은 24.2%로 나타났다. '심각하고 잦은 갈등이 있다'는 응답은 0%로 나타났다. 이번 조사와 별도로 사역 현장에서 느끼는 갈등의 주요 원인은 예배 방식 차이, 식생활, 청소 등 생활 습관 차이, 일부 이주민의 공동체 규율 이탈 등이 있었다.

지역별로 보면 '가끔 갈등이 있다'는 응답은 '대도시'(38.1%)가 가장 높았고 '읍면 지역'(18.8%), '중소도시'(10.8%) 순으로 나타났다. 반면 지방 교회들(중소도시 및 농촌 지역)은 80% 이상이 '문제 없음'이라고 응답했다. 이는 대도시 교회는 다양한 문화권 배경을 가진 이주민이 공존하면서 오해가 발생할 수 있고 소규모 농촌 교회는 가족적인 분위기 속에서 갈등 발생 가능성이 낮은 상황으로 해석된다.

그렇다면 갈등이 발생했을 때 해결 방식은 어떨까. 가장 많이 선택한 방식은 '문화적 차이를 인정하고 타협점을 찾는다'(73.9%)였다. 이는 서로 다름을 이해하고 양보하려는 공동체적 노력이 교회 현장에서 실천되고 있음을 보여준다. 이어 '목회자가 직접 개입해 상담과 중재를 시도'(52.2%)하는 방식이 뒤를 이었다. 이는 목회자의 영적 지도력이 갈등 해소에 여전히 중요한 역할을 하고 있음을 보여준다. 그다음은 '시간이 지나면서 자연스럽게 해결된다'(30.4%)였는데 이는 문제가 심각하지 않은 경우 공동체 내 관계 속에서 갈등이 서서히 해소된다는 의미로 볼 수 있다.

성도와 교회를 변화시키는 쌍방향 선교

"인도 단기 선교를 갔다왔는데 현지 목사님이 한국 교회가 파송한 분이었어요. 사역의 열매도 많아서 놀랐습니다."

이주민 사역은 단지 한국 교회와 성도가 이주민에게 일방적으로 도움을 주는 사역이 아니다. 오히려 이주민 사역을 통해 한국 교회와 성도 역시 긍정적인 변화를 경험할 수 있는 '쌍방향 선교'의 성격을 갖는다. 실제로 이주민 사역 교회 목회자들은 이주민 사역이 한국인 성도들에게 미치는 영향으로 '타문화 이해 및 수용성 증가'(68.4%), '성도들의 선교적 관심 증가'(68.4%)를 가장 많이 꼽았다. 이 외에도 '교회

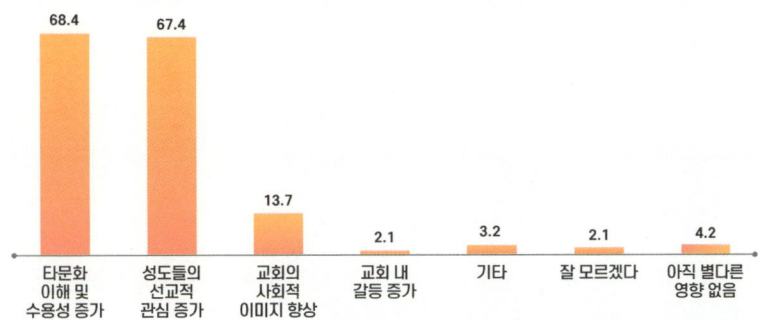

의 사회적 이미지 향상'(13.7%) 역시 긍정적인 효과로 언급됐으며 '교회 내 갈등' 등 부정적 영향은 거의 나타나지 않았다.

현장 사례에 따르면 처음에는 이주민에 대한 편견을 가지고 있던 성도들도 예배와 교제를 통해 마음이 열리고 타 인종과 문화에 대한 편견이 허물어지는 경험을 하게 된다. 이러한 경험은 성도들의 다름에 대한 감수성을 키우고 포용적 사고와 환대의 태도를 증진시키는 계기가 된다. 이처럼 이주민 사역은 단절과 배타성이 만연한 사회 속에서 성도들이 타인을 이해하고 환대하는 역량을 훈련받는 장으로 기능한다. 나아가 성도들은 선교를 먼 나라의 일이 아닌 일상 속에서 실천할 수 있는 삶의 방식으로 인식하게 되는 변화를 경험하게 된다.

트렌드 전망 및 시사점

2025~2026년 한국 교회 이주민 사역 트렌드를 종합하면 '환대에서 동역으로'라는 키워드로 요약할 수 있다. 과거 한국 교회는 낯선 타국인들을 환대하고 돌보는 데 집중했다면 이제는 한 걸음 더 나아가 그들을 선교의 동역자로 세우고 함께 사역을 확장하는 단계로 이행하고 있다. 조사 결과에서도 확인한 것처럼 많은 교회가 이주민 성도를 함께 팀을 이루는 사역자로 인식하고 있다. 실제 일부 이주민들이 한국인과 연합해 새로운 이주민 교회를 개척하거나 출신 국가에 복음을 전하는 선교사로 파송되는 사례도 나타나고 있다. 이는 이주민 사역의 흐름이 일방적 구제나 전도가 아닌 쌍방향적, 동반자적 선교로 변화하고 있음을 보여준다. 이러한 흐름 속에서 한국 교회는 앞으로 몇 가지 중요한 실천 방향과 과제를 가지게 된다.

첫째, 교회의 다문화 역량 강화이다. 대부분 교회가 이주민 사역을 우선순위에 두고 확대 의지를 보이는 만큼 이에 걸맞은 체계 구축과 인적 자원 개발이 필요하다. 이를 위해 교회는 다문화 전문 부서를 세우고 전문 사역자 양성에 힘써야 한다. 조사 결과가 보여주는 것처럼 아직 전담 부서나 전담 인력이 없는 교회들도 빠르게 그 중요성을 깨달아 보완할 필요가 있다. 또 평신도 훈련 프로그램을 통해 성도 전체의 참여를 이끌어야 한다. 이주민 선교 훈련학교(MMTS) 같은 체계화된 프로그램에 한국 교회 성도들이 더 많이 참여해 이론과 실천을 겸비한 다문화 사역 인력으로 세워져야 할 것이다.

둘째, 연합과 네트워크 강화이다. 이주민 사역은 한 교회나 단체만으로는 한계가 있으므로 교단 간, 지역교회 간, 선교단체 간 협력이 절실하다. 무엇보다 이주민 사역을 하기 원하는 교회가 프로그램에 대한 무지, 경험을 가진 이주민 사역자 부재 등으로 이주민 사역을 하지 못하고 있는 상태다. 조사에서도 외부 후원과 교단 지원 등이 중요한 재원이 되고 있음을 보았듯이 앞으로 더 촘촘한 협력망을 구축해야 한다.

셋째, 사회적 통합과 간접 선교로의 확대이다. 한국 사회 전체의 다문화 이슈 속에서 교회는 신앙 공동체 역할뿐 아니라 지역사회 통합을 촉진하는 매개체가 될 수 있다. 이미 몇몇 교회는 지자체와 협력해 다문화 가족 지원센터를 운영하거나 외국인 밀집 지역에서 한국어 교실, 무료 진료소 등을 열고 있다. 이러한 사회봉사형 사역은 복음의 나눔과 함께 한국 교회의 공공성을 높여준다. 전문가들은 "교회의 이주민 사역 참여가 한국 사회 갈등 완화에 기여할 수 있다"고 말하며, 교회가 앞장서서 이주민 인권 옹호, 다문화 가정 상담 등에도 관심을 가져줄 것을 주장하고 있다. 이는 궁극적으로 복음의 간접 전달과 하나님 사랑의 실천으로 이어질 것이다.

넷째, 역파송 전략(Reverse Mission)이다. 이 전략은 전 세계 이주민 선교 사역에서 점점 주목받고 있는 방식으로 한국 교회에서도 이주민 선교의 핵심 효과 중 하나로 인식되고 있다. 즉 이주민을 한국에서 선교 훈련을 시켜서 자국에 돌아가 선교사 역할을 수행하게 하는 전략이다. 자국 선교에 가장 효과적인 사람은 자국민이다. 그리고 중동권이나 공산권 등 우리 선교사가 직접 들어가기 어려운 국가들에 선교사를 파송할 수 있는 효과적인 방법이라 하겠다. 예를 들어 경기도

안산의 어느 교회는 이주 노동자에게 성경공부와 제자훈련을 시켜 고국으로 돌아가 선교 활동을 하게 하고, 지속적으로 본 교회와 소통하며 돕는 간접 선교 활동을 펼치고 있다. 많은 이주민 사역 교회들이 역파송을 염두에 두고 사역을 펼쳐나가길 기대한다.

다섯째, 다음세대와 미디어 사역의 강화이다. 앞으로 10년 이내에 이주민 2세, 다문화 청년들이 한국 교회의 중요한 일부를 차지하게 된다. 따라서 교회학교와 청년부에서 다문화 이해 교육과 통합 활동을 적극 지원해야 한다. 이미 이주민 자녀를 위한 교회학교를 운영하는 교회들이 많지만, 더 나아가 한국인 청소년과 다문화 청소년이 함께 신앙 훈련을 받는 캠프 등 그 현장을 넓힐 필요가 있다.

또한 디지털 플랫폼을 활용한 선교는 피할 수 없는 과제다. 앞으로 이주민을 위한 온라인 예배 및 교재, 다국어 콘텐츠 제작 등의 분야가 중요해질 것이다. 한국 교회는 IT 강국의 이점을 살려 창의적인 디지털 선교 전략을 세워야 한다. 이를 위해 평신도들 중 미디어 전문인들의 재능 기부를 이끌고 교단 차원의 외국어 콘텐츠 제작 지원도 고려할 수 있다. 예를 들어 주요 목회자들의 설교나 성경공부 자료를 영어, 중국어, 아랍어 등으로 더빙, 번역해 유튜브로 전 세계 디아스포라에게 전하는 식이다. 이는 국내 이주민뿐 아니라 해외에 흩어진 한인 디아스포라와 외국인들에게도 복음을 전하는 이중 효과가 있다.

끝으로 한국 교회가 추구해야 할 기본 자세는 변함없이 그리스도의 사랑과 환대의 영성이다. 설문에서 보았듯 성도들은 이미 상당한 수준의 인식과 사랑으로 이주민들을 품고 있지만 앞으로 더 다양한 민족이 찾아올 것에 대비해 지속적인 영적 준비가 필요하다. 현재 한국 사회는 본격적인 다문화 시대가 펼쳐지고 있다. 이에 한국 교회는 복음으로 민족과 민족을 잇는 디아스포라 선교의 주역이 되어야 한다.

금번 조사 결과는 한국 교회가 그 부름에 응답해 이미 많은 진전을 이뤘음을 보여준다. 앞으로 남은 도전은 이러한 사역들을 한층 성숙하게 발전시켜 '정주(定住) 이주민을 대상으로 한 이주민 목회와 비정주 이주민을 대상으로 이주민 사역'을 실행하는 교회를 이루는 것이다. 손님 대접하기를 잊지 말라는 히브리서 13장 2절의 말씀처럼 한국 교회가 유입된 모든 나그네를 사랑으로 맞아들이고 함께 하나님 나라를 이루어가는 공동체로 계속 변화해 가기를 기대한다.

미 주

심플처치

1 문영미, 《디퍼런트》 (서울 : 살림, 2011), 136-138, 155.
2 톰 레이너, 《코로나 이후 목회》 (서울 : 두란노, 2020), 36, 40.
3 톰 레이너 외, 《단순한 교회》 (서울 : 생명의말씀사, 2009)
4 지용근 외, 《한국 교회 트렌드 2025》 (서울 : 규장, 2024), 136-137.
5 목회데이터연구소 외, 《부흥하는 교회 쇠퇴하는 교회》 (서울 : 규장, 2025)
6 여섯 교회 사례는 책과 개인적 대화, 지앤컴리서치, '부흥하는 교회 vs 죽어가는 교회 정성조사', 2025.04.08.-04.15.
7 데이브 브라우닝, 《작은 교회가 아름답다》 (서울 : 옥당, 2010), 62.
8 앤디 스탠리 외, 《성공하는 사역자의 7가지 습관》 (서울 : 디모데, 2005), 109-110.
9 Kevin Brown, "What the Asbury Revival Taught Me About Gen Z", 〈Christianity Today〉, 2024. 3.

AI, 목회 코파일럿

1 에디터 강지혜, "2025 Z세대 소비자의 욕망을 읽는 핵심 키워드 : '불안 감도',"〈캐릿(Careet)〉, 2024.11.28. https://www.careet.net/1523
2 GetGPT, "원영적 사고 GetGPT", 2025.07.04 검색 https://getgpt.app/play/1drEpYwXhT.
3 TalkToThera, "TalkToThera | AI Therapy Companion", 2025.07.04 검색 https://talktothera.com
4 Dartmouth News, "First Therapy Chatbot Trial Yields Mental Health Benefits" 2025.03.27 https://home.dartmouth.edu/news/2025/03/first-therapy-chatbot-trial-yields-mental-health-benefits.
5 미래목회와말씀연구원/목회데이터연구소, "목회자의 챗GPT에 대한 인식과 사용실태 조사", (전국 담임목사/부목사 650명, 온라인 조사, 2023.03.24.~03.25.)
6 James Dean, "DIY Religion: More Americans Finding Faith Outside Church," 〈Cornell Chronicle〉, 2025.04.14. https://news.cornell.edu/stories/2025/04/diy-religion-more-americans-finding-faith-outside-church.
7 World Economic Forum, 〈The Future of Jobs Report 2025〉 2025.01. https://www.weforum.org/reports/the-future-of-jobs-report-2025/
8 Peng Cao et al., "Your Brain on ChatGPT: Accumulation of Cognitive Debt When Using an AI Assistant for Essay Writing Task", 〈arXiv〉 2025.06. https://arxiv.org/

abs/2506.08872
9 The Sun, "Worshippers Divulging Sins to AI Jesus Say They Had 'Spiritual Experience' after Church Installs Robot Confession Booth", 2024.11.20 https://www.thesun.co.uk/tech/31832603/worshippers-sins-ai-jesus-spiritual-experience/
10 Hope with God, "Hope with God", 2025.07.04 검색 https://www.hopewithgod.com
11 Sacha Altay, Emma Hoes, and Magdalena Wojcieszak, "Following News on Social Media Boosts Knowledge, Belief Accuracy and Trust", 〈Nature portfolio〉 2025.06.27. https://doi.org/10.1038/s41562-025-02205-6

강소교회

1 대한예수교장로회총회 통합 홈페이지, '우리 교단 교세' https://www.pck.or.kr/division.php?part=statistics
2 대한예수교장로회총회 통합 위 홈페이지 https://www.pck.or.kr/division.php?part=statistics
3 지용근 외, 《한국 교회 진단 리포트》(서울 : 두란노, 2025), 288-289.
4 본 조사는 50명 미만 소형 교회 교인들을 대상으로 조사한 것으로 소형 교회 교인들과 비교하기 위해 동일 조사에서 50명 이상 교회 교인 조사 결과를 함께 제시했는데 편의상 이를 중대형 교회로 지칭했다.
5 지용근 외, 《한국 교회 트렌드 2024》 (서울 : 규장, 2023), 80-105.
6 한국교회지도자센터/목회데이터연구소, '교회 의사소통 및 의사결정에 관한 조사', 2024.09.09. (전국 담임목사 500명, 성도 1,000명, 모바일/온라인조사, 지앤컴리서치, 2024.07.)

청빙, 비욘드 콘테스트

1 이 말은 모 교단 총회에서 한 목사가 '교단 내 30%에 달하는 1차 베이비붐 세대(1955년~1963년생) 목회자는 70세 정년으로 물러나야 한다고 호소했다'는 주장에서 추정한 것이다. 이 주장은 특정 개인의 직접 발언이라기보다는 교단 통계 또는 분석을 기반으로 한 언급으로 보인다. 기독신문, "[제109회 총회기획] 예리한 정년 연장의 논리… 순수성도 인정 받을까", 2024.08.27. https://www.kidok.com/news/articleView.html?idxno=306588&utm_source=chatgpt.com
2 기독신문, "[목회자 수급 위기] 10년 후 목사 1,186명 부족 예상", 2023.12.26. https://www.kidok.com/news/articleView.html?idxno=303389
3 한국기독공보, "청빙의 공정한 절차, 교회 프로필 어때요?", 2024.10.21. https://

m.pckworld.com/article.php?aid=10417871039

호모 스피리추얼리스

1. 목회데이터연구소, 주간리포트 〈넘버즈 224호〉 4.
2. 한민, 《숭배하는 자들, 호모 피델리스》 (서울 : 시크릿하우스, 2022)
3. 목회데이터포럼, 〈무종교인의 종교의식 조사 : 무종교인은 종교와 무관한가〉 자료집, 2024.04.19.
4. 김준, 성경적 영성: 산드라 슈나이더스의 연구를 중심으로, 한국기독교신학논총 106(2017), 233-236.
5. 한국교회탐구센터, 〈한국 교회와 제자훈련〉 자료집, 2016.05.03.
6. 목회데이터연구소, 지용근, 김선일, 《부흥하는 교회 쇠퇴하는 교회》 (서울 : 규장, 2025)
7. Carl Jung, Collected Works of Carl Jung, Volume 11: Psychology and Religion: West and East, Paragraph 52.

무속에 빠진 그리스도인

1. 매일경제, "MZ세대 토속신앙 열풍, 무속인 20년새 4배로…건강한 무당 판별법 제시한 안상경 전 충북대 교수", 2025. 01.28. https://www.mk.co.kr/news/economy/11228111?utm_source=chatgpt.com
2. 이용범, "무속에 대한 근대 한국 사회의 부정적 시각에 대한 고찰", 〈한국 무속학 9권 9호〉 (2005), 161-179.
3. 목회데이터연구소, "무종교인의 종교의식", 〈넘버즈 237호〉, 2024.04.23.
4. 최길성, 《한국 무속의 이해》 (서울 : 예전사, 1994)
5. 로버트 벨라 외, 《미국인의 사고와 관습》 (서울 : 나남, 2001)
6. 국민일보, "무속인 시절 손님 40%가 기독교인… 사모·권사도 찾아와" 2025.01.20. https://www.kmib.co.kr/article/view.asp?arcid=1737274198
7. 신앙 단계는 다음과 같은 단계별 신앙 내용을 제시하고 응답자로 하여금 주관적으로 체크하게 한 결과이다.
   1단계 : 나는 하나님을 믿지만 그리스도에 대해서는 잘 모르겠다. 내 종교는 아직까지 삶에서 큰 비중을 차지하지 않는다.
   2단계 : 나는 예수님을 믿으며 그분을 알기 위해 여러 가지 일을 하고 있다.
   3단계 : 나는 그리스도와 가까이 있으며 매일 그분의 인도하심에 의지한다.
   4단계 : 하나님은 내 삶의 전부이며 나는 그분으로 충분하다. 나의 모든 일은 그리스도를 드러낸다.

서로 돌봄 공동체

1. 아서 클라이먼, 《케어 care》 (서울 : 시공사, 2020), 152.
2. 지용근 외, 《한국 교회 트렌드 2024》 (서울 : 규장, 2023), 70.
3. 지용근 외, 《한국 교회 트렌드 2025》 (서울 : 규장, 2024), 61.
4. 돌봄과 미래, 〈지역사회 돌봄 인식 및 수요조사 결과〉, 2025.05.21. https://dolbom-mirae.imweb.me/press/?q=YToyOntzOjEyOiJrZXI3b3JkX3R5cGUiO3M6MzoiYWxsIjtzOjQ6InBhZ2UiO2k6Mjt9&bmode=view&idx=164141274&t=board
5. 국민일보, "이젠 이웃 돌봄이다…한국 교회 시대적 요청에 답하라", 2025.03.18. https://www.kmib.co.kr/article/view.asp?arcid=1742115086&code=23111111&cp=nv.
6. 국민일보, "이웃 돌봄 공감도, 신앙 성숙할수록 높다", 2025.03.18. https://www.kmib.co.kr/article/view.asp?arcid=1742113775&code=23111111&cp=nv.
7. 신앙 단계는 다음과 같은 단계별 신앙 내용을 제시하고 응답자로 하여금 주관적으로 체크하게 한 결과이다.
   1단계 : 나는 하나님을 믿지만, 그리스도에 대해서는 잘 모르겠다. 내 종교는 아직까지 삶에서 큰 비중을 차지하지 않는다.
   2단계 : 나는 예수님을 믿으며 그분을 알기 위해 여러 가지 일을 하고 있다.
   3단계 : 나는 그리스도와 가까이 있으며 매일 그분의 인도하심에 의지한다.
   4단계 : 하나님은 내 삶의 전부이며 나는 그분으로 충분하다. 나의 모든 일은 그리스도를 드러낸다.
8. 김준혁, 《돌봄의 역설》 (서울 : 은행나무, 2024), 48-51.
9. 노수현, "서로를 필요로 하는 상호의존 복지", 〈서울특별시사회복지사협회〉 2022.02.28. https://sasw.or.kr/hotissue/592314
10. 신앙 단계, 위의 설명.

유리천장, 여성 교역자

1. 목회데이터연구소, 〈넘버즈〉 276호, 2025.02.25.
2. 기독교연합신문/목회데이터연구소, '신대원생 생활과 사역 인식 조사'(전국 22개 신대원 재학생 455명, 모바일 조사, 지앤컴리서치, 2025.03.07.~03.14.)
3. 목회데이터연구소, '한국 교회 트렌드 2026 조사'(전국의 교회 담임 목회자 500명, 모바일조사, 지앤컴리서치, 2025.05.23.~05.28)

헌금, 패러다임 쉬프트

1. 통계청, '1인당 국민총소득(GNI)' https://www.index.go.kr/unity/potal/indicator/

IndexInfo.do?idxCd=F0133
2 통계청, '1인당 개인처분가능소득' https://www.index.go.kr/unify/idx-info.do?idxCd=5046
3 한국기독교목회자협의회, 《한국 교회 분석 리포트》(서울 : 대한기독교서회, 2023), 169.
4 아름다운재단 기부문화연구소, 〈2024 기빙 코리아〉, 73.
5 트렌드 모니터, "2023 기부 경험 및 기부 문화 관련 인식 조사", 2025. 07. 03. https://www.trendmonitor.co.kr/Data/CKOREA/2848/20240103080341_20231212%20 2023%20%EA%B8%B0%EB%B6%80%20%EA%B2%BD%ED%97%98%20 %EB%B0%8F%20%EA%B8%B0%EB%B6%80%20 %EB%AC%B8%ED%99%94%20%EA%B4%80%EB%A0%A8%20 %EC%9D%B8%EC%8B%9D%20%EC%A1%B0%EC%82%AC_%EB%AF%B8 B%A6%AC%EB%B3%B4%EA%B8%B0.pdf?

이주민 선교

1 IMO(International Organization for Migration), 'World Migration Report 2024', https://worldmigrationreport.iom.int/what-we-do/world-migration-report-2024-chapter-2/international-migrants-numbers-and-trends?utm_source=chatgpt.com
2 Reuters, 'World migrants could total 405 million by 2050', https://www.reuters.com/article/world/world-migrants-could-total-405-million-by-2050-idUSTRE6AS003/?utm_source=chatgpt.com
3 법무부, '출입국 통계' https://www.moj.go.kr/moj/2412/subview.do?utm_source=chatgpt.com
4 법무부, '출입국 통계'를 보면 국적별 외국인 숫자가 중국, 베트남, 태국, 우즈베키스탄, 필리핀 순으로 높다. 아프리카는 상위 국가에 포함되지 않으므로 가장 적다고 추정할 수 있다.
5 이주민 선교 교육 기관으로는 온누리교회의 '이주민 선교학교', 위디선교회의 'MMTS'(Migrant Mission Training School), KWMA의 '이주민 선교사 훈련학교' 등이 있다.

저자 소개

지용근 | 대표저자

목회데이터연구소 대표, ㈜지앤컴리서치 대표이사이다. 연세대학교 사회학과를 졸업했고 한국갤럽 연구본부장과 ㈜글로벌리서치 대표이사를 역임했으며 〈한국 교회의 사회적 신뢰도 추적조사〉, 〈한국인의 종교의식 및 신앙실태 추적조사〉 등 주요 교단 및 기독교 단체와 다양한 기독교 관련 조사 연구를 수행했다. 매주 한국 사회 주요 통계자료를 전국 26,000여 명의 목회자와 한국 교회 리더십들에게 무료로 제공하는 주간리포트 〈넘버즈〉를 발행하고 있으며, 저서로 《한국 교회 트렌드 2023》, 《한국교회 트렌드 2024》, 《한국교회 트렌드 2025》(대표저자), 《한국교회진단리포트》(대표저자), 《부흥하는 교회 쇠퇴하는 교회》(대표저자)가 있다.

김선일 | 심플처치

아신대학교 신학과를 졸업하고 미국 풀러신학대학원에서 석사(M.Div.)를 마치고 동대학원에서 회심과 전도를 연구하여 박사학위(Ph.D.)를 취득했다. 귀국 후 학원복음화협의회 캠퍼스 사역연구소장과 예수소망교회 공동체 및 교육목사로 사역한 바 있다. 문화와 전도, 선교적 교회, 회심과 신앙 정체성에 관한 강의 및 연구를 하고 있다. 20권 이상의 역서와 더불어 저서로 《전도의 유산》(SFC), 《한국 기독교 성장의 내러티브》(CLC), 《기독교적 회심의 해석과 실천》(새세대), 《부흥하는 교회 쇠퇴하는 교회》(규장) 등이 있다. 'The Global Dictionary of Theology'(IVP 2008)에 공저자로 참여했으며("Conversion in the Korean Context"), 박사학위 논문은 'The Ecology of Evangelism'(Emeth 2016)으로 미국에서 출간되었다.

조성실 | AI, 목회 코파일럿

소망교회 부목사이자 장로회신학대학교 객원교수이며, 문화선교연구원 부설 교회와디지털미디어 센터장을 맡고 있다. 장로회신학대학교에서 신학을 전공(B.A, M.Div)하고 고려대학교 언론대학원에서 영상학을 전공(M.A)했으며, 장로회신학대학교 기독교와 문화 전공에서 〈인공적 도덕 행위자(Artificial Moral Agent)에 관한 기독교 윤리학적 성찰〉을 주제로 신학박사(Ph.D) 학위를 받았다. 현재 한국 교회의 온라인 사역, 하이브리드 교회, 그리고 인공지능(AI)에 관한 연구에 집중하고 있다. 주요 저서로는 《기계는 선을 행할 수 있는가》, 《한국 교회 트렌드 2023, 2024》(공저), 《크리스천 인사이트》(공저) 등이 있다.

김종일 | 강소교회

총신대학교에서 신학을 전공하고 총신대 신대원을 졸업했다. 육군 군목으로 사역하며 아세아연합신학대학원에서 선교학(Th.M)을 공부하고 예장총회본부에서 국내선교를 섬겼다. 영국 버밍험대학에서 종교신학으로 박사과정을 마치고 귀국해 동네작은교회를 개척하여 섬기고 있다. 선교적 교회를 지향하는 목회를 하고 있으며 공동체 개척을 꿈꾸는 자들을 위해 개척학교 숲SOOP의 대표코치로 사역하고 있다. 횃불트리니티, 칼빈대학교, 성공회대학 등에서 강의하고 있으며 최근에 《종일묵상-창세기 1》을 출간했다.

조성돈 | 청빙, 비욘드 콘테스트

독일 킬대학교에서 신학석사를 하고 마르부르크대학교에서 실천신학으로 신학박사를 했다. 현재 실천신학대학원대학교 교수이며, 목회사회학연구소 소장, LifeHope 기독교자살예방센터 대표, 기독교윤리실천운동의 부이사장을 하고 있다. 한국에서 목회사회학을 소개하고 그 분야를 이끌어 왔다. 한국인의 종교성, 작은 교회와 중형 교회, 그리고 대형 교회에 대한 심층 연구를 이어왔고 현대인들의 영성과 종교성에 대해서도 관심을 가지고 있다. 자살예방, 목회자 이중직, 지역공동체운동, 다문화사회 목회 등 한국 교회의 어젠다를 제시해왔다. 2018년 이후는 사회적 목회의 개념으로 목회 현장에 대한 실천신학적 응답을 해왔다. 국민일보와 기독교연합신문에 고정 칼럼을 연재하고 있고, '목회와 신학' 등 여러 매체에 글을 기고하고 있다. 《목회사회학》, 《한국 교회를 그리다》(CLC), 《교회 다니면서 그것도 몰라》(국제제자훈련원) 등의 저서가 있다.

김영수 | 호모 스피리추얼리스

서강대학교 종교연구소 연구원, 분당한신교회 부목사. 한신대학교 신학대학원에서 석사, 영국 에섹스대학교에서 정신분석학 석사, 영국 랑카스터대학교에서 종교사회학으로 박사학위를 받았다. 한신대학교와 영남신학대학교에서 실천신학을 강의했다. 한국 교회의 현상에 대한 관심이 많고, 종교사회학, 현대 기독교 영성, 정신분석학 등을 연구했다. 저서로는 《한국 교회 트렌드》(공저), 《세 교회의 교회학교 부흥 이야기》, 《하나님을 향한 영혼의 여정》(공저) 등이 있다.

정재영 | 무속에 빠진 그리스도인

실천신학대학원대학교 교수로 〈21세기교회연구소〉 소장을 맡고 있으며, 한국종교사회학회 회장이다. 목회데이터연구소 연구위원으로 활동하고 있다. 연세대학교에서 사회학을 공부하고 대학원에서 종교사회학을 전공하였다. 한국 교회 소그룹과 마을공동체 운동에 관심을 갖고 연구하고 있다. 《기독교와 시민사회》를 공동번역하였고, 《계속되는 도전: 늘어나는 비제도권 교회》, 《강요된 청빈: 목회자의 경제현실과 공동체적 극복방안》, 《교회 안 나가는 그리스도인: 가나안 성도를 어떻게 이해할 것인가?》, 《함께 살아나는 마을과 교회》, 《한국 교회의 미래 10년》, 《소그룹의 사회학》 등을 저술했다.

김수영 | 서로 돌봄 공동체

평택대학교 피어선전문대학원 교수. 상명대학교에서 가정교육학과(B.H.Ec.)를 졸업하고 장로회신학대학교(M.Div.), 미국 McCormick Theological Seminary(M.A.T.S.)에서 공부했다. 미국 Garrett-Evangelical Theological Seminary에서 교회공동체의 치유의례와 회복탄력성을 연구하여 목회 돌봄과 상담 분야에서 박사학위(Ph.D.)를 취득했다. 도시와 사회 문제에 대해 관심을 갖고 ACTS Urban CPE 훈련에 참여하여, 여성홈리스쉘터와 국제망명자를 위한 사회시설에서 다문화와 사회분석 중심의 집단임상훈련을 받았고, 미국 약속의 교회에서 교회 목회와 치유상담을 접목시킨 여성큐티모임, 위기가족 상담 모형을 개발하였다. 현재 한국목회상담협회 감독회원으로 교육위원장을 맡고 있고, 포항제일교회에서 돌봄사역자 양성과정을, 미래목회와말씀연구원에서 목회자를 위한 돌봄사역을 진행하고 있다.

김은정 | 유리천장, 여성 교역자
예장통합 전국여교역자연합회 사무총장. 서울대학교 분자생물학과를 졸업하고 장로회신학대학원에서 신학(M.Div)을 공부하고 역사신학(Th.M)을 전공했다. 관심 분야는 에큐메니즘과 교회여성운동의 역사이며, 연세대학교에서 교회사 전공으로 박사학위(Th.D)를 받았다. 연세대학교와 숭실사이버대학교에서 강의하며, 지은 책으로 《씨가 자라 나무가 되듯이: 한국교회여성연합50주년 하이라이트》, 《미국북장로회 한국선교와 전도부인》 등이 있으며, 함께 지은 책으로 《기독 여성을 通해 역사를 보다》, 《내 양을 먹이라: 교회사 속의 목회》, 《두 교회 이야기》 등이 있다.

허준 | 헌금; 패러다임 쉬프트
한국침례신학대학교 교무처장, 실천신학 부교수, 한국선교신학회 부회장, 교회개척 연구소(C.D.C.) 소장을 맡고 있으며, 미국 남침례 신학교(SBTS)에서 전도학, 교회성장학으로 박사학위를 받았다. 한국성서신학대학에서 실천신학을 강의했으며 강남중앙침례교회에서 사역했다. 현재는 교회개척자 역량 평가 및 교회 개척 컨설팅 분야에 연구와 저술 활동을 하고 있다. KCI 등재지에 다수의 논문을 게재하였으며, 《Covid-19 이후 목회 패러다임 시프트》와 《다문화사회의 선교》를 공동 집필하였으며, 번역서로 《복음전도》(요단출판사)가 있다.

문창선 | 이주민 선교
1992년부터 이주민 선교사역을 해오고 있으며 산소망교회의 담임목사이며 위디국제선교회 소속 선교사이다. Gardner-Webb Divinity School에서 Intercultural Studies(D.DS) 과정 중에 있으며, 국내이주민선교훈련학교(MMTS) 전문 강사, 전주비전대 객원교수, Alpine International University/AIU의 이주민 처장을 맡고 있다. 한국복음주의협의회(KEF)와 아시아복음주의연맹(AEA)의 선교위원장 및 로잔디아스포라의 부대표이며, 현재 NextMove의 국제대표로서 귀국 선교사들의 이주민 선교 사역으로의 전환을 위한 IMT 프로그램을 제공하고 있다. 디아스포라신문 발행인이며 한국세계선교협의회(KWMA)의 디아스포라 코디이다. 저서로 《땅끝이웃》과 〈이주민선교훈련교재〉(편집인)가 있으며, 번역서로 《디아스포라 선교학(A Global Compendium of Diaspora Missiology)》, 《랍비가 본 나사렛 예수》, 《People on the Move》(LOP 70, 78)가 있다.

출처

이 책의 제작을 위한 〈한국 교회 트렌드 2026〉 조사보고서 리스트입니다.
QR코드를 찍고 이메일을 입력하시면 6개의 조사보고서(raw data) 파일을 보내드립니다.

1. 개신교인 조사 1,2차 보고서

2. 목회자 조사 1,2차 보고서

3. 소형 교회 목회자 및 성도 조사보고서

4. 일반 국민 조사보고서

5. 여성 교역자 조사보고서

6. 이주민 선교 조사보고서

한국 교회 트렌드 2026 후원교회 및 감수위원

기아대책 후원이사회 및 후원교회

감교교회, 강북후원이사회, 강화후원이사회, 거제후원이사회, 경산청도후원이사회, 경주구정교회, 경주영천후원이사회, 계양후원이사회, 관악후원이사회, 광명후원이사회, 광주남부후원이사회, 광주북부후원이사회, 광주서남교회, 광주서부후원이사회, 경기광주후원이사회, 광천교회, 구리가평후원이사회, 구미제일교회, 금천후원이사회, 기장후원이사회, 김제중앙장로교회, 김천후원이사회, 김포후원이사회, 김해전원교회, 김해후원이사회, 남양주후원이사회, 노원후원이사회, 논산부여후원이사회, 당진성결교회, 당진후원이사회, 대구동부후원이사회, 대구후원이사회, 대전후원이사회, 도림교회, 대전제일교회, 대전대흥침례교회, 동대문후원이사회, 동래후원이사회, 무주후원이사회, 문경후원이사회, 밀양후원이사회, 바울교회, 보배로운교회, 부산후원이사회, 부전교회, 부평후원이사회, 북부산후원이사회, 사랑스러운교회, 샬롬후원이사회, 서대구후원이사회, 서대문후원이사회, 서산후원이사회, 성광교회, 성락성결교회, 성문교회, 세종후원이사회, 시흥후원이사회, 신광교회, 신현교회, 양산후원이사회, 양정희, 양주후원이사회, 연수후원이사회, 영덕울진후원이사회, 영동후원이사회, 영등포후원이사회, 예산후원이사회, 오륜교회, 오산후원이사회, 옥천후원이사회, 용산후원이사회, 울산교회, 울산후원이사회, 은평후원이사회, 인천중앙후원이사회, 전주성결교회, 전주완산교회, 전주후원이사회, 정읍후원이사회, 제주성안교회, 진도후원이사회, 창녕후원이사회, 창원후원이사회, 천안후원이사회, 청주동산교회, 청주한별교회, 청주후원이사회, 충주후원이사회, 칠곡성주후원이사회, 태화교회, 파주후원이사회, 포도원교회, 하남후원이사회, 합천후원이사회, 해운대신일교회, 호산나교회, 호프프레지던트클럽

기아대책 목회자미래비전네트워크 감수 및 운영위원

강남중앙침례교회(최병락 목사), 강일교회(정규재 목사), 광주성결교회(김철규 목사), 계산중앙교회(최신성 목사), 구리중앙교회(장영훈 목사), 기쁜교회(류승빈 목사), 남서울중앙교회(여찬규 목사), 내일교회(이관형 목사), 당일교회(김기용 목사), 대명교회(장창수 목사), 대전중부교회(조상용 목사), 대한교회(윤영민 목사), 덕계교회(이찬영 목사), 문성교회(남형우 목사), 상원교회(신성재 목사), 새순교회(김학검 목사), 서원경교회(황순환 목사), 수인중앙교회(김진 목사), 순복음원당교회(고경환 목사), 숭의교회(이선목 목사), 신림중앙교회(김후식 목사), 신양교회(정해우 목사), 안성제일장로교회(양신 목사), 영은교회(이승구 목사), 오산제일교회(김재현 목사), 우정교회(예동열 목사), 원천교회(문강원 목사), 월광교회(이기철 목사), 전성교회(윤인선 목사, 정하늬 목사), 참아름다운교회(안병찬 목사), 충만한교회(임다윗 목사), 함께하는교회(김인환 목사), 혜린교회(이바울 목사)

한국 교회 트렌드 2026

초판 1쇄 발행	2025년 9월 26일
초판 9쇄 발행	2025년 11월 3일
지은이	지용근 김선일 조성실 김종일 조성돈 김영수 정재영 김수영 김은정 허준 문창선
목회데이터연구소	대표 지용근 (기획행정 민선영 유영민)
자료수집/조사/통계분석	지앤컴리서치 (김진양 김찬솔 한미경)
기획	박재범 구창회 박찬주 김래형
편저	신상목
펴낸이	여진구
책임편집	안수경 김도연
편집	이영주 진효지 최현수 구주은 김아진 배예담
책임디자인	노지현 마영애 ㅣ 조은혜 정은혜 남은진
마케팅	김상순 강성민
마케팅지원	최영배 정나영
제작	조영석 허병용
경영지원	김혜경 김경희 김영하

303비전성경암송학교 유니게 과정
이슬비전도학교 / 303비전성경암송학교 / 303비전꿈나무장학회

펴낸곳 규장

주소 06770 서울시 서초구 매헌로 16길 20(양재2동) 규장선교센터
전화 02)578-0003 팩스 02)578-7332
이메일 kyujang0691@gmail.com
페이스북 facebook.com/kyujangbook
카카오스토리 story.kakao.com/kyujangbook
등록번호 1922-2461
since 1978.08.14
홈페이지 www.kyujang.com
인스타그램 instagram.com/kyujang_com

ⓒ 저자와의 협약 아래 인지는 생략되었습니다.
이 출판물은 저작권법에 의해 보호를 받는 저작물이므로 무단 전재와 무단 복제를 할 수 없습니다.

책값 뒤표지에 있습니다.
ISBN 979-11-6504-653-8 03230

규 ㅣ 장 ㅣ 수 ㅣ 칙

1. 기도로 기획하고 기도로 제작한다.
2. 오직 그리스도의 성품을 사모하는 독자가 원하고 필요로 하는 책만을 출판한다.
3. 한 활자 한 문장에 온 정성을 쏟는다.
4. 성실과 정확을 생명으로 삼고 일한다.
5. 긍정적이며 적극적인 신앙과 신행일치에의 안내자의 사명을 다한다.
6. 충고와 조언을 항상 감사로 경청한다.
7. 지상목표는 문서선교에 있다.

하나님을 사랑하는 자 곧 그의 뜻대로 부르심을 입은 자들에게는 모든 것이 합력하여 善을 이루느니라(롬 8:28)

Member of the
Evangelical Christian
Publishers Association

규장은 문서를 통해 복음전파와 신앙교육에 주력하는 국제적 출판사들의 협의체인 복음주의출판협회(E.C.P.A:Evangelical Christian Publishers Association)의 출판정신에 동참하는 회원(Associate Member)입니다.